Forum:
Speaking Latin as a Living Language, Volume I

by
Daniel Blanchard
François Cerruti-Torossian
Michael Kopf
Stéphane Morassut
Christophe Rico
Niko Schonebaum

Latin text edited by Eduardo Engelsing
Illustrations by Pau Morales and Denis Coutier
Design and Layout by Lloyd Schroeder

Copyright ©Polis–The Jerusalem Institute of Languages and Humanities
(Registered Association 580539591), 2017
Revised edition 2018 (1.1: minor changes and corrections)

info@polisjerusalem.org
www.polisjerusalem.org

HaAyin Het 8, 9511208 Jerusalem, Israel

Polis Institute Press is a subsidiary of Polis - The Jerusalem Institute of Languages and Humanities.

ISBN 978-965-7698-07-5

9 789657 698075

To Bill Kiefer

INDEX LECTIONUM
Table of Contents

GRATIAE AGENDAE
Acknowledgements

Forum comes from long years of experience of teaching Latin language in Jerusalem and Rome, following the Polis method. While preparing this book, we have become indebted to our colleagues and students concerning the choice of exercises as well as the order of chapters. The purpose of this page is to thank them all for the valuable help they have given us in this work.

We wish to thank Jenni Glaser and Fabrice Butlen for the many valuable suggestions they made.

We also wish to express our gratitude to Miguel Monteiro and Francesco Mari, who carried out valuable editing tasks on the text of this book, and recorded and edited the dialogues. In their recordings, they acted as some characters themselves and were joined by Anthony Antunes, François Cerruti-Torossian, José Ángel Domínguez, Julie Ethioux, Jenni Glaser, Michal Kabat, Christophe Rico, Waldemir Rios, Mercedes Rubio and Ziv Stern.

We also wish to thank Laura Gaudio who revised the English texts of this volume.

We also wish to express our gratitude to J. B. Carrera for his revision of the Latin text.

Finally, we wish to thank Lloyd Schroeder for the care he devoted to the layout of this book.

Daniel Blanchard
François Cerruti-Torossian
Michael Kopf
Stéphane Morassut
Christophe Rico
Niko Schonebaum

DE AUCTORIBUS
On the Authors

Daniel Blanchard is a classical music singer. He has learnt Latin since his childhood, when his father would teach him. In 2002, he founded the Cercle Latin de Paris. He participates in the work of translating Erasmus' *Adagia* for the French publisher *Les Belles Lettres*. In 2015, he was granted admission to the Academia Latinitati Fovendae in Rome. His literary and poetic works have been published by the Neo-Latin journal *Melissa*, in Brussels.

François Cerruti-Torossian studied Classics at the University of Paris-Sorbonne. He pursued his training in classical languages first at the Accademia Vivarium Novum (2011-2012), then at the Polis Institute (2015-2016), and has been teaching Latin through the full-immersion method in Paris for several years.

Michael Kopf pursued basic studies in Classical Philology in Munich and Vienna before joining the Polis Institute's M.A. program in Ancient Philology. He graduated with excellence in 2015, and currently teaches Latin in a public high school of Vienna. In July 2014, he followed Eduardo Engelsing's classes in Rome.

Stéphane Morassut studied Classics at the University of Toulouse and has since taught in high schools since 2006. In July 2012, he followed Eduardo Engelsing's classes in Rome. Since 2014, he teaches Latin in the summer courses organized by the *Polis Institute* in Rome. He currently teaches Latin through the full-immersion method to students ranging from 12 to 17 years old at the high school of Saint Joseph de Lectoure (France).

Christophe Rico is a linguist (Ph.D. Greek Linguistics, University of Paris-Sorbonne, 1992; *Habilitation à Diriger des Recherches*, University of Strasbourg, 2012) and belongs to the Faculty of the University of Strasbourg. He teaches ancient Greek at the Polis Institute and at the *École Biblique et Archéologique Française de Jérusalem.* He has published articles and monographs on Indo-European, general linguistics, translation theory, hermeneutics, Biblical Hebrew, and Koine Greek. Since 2001, Professor Rico has been applying the teaching methods commonly used for modern languages to ancient Greek. He published a method for learning ancient Greek (*Polis – Speaking Ancient Greek as a Living Language*) from which this book has taken inspiration.

Niko Schonebaum studied Liberal Arts at University College Utrecht and Classical Languages at both the University of Leiden and the Polis Institute. He is a board member and senior teacher at *Stichting Landmerk*, a foundation dedicated to the propagation of liberal arts education in the Netherlands. He teaches rhetoric, literature, philosophy, and classical languages. In July 2014, he followed Eduardo Engelsing's classes in Rome.

Eduardo Engelsing received his PhD in Classics from the Universidad de Cádiz (Spain), and holds the position of Assistant Professor of Classics at the Western Washington University, USA. The main focus of his research is foreign language pedagogy and on how this pedagogy may inform the teaching of classical languages. He has offered Teacher Training courses in "active methodologies" for over a decade and has assisted in launching active Latin programs in Spain, the USA, and Italy.

Pau Morales graduated from the University of Barcelona (Faculty of Arts, 1999). His works have won art competitions in Barcelona, Madrid, and Rome, and he has given exhibitions (paintings, sculpture, graffiti) in several European countries. The illustrator of numerous works published in Catalonia, he also made most of the illustrations in *Polis – Speaking Ancient Greek as a Living Language* (www.paumorales.com). In this book, he has made the illustrations involving the main characters of the dialogues.

Denis Coutier holds a BA in Theology and Biblical Languages from the Institut et Faculté de Théologie de Jérusalem (ITJ) and studied Greek at the Polis Institute. He currently works in France in Association Bethlehem in a project for assisting migrants. In this book, he has made the small illustrations.

PRAEFATIO
Foreword

Latin is certainly a living language today. During the last twenty years, it has experienced a revival, numbering some 5,000 speakers all over the world, many of whom are in their twenties. Many sites and forums are now maintained in Latin. The Latin Wikipedia has more than 100,000 articles written in the language of Cicero. In the United States as well as in Europe, I have attended many lectures that were given in a fluid Latin, and all questions after the speeches were asked by the audience in the same language. In some Classics departments, dissertations are written in Latin. Latin is spoken conversationally among scholars, students and lovers of the language, in Living Latin circles, in symposia, in casual meetings, by skype, and by phone. I know scholars who have begun to transmit this living knowledge to the next generation by adding Latin to the modern languages they speak at home.

Latin throughout history

Ever since Antiquity, Latin has always been a spoken language. Unlike other ancient languages, Latin has never experienced any break in its speaking tradition, always producing new literary works and developing new vocabulary[1]. When the Roman Empire fell in the 5th century A. D., large regions of Western Europe still had Latin as their official and vernacular language. During the Middle Ages, in the areas where Romance languages developed, a situation of *diglossia*[2] prevailed. Vulgar Latin had begun to diverge into distinct languages which were confined to everyday speech, and Medieval Latin, used for official and academic writing, was spoken in cultural circles as well as in monasteries and among clerics. Medieval Latin reached places that had never spoken Latin before, such as the Germanic and Slavic regions. In Western Europe, Latin became the language of international communication.

The European Renaissance briefly reinforced the position of Latin as a spoken language as it was adopted by Humanists. Taking the classical language of the 1st century BC as a model, they corrected Medieval Latin accordingly. The beginning of print helped the Latin language to spread, as most 15th century printed books (*incunabula*) were in Latin. During the Early Modern Age, Latin was still the most important language of culture in Europe. Until the end of the 17th century the majority of books and almost all diplomatic

---

[1] See for instance David Morgan and Patrick Owen, *Lexicon Latinum*, (http://www.wyomingcatholiccollege.com/faculty-pages/ patrick-owens/lexicon/adumbratio/index.aspx).
[2] A situation in which two varieties of the same language are used under different conditions within a community, often by the same speakers. The term is usually applied to languages with distinct "high" and "low" varieties, such as Arabic.

documents were written in Latin. Until the beginning of the 19th century, Latin was the language spoken at the Hungarian parliament in the town of Pozsony. During the 20th century, until the end of the 1960s, in Pontifical Universities in Rome and Fribourg (Switzerland), theology classes were given in Latin.

Today, the largest organization that retains Latin in official contexts is the Catholic Church. Latin remains the liturgical language of the Roman rite. Although the Mass of Paul VI (ordinary form of the Roman rite) is usually celebrated in the local vernacular language, it can be said in Latin, especially at multilingual gatherings; the Tridentine Mass (extraordinary form) is always celebrated in Latin[3].

The influence of Latin

The central role of Latin in Europe at least until the beginning of the 18th century has exerted a deep influence in many languages and cultures. To a large extent, the scientific, literary and religious vocabulary of the main European languages correspond to concepts that were either first coined in Greek and translated into Latin (such as *substance*[4], *subject*[5] or *figure*[6]) or that come directly from the language of the Romans. Latin and the later Romance languages (mainly French and Italian) have influenced the English language, supplying 60% of its vocabulary. Latin idioms dot the pages of European literature and the developments of scholarly discussions. Through the Roman Catholic liturgy, Jerome's Latin translation of the Bible has deeply affected the lexica of many languages: a word such as talent and its correspondants in different European languages, which originally designated a unit of weight of gold or silver, comes through the Vulgate translation of the famous New Testament parable[7]. Last but not least, since the end of the Middle Ages until today, a large number of literary texts compose what is called Neo-Latin literature.

The « eccentricity » of Western culture

It would be difficult to overstate the importance of Latin if we wish to understand Western culture. That influence goes far beyond the language. According to Rémi Brague[8], what has characterized Western culture since the period of the Roman Empire is its "eccentricity" or external position (*secondarité*) with respect to the great traditions of Jerusalem and Athens, namely the Jewish and Christian tradition, on one hand, and the classical Greek tradition on the other.

---

[3] The reader will find in the book of Jürgen Leonhardt, *Latin. Story of a World Language,* The Belknap Press of Harvard University Press: Cambridge, Massachusetts and London, England, 2013 an interesting survey on the history of Latin.

[4] The English word comes from Latin *substantia* which is a literal translation of Greek *hupostasis*.

[5] The English word comes from Latin *subjectum* which is a literal translation of Greek *hupokeimenon*.

[6] The English word comes from Latin *figura* which, when applied to literary figures, rendered the Greek word *schèma*. See Erich Auerbach, "Figura," in *Scenes from the Drama of European Literature,* trans. Ralph Manheim (Minneapolis: University of Minnesota Press, 1984).

[7] Mt 25,14-30.

[8] Rémi Brague, *Europe, la voie romaine,* Folio Essais, Gallimard, 1999 (third revised edition). See English translation : *Eccentric Culture : A Theory of Western Civilization,* Trans. Samuel Lester. Notre Dame: St. Augustine's P, 2009.

The culture of Western Europe has a distinctly Latin character, but its canon comes mainly from Athens (in Greek texts) and Jerusalem (in Hebrew and, to some extent, Aramaic and Greek texts). The "eccentricity" of Western culture lies in its non-Western origins.

Rémi Brague sees Latin, that is, the Roman culture, as the key to understanding Western culture. Athens and Jerusalem have converged in the West within a civilization that is deeply conscious of its predecessors.

The relationship of Western culture to its roots implies neither a rejection of those roots nor a simple continuation of the past into the present. This is what made possible the series of renaissances that the Western world experienced throughout its history, namely the Carolingian, the 12th century and the 16th century renaissances. Europe has always had to rediscover its roots by revisiting texts that were originally written in a language that was not Latin.

In Byzantium, even if one can point to different movements of rediscovery of the past, these rediscoveries did not entail a change of language and, therefore, did not have the same effect of renewal as in the West.

According to Brague, Arabic culture was mainly centered on sciences and philosophy; therefore, Greek scientific and philosophical works were almost exclusively the works that were translated into Arabic. Western culture instead acquired Greek literary and historical works in addition to those of science and philosophy, many of which were translated into Latin or became the inspirational basis for other works in Latin and Romance languages. The literary texts imply a knowledge of the language itself (instead of just the contents of what has been said), and Western culture has always been striving to search for external sources and has been exposed to other languages than Latin[9].

Of course, one can challenge this theory of Brague by noting that during the Carolingian renaissance as well as during the 12th century renaissance, most scholars did not have any knowledge of Greek and worked primarily with original Latin texts or Latin translations. One can also add that the relationship of the West with Latin itself has become more removed, as Latin is no longer a mother tongue (if we ignore the rare exceptions I mentioned at the beginning). Translations of Latin texts into modern European languages are not always extant. The percentage of literary texts from Antiquity and even more so from the Middle Ages that have never been translated into any modern

---

[9] Cf. Rémi Brague, op. cit., p. 215 (« Il n'a jamais été longtemps, ou sérieusement, question pour les chrétiens de rejeter les littératures antiques, qui véhiculaient pourtant des représentations païennes. Leurs chefs-d'œuvre ont été conservés, ce qui a, comme on l'a vu, permis cette série ininterrompues de 'renaissances' qui constitue l'histoire de la culture européenne »).

language is overwhelming. Even some important works of Medieval philosophers are still untranslated[10]. Unless one knows Latin, it is impossible to access these texts. Also, one has to emphasize the rich contribution of Latin literature and tradition to Western culture that was not inherited from other cultures. Having said this, it is undeniable that Western culture has developed from a continuous mingling of cultural and linguistic elements.

A new Renaissance

That process of cultural blending through the rediscovery of ancient languages may be happening again. This phenomenon affects Latin, first and foremost. Strange as it may seem, as a living and spoken reality, the language of Cicero is experiencing a revival, often outside the boundaries of its traditional turf. We are experiencing a small, albeit growing movement of rediscovering ancient sources. Now at the beginning of the third millennium, institutions are being developed with the common aim of renewing the pedagogy of ancient languages and teaching them in a living way. These institutions include the Paideia Institute (New York), the Societas Latina Lexingtoniensis (Lexington, Kentucky), the Septentrionale Americanum Latinitatis Vivae Institutum ou S.A.L.V.I. (Los Angeles), the Polis Institute (Jerusalem), the Accademia Vivarium Novum (Rome), and the Circulus latinus lutentiensis (Paris), as well as many other Circuli Latini and Conventicula in Europe and the USA. In what one could call a new renaissance, all things considered[11], the different institutions which foster living Latin and Greek move beyond traditional methods and try other ways of teaching ancient languages in an immersive way.

Forum, the Latin teaching method here, intends to be a small, albeit tangible token of this revival.

---

[10] We do not have yet a full English translation either of the *Four books of the Sentences* of Peter Lombard or of its commentary by Thomas Aquinas, for instance.

[11] One cannot really compare the former renaissances, which affected most scholars in every given period, to the current one, which influences a small number of students and Classics teachers. The interested reader will find in the following appendix a description of the different renaissances that the Western world has experienced since Antiquity.

A Series of Renaissances

In order to better grasp the reality of the new (perhaps the sixth) renaissance, let us survey the periods in history that were characterized by a *retour aux sources* movement that dealt with ancient Greek or Latin texts. It is striking to see how each period corresponds to a technical revolution in access to knowledge.

The first renaissance, the first revisiting of ancient literature, in Western culture, corresponds to the editorial and textual criticism work that was accomplished during the third and second centuries BC in the library of Alexandria, the first state library in the history of Hellenism. The idea of a literary canon developed there for the first time in history. As reported by Quintilianus[12], Aristophanes of Byzantium[13] listed the "chosen" authors (ἐγκριθέντες) according to the "purity" of their style.

From the first century until the beginning of the third century AD, the second renaissance in Western history developed. That period was characterized by a renewal of rhetorics. Especially during the Nerva-Antonine dynasty (AD 96-192), humanities blossomed in Athens. Two important events distinguish this Greek city: the foundation of Hadrian's library (AD 131-132), and a series of professorships for teaching rhetoric —one under Antoninus Pius, AD 138-161, and another under Marcus Aurelius in AD 176— and philosophy in AD 176.

The use of the codex, which appeared during the first century AD, began to spread throughout the scholarly world in the 2nd century AD. Unlike the roll, a codex has large margins for comments. Between the years 150 and 180, this technical development of the book fostered a selection of literary works to be studied at school. Based on the Alexandrinian canon, this new selection of texts led to other works falling into oblivion. For each author, the selected texts, with their marginal commentaries, filled the space of a codex[14]. It is during this period that we read for the first time, in the works of Aulus Gellius[15], the phrase *auctores classici* ("authors pertaining to the highest class," hence "classical authors") which was applied to some Latin writers such as Cicero, Virgilius, Horatius.

The fall of the Western Roman Empire (AD 476) and the closure of Athenian schools by Justinianus (AD 529) led to a gradual estrangement from pagan Greek and Latin literature. The study of Antiquity and its texts was not renewed until the Carolingian Renaissance, the third renaissance, in the 9th and 10th centuries[16]. With the technical revolution of Carolingian minuscule, a capital letter was introduced at the beginning of each sentence. This facilitated the reading of manuscripts. Around the same time, in Byzantium, the Macedonian Renaissance occurred after Bardas's reorganization of the university in Constantinople in AD 863.

The fourth renaissance is that of the 12th century. It was marked by the spreading in Europe of a series of Latin translations of Greek philosophical and scientific texts, which were made either directly from the original text or from an Arabic version. This renaissance is linked to a technical evolution in reading. In Continental Europe, it is at that period and for the first time that word separation appeared

---

[12] 1.4.3 ; 10.1.53-72.
[13] ca 257-180 BC.
[14] Cf. Jean Irigoin, *Histoire du texte de Pindare*, Paris, Klincksieck, 1952, p. 93-100.
[15] 19, 8.
[16] This renaissance lasted until c. 1030, and is often called the Ottonian Renaissance.

14

in written texts. This improvement in the form of manuscripts fostered silent reading. On the other hand, the number of copied books increased. In some workshops, many copies could be made from a single manuscript through a more efficient distribution of work among copyists.

Some decades later, in the Byzantine world, between the return of Michael VIII Palaiologos to Constantinople in 1261 and c. 1340, philology blossoms with Maximus Planudes (c. 1250 - c. 1310), Manuel Moschopoulos (c. 1265- after 1316), Thomas Magister (c. 1265 - after 1346) and especially Demetrius Triclinius (c. 1280- c. 1340), who can be considered the first modern philologist. According to Jean Irigoin, it was Triclinius who made the link between the principles which were inherited from Alexandrinian philologists and the new scholarship which developed in the Western world from as early as the 15th century[17].

The 15th and 16th centuries correspond to the fifth renaissance, namely the Humanist renaissance. Print revolution enabled publishers to dramatically increase the number of copies. Unlike the two former renaissances, the focus of the humanists was pagan texts rather than Hellenistic or late Antique texts. For most scholars of this period, Isocrates' Greek or Cicero's Latin become the model for imitation, either in written texts or in speech. Scholars from this period considered ancient languages as living ones and communicated among themselves mainly in Latin and sometimes in Greek.

The sixth renaissance seems to be happening today. The generation of the 1980s has grown up with books: people were accustomed to reading printed books. For that generation, formal and written language were synonymous, and they were more familiar than we are today with grammatical analysis of texts in their education. Reading was associated with the intangible limits of a book which has a clear beginning and end. This was a different generation for whom the traditional methods of learning classical languages through charts and declensions were less problematic than for us. However, the generation which grew up with internet cannot have access to knowledge in the same way. If the traditional way to learn Latin seemed difficult thirty years ago, it has become even more difficult today. One can see how, in many Classics departments throughout Europe and the United States, the relatively high number of students who register at the beginning of the year starts to dwindle throughout the semester, and very few perservere until the end. As soon as the teacher starts explaining the intricacies of grammar, it looks as if students abandon the lessons, as they find it very difficult to assimilate the Latin language and cope with its teaching techniques.

For the first time since the 16th century, we are encountering a small but increasing development of living Latin and Greek. The digital revolution which has multiplied access to knowledge in the last twenty years has played an essential role in this development. Judging by its consequences, this technological development can be likened in magnitude to the beginning of writing, the spreading of codices, or the invention of print.

Christophe Rico

---

[17] Cf. Irigoin, op. cit., p. 361.

INTRODUCTIO

Introduction

This course is intended for all those who wish to speak Latin and thus become able to read Latin texts without a dictionary. The Forum method is an introduction to living Latin. Since the literature of this language spans over two thousand years, we chose a reference point: classical Latin. In the broadest sense the classical period includes the golden age of Latin literature (1ˢᵗ c. BC – 1st c. AD) as well as the imperial Latin from the Nerva-Antonine dynasty (96-192 AD) and the Severan dynasty (193-235 AD). This period has the advantage of being an intermediate between pre-Classical Latin and Late Latin (3ʳᵈ c.-6ᵗʰ c. AD). Even authors from the 4ᵗʰ or 5ᵗʰ centuries AD like St. Augustine of Hippo or St. Jerome, albeit writing in a slightly different language than the classical one, took as a reference the golden age of Latin literature. Studying classical Latin (in the broad sense) allows us to read easily the most interesting Latin texts of Antiquity and the Middle Ages.

Pronunciation

Lingua ex auditu: this book comes with audio files that comprise the recordings of all the dialogues. You may download the free audio files from the following site: www.polisjerusalem.org

Two main options are available for the student who wishes to pronounce a Latin text: the classical and the ecclesiastical pronunciations. Although distinct, the two pronunciations are not different enough to prevent communication between their respective Latin speakers. The audio files of the Forum method follow the classical pronunciation, and soon the ecclesiastical version will become available for download on the Polis site.

Texts

This method proceeds by offering a series of Latin texts ordered according to a natural progression in difficulty. Along the way we drew material from the various concordances at our disposal, and so we identified frequent idioms specific to classical and imperial Latin. In addition to the texts that were directly composed for this method, we included in this first volume of Forum some original texts from Plautus, Martial, Eutropius and Roman inscriptions.

Exercises

1. Physical exercises

This course draws upon techniques routinely used for teaching modern languages. During the first session, the student will proceed without written material. The focus will rather be on reacting to different commands in Latin (*total physical response technique*), following the recordings. Whenever a student hears a Latin directive, such as *ambula* or *consiste* ('walk' or 'stop'), he or she is invited to physically react to the directive, even if a reply in

Latin is not yet known. This first session familiarizes the student with the usual requests and names for objects that he or she will encounter during the Latin course.

Most lessons begin with some *total physical response exercises*. In a class with an instructor, these exercises are easily performed: just respond to the directions of the teacher. If you study privately, we advise you to leave these exercises for the end of each lesson. First, attempt to comprehend and implement the instructions: stand up, sit down, put the book on the table and so on. These exercises help you to internalize the vocabulary in a very efficient way.

2. Oral exercises
Some exercises invite you to improvise a conversation in Latin, following the guidelines of a dialogue which appeared in the lesson. These exercises are easy to implement in a class through conversation in pairs or in small groups under the teacher's guidance. If you study privately, you can either skip them or try to find another independent student to speak with for practice.

3. Written exercises
Each lesson includes at least two or three study texts accompanied by illustrations which help elucidate their meaning. The *Forum* method provides a rich variety of exercises (fill-in-the-blanks, matching phrases, questions and answers, etc.) in order to keep the student engaged. The chapters follow a progression from closed exercises (when only one answer is possible) to more open ones where creativity in speaking and composing writing in Latin is required. Some fifteen characters, most of them students, appear in the textbook. They will accompany us along the *Forum* method. The strong personality of each character creates a context for the reader, that is, a framework for interpretation, helping the student understand the texts.

How to study
Three different steps must be followed for private study: listening, reading aloud, and reading silently. We advise that you listen three or four times without reading the texts, even if you do not fully understand the meaning. After that, listen several more times while reading the printed version. Then, read the texts without the recordings, first aloud and finally in silence.

As it is with any living language, regularity is the key to success. **Schedule a fixed time every day to study Latin (at least half an hour).** You will not reach the goal by studying hard one day, then forgetting to do so the next. Self-discipline is indispensible. The student who is faithful to thirty minutes of study per day will be far more likely to read simple narrative paragraphs from an easy Latin text after one year of study. He or she will understand most of the passage without needing to translate. That will be the best reward for such effort. Best wishes for a successful Latin course!

SALVĒ !

Exercitātiō prīma

1. Salvē !

2. Mihi nōmen est Christophorus.

3. Quod nōmen tibi est ?

4. Mihi nōmen est Marcus.

5. Et tibi ?

6. Mihi nōmen est Jūlia.

7. Ego magister sum. Tū discipulus es.

8. Tū quis es ? - Ego discipulus sum.

9. Intellegis ?

10. Intellegō. Nōn intellegō.

Exercitātiō secunda

I. Mōtūs  *terrae = earthquake* (handwritten)

Exempla

A. *Magister : Surgō... Consīdō.*
Surge, quaesō ! Consīde, quaesō !
Grātiās !

B. Ambulō... Consisto.
Surge, venī hūc.
Ambulā... consiste !
Ambulā ad sellam tuam.
Consīde.
Grātiās tibi agō !

- *Nunc tū : condiscipulō tuō imperā.*
  Dīc : surge ! Dīc : consīde !

C. Surgite.
Consīdite.
Surgite, venīte hūc.
Ambulāte, Consistite.
Abīte ad sellās vestrās. *vester* (handwritten)
Grātiās vōbīs agō. *-tra -trum* (handwritten)

D. Ambulā lentē.
Ambulā citō.
Verte tē !
Salī !
Curre !

F. Surge, et venī hūc.
Abī illūc. *there* (handwritten)
Reveni hūc.
Illūc lentē ambulā.
Abī citō ad sellam tuam.

G. Surgite, et venīte hūc. Abīte illūc.
Ambulāte lentē. Revenīte hūc.
Ambulāte citō. Abīte lentē ad sellās vestrās.

- *Imperā !*
- *Condiscipulīs imperā !*

Surge !

Consīde !

Ambulā !

Consiste !

Venī hūc !

Abī ad sellam tuam !

Salī !

Curre !

Verte tē !

Lentē

Citō

(handwritten notes:)
vestrī = your friends / relatives
vestrum est = it's up to you (pl)
tuum est = ~ ~ (sing.)

? Citō adv
cito

II. Rēs

Exempla

A. Ecce liber. Ecce calamus.
Fēlīx, quid est hoc ?
- liber.
Victor, quid est ?
- Calamus.
Jūlia, estne liber ?
- Nōn.
- *Rectē dīcis : liber nōn est, sed calamus.*

B. Ecce mensa. Ecce sella.
Stephane, quid est ? - Sella.
Marīa, quid est ? - Mensa.
Estne sella ? - Nōn.
Estne calamus ? - Nōn.
Estne liber ? - Nōn.
Surge et ī ad sellam.
Ī ad mensam.
Cape librum.
Dā mihi librum.

C. Ecce fenestra. Ecce ostium. *Ostium aperiō. Ostium claudō.*
Ambulā ad ostium.
Aperī ostium.
Claude ostium.
Ī ad mensam et in ea consīde.
Librum cape et aperī.
Librum claude.
Surge, ī ad fenestram et eam aperī.

D. Lentē ostium aperī.
Lentē ostium claude.
Citō ostium aperī.
Lentē ostium claude.

E. Aperī librum. Verte pāginam. Claude librum. Cape librum.

Dā mihi librum, quaesō. Grātiās ! Ēn tibi, librum cape. - Grātiās ! - Libenter !

F. Cape calamum, surge, venī ad mē et dā mihi calamum tuum. Grātiās ! - Libenter !
Nunc dīc mihi : « dā calamum » !

• *Ad duōs discipulōs : Surgite ! Aperīte ! Claudite ! Capite ! Dāte !*

Liber

Calamus

Sella

Mensa

Ostium

Fenestra

Cape !

Fenestram aperī !

Fenestram claude !

Librum aperī !

Librum claude !

Dā...

III. Dēlīneāre, scrībere, legere

Exempla

Spectāte tabulam pictōriam : sōlem dēlīneō. « Sōl » scrībō. Nunc omnia dēleō.

A. Surge, venī ad tabulam pictōriam, calamum cape. In tabulā mensam dēlīneā
Dēlīneā librum.
Dēlīneā sōlem.
Dēlīneā ostium.
Dēlīneā scholam.

B. Scrībe nōmen tuum.
Scrībe nōmen meum.
Scrībe « sōl ». Scrībe « domus ».

C. Venī ad tabulam. Spectā tabulam.
Lege tabulam.

D. Dēlē nōmen meum.
Dēlē « domus »
Dēlē nōmen tuum.

E. Spectā tabulam geōgraphicam.
Ītaliam ostende.
Galliam ostende.
Germāniam ostende.
Lege.
Rōmam tange.
Lūtētiam tange.

F. Venī ad tabulam scriptōriam.
In tabulā, litteram E scrībe. Litteram G scrībe. Litteram O scrībe.
Nunc scrībe nōmen tuum.
Scrībe litterās S, U, M.
Sententiam lege.

G. Līneam dūc sub litterā E.
Līneam dūc sub sententiā.

H. Punctum adde. Virgulam adde.

Dēlīneā sōlem !   **Scrībe « sōl »**   **Scrībe « domus »**

Lege tabulam   **Spectā tabulam scriptōriam**   **Dēlē !**

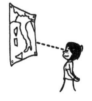  

Spectā tabulam geōgraphicam   **Līneam dūc sub litterīs U et S**   **Punctum adde**

IV. Hūmānum corpus

Exempla

Ecce caput, oculus, capillus, nāsus, ōs,
dentēs, collum, umerus, bracchium,
venter, crūs, pēs, digitus...

Tolle bracchium.
Dēpōne bracchium.
Tolle bracchium dexterum.
Dēpōne.
Aperī manum sinistram.
Tolle digitum !

Tolle umerum dexterum.

Aperī ōs.
Claude ōs.

Scabe caput.
Scabe manum.

Pulsā caput.

Tange manum.
Tange manum discipulī.

Tange nāsum. Tange ventrem.
Tange crūs.

Tange ōs. Aperī ōs. Tange dentēs.
Claude ōs. Morde digitum.

Tolle crūs sinistrum.
Movē pedem. Movē manum.

**Tolle bracchium
sinistrum !**

**Tolle umerum
dexterum !**

Aperī ōs !

Scabe caput tuum !

Tange manum !

Tange nāsum !

Tange dentēs !

Tolle crūs !

V. Vox

Loquere!

- Citō loquere... citius, citius...
- Lentē loquere... lentius, lentius...
- Parvā vōce... minōre vōce...
  minimā vōce...
- Magnā vōce! Majōre vōce!
  Māximā vōce!

Rīde!

Plōrā!

Clāmā!
- Magnā vōce!
- Maximā vōce!

Cantā!

Sībilā!

Lātrā!

Vocā discipulum!
  - Venī!
Vocā discipulōs!
  - Venīte!

Loquere !

Rīde !

Plōrā !

Clāmā !

Cantā !

Sībilā !

Lātrā !

Vocā discipulōs !

Fēlī !

Exercitātiō tertia:
Interrogātiōnēs et responsa

💬 I. Ubi ?

A. Venī hūc et cape librum !
Pōne librum in mensā.

Ubi liber est ?

- In mensā. **Liber in mensā est.**
- Pōne librum in sellā.
  Ubi liber est ?
- Liber in sellā est.

Etc.

Pōne librum in mensā.

Parvus liber

Magnus liber

B. Ecce liber magnus. Ecce liber parvus.
Quid est hōc ?
Estne liber magnus an parvus ?

- Liber magnus est.
- Estne liber magnus an parvus ?
- Liber parvus est.
- Estne magnus ? - Magnus nōn est.
- Pōne librum magnum super librum parvum.

Ubi est liber parvus ?
- Liber parvus super librum magnum est.

Ubi est aqua ? In pōculō. Ubi est calamus ? In bulgā.
Ubi est audītōrium ? In schōlā. Etc.

C. Magister : hīc sum. Petrus illīc est.
Jōhannes, venī hūc ! ... Jōhannes hīc est.

Ubi est Petrus ? - illīc.
Ubi est Jōhannes ? - hīc.

illic!

D. Ubi est ... ? (in audītōriō)

- in mensā   - in saccō
- in manū   - hīc
- in sellā   - illīc
- in bulgā

E. Ubi est ... ? (in tabulā geōgraphicā)

Ubi est Lūtētia ? - Lūtētia in Galliā est.
Ubi est Londinium ? - Londinium in Britanniā est.
Ubi est Rōma ? - Rōma in Ītaliā est.
Etc.

? II. Nōn est ... sed ...

Estne sella ?
Nōn. Mensa est.

Estne mensa ?
Nōn. Sella est.

Estne liber ?
Nōn. Est calamus.
**Liber nōn est sed...
calamus.**

Estne Marīa discipulus ?
Discipulus nōn est, sed discipula.

Estne Marīa in mensā ?
Discipula in mensā nōn est sed in sellā.

Estne pōculum in sellā ?
Pōculum in sellā nōn est sed in mensā.

In tabulā geōgraphicā...

Estne Rōma in Galliā ?
Rōma in Galliā nōn est, sed in Ītaliā.

Estne Lūtētia in Germāniā ?
Lūtētia in Germāniā nōn est sed ...

Esnte Londinium in Hispāniā ?
Londinium ...

Etc.

🗨 III. Quid agimus in scholā Latīnā?

Magister:
- Audīte, discipulī !
- Audī, Fēlix !
Audīs?

Discipulus:
Audiō. / Nōn audiō.

Magister:
Latīnē loquor.
Albane, Latīnē loqueris?

Discipulus:
- Ita, Latīnē loquor.
- Nōn, Latīnē nōn loquor

*Scrībō "manus",
"schola", "Rōma",
"fēles", "canis", ...*

*Legō (tabulam).
Lege! Legite, omnēs!
Legis?
Legō / nōn legō.*

- **Intellegis hoc verbum?**
- **Intellegō. Nōn intellegō.**

Quōmodo Latīnē dīcitur?

Quid significat hoc?

BENE VALEŌ !

 ## Mandāta

1. Salvēte omnēs ! Salvē, A ! Salvē, B! *Etc.*

2. Salvē bone discipule! Salvē bona discipula! Salvē bone magister!

3. Salvē mī discipule, salvē mea discipula.

4. Salvēte discipulī ! Salvēte bonī discipulī !

5. Venī hūc. Venī ad mē. *Etc.*

6. Ostende librum magnum. Ostende librum parvum. *Etc.*

7. Ostende calamum parvum. Ostende calamum magnum. *Etc.*

8. Movē digitum. Movē ōs. Movē bracchium. Movē caput. *Etc.*

Salūtātiō

Cum salūtās :		Cum valēre jubēs :
Avē ! / Avēte !	Salvē ! / Salvēte !	Valē ! / Valēte !

 Scriptum prīmum

Victor   Nīcolāus

In proximum!

VICTOR   Avē, Nīcolāe ! Salvē, mī amīce !

NĪCOLĀUS   Ōhē, salvē tū, bone amīce ! Valēs bene ?

VICTOR   Bene et rectē valeō ! Ut valēs tū?

NĪCOLĀUS   Optimē valeō ! … Heū! Jam hōra secunda!

                 Valē ! In proximum !

VICTOR   In proximum, Nīcolāe ! Bene valē !

Litterae Latīnae : vōcālēs

A	a	[a]
E	e	[e]
I	i	[ī]
O	o	[o]
U	u	[u]
Y	ypsilon	[y]

Notā bene

V = U

Exercitātiō prīma : recitā

1. avē
2. salvē
3. bene
4. ut
5. tū
6. valēs
7. ego
8. Salvē, ut valēs? Salvē, ut tū valēs? Ut valēs tū? Tū, ut valēs?
9. Bene valeō. Et tū?
10. Valeō bene. Bene valeō. Ego bene valeō. Ego valeō bene.

 Ut valēs?

Interrogātiō: Ut valēs?

Responsa:

	optimē (+++)	
	Bene (++)	
	Rectē (++)	
Valeō...	Satis bene (+)	
	nōn male (+)	
	male... (- -)	
	pessimē ! (- - -)	

Scriptum secundum

Philippus

Hīc dolet !

PHILIPPUS	Salvē, Victor ...
VICTOR	Salvē, Philippe! Ut valēs?
PHILIPPUS	Male valeō! Venter dolet!
VICTOR	Ubi venter dolet? Hīc?
PHILIPPUS	Eī! Ita vērō! Hīc dolet!
VICTOR	Ōh, ignosce? Dolet?
PHILIPPUS	Ita, maxime dolet! Grātiās tibi, amīce!
VICTOR	Libenter!

✏️ Exercitātiō secunda : ut valēs?

Exemplum :
Ut valēs ?
- Male valeō.
- Cūr ?
- Quia venter dolet !

Ut valēs ?			Ut valēs ?		
- Male quia...			- Bene quia...		
☐ venter dolet	☐ caput dolet	☐ fessus sum	☐ beātus sum	☐ laetus sum	☐ quiētus sum

g Litterae Latīnae: consonantēs

B	be	[b]	
C	ce	[k]	semper [k] (ca, ce, ci... = ka, ke, ki...)
D	dē	[d]	
F	ef	[f]	
G	ge	[g]	semper [g]
H	ha	[h]	mihi = mi-h-i
J (= I)	i	[j] / [i]	
K	kappa	[k]	
L	el	[l]	
M	em	[m]	
N	ēn	[n]	
P	pe	[p]	
QU	qu	[kw]	aquārium
R	er	[r]	
S	es	[s]	
T	tē	[t]	
V (= U)	u	[u]/[w]	
X	ix	[ks]	
Z	zeta	[z]	

Notā bene   J = I

Exercitātiō tertia : recitā

1. jam
2. juvenis
3. jānua, jānuāris
4. major, majus
5. amīcus, amīca, amīce, amīcī
6. secundus, secunda
7. Cicerō
8. magister
9. ager, agricola
10. gens

❓ Interrogātiōnēs

1. Mihi nōmen Christophorus est. Quod tibi nōmen est? Et tū, quod tibi nōmen est?

2. Scrībō nōmen meum in tabulā. Scrībe nōmen tuum in tabulā.

3. Ego magister sum. Tū es discipulus. Tū es discipula.

4. Tū discipulus nōn es, sed discipula. Tū discipula nōn es, sed discipulus.

5. Surge, et exstingue lūmen. Nunc, accende lūmen. Aperī ostium. Claude ostium.

6. Dīc iterum : schola, discipulus, discipula, scrībere, scrībe, scrībō.

7. Dīc iterum : lingua Latīna, lectiō, loquor Latīnē, grātiās, grātiās tibi.

8. Dīc iterum : accende, accendere. Ecce.

Scriptum tertium

Avēte discipulī!

MAGISTER	Avēte discipulī !
DISCIPULĪ	Avē magister !
	Tuxtax-tuxtax...
MAGISTER	Quis est ? Ostium aperī, quaesō !
	Philippus ostium aperit
PHILIPPUS	Salvē magister ! Dā veniam, magister ! Tardus sum ! Ignosce mihi !
MAGISTER	Nihil refert, discipule. Intra !
PHILIPPUS	Grātiās tibi agō, magister.
MAGISTER	Ō Philippe ! Ubi est liber ? Ubi est calamus ? Ubi est libellus ?
PHILIPPUS	Eī ! Venter dolet !

Urbānitas

Dā veniam !	**Nihil refert.**	... libenter.	... libenter.
Ignosce ! **Ignosce mihi!**		... nihil refert.	... nihil refert.

Notā bene

sc = s-c	di**sc**ipulus = di**s**-**c**i-pu-lus
gn	ignosce = ī-**g**-**n**-os-ce
ti	grātiās = grā-**ti**-ās
h	mihi = mi-**h**-i

Exercitātiō quarta : recitā

1. discipulus
2. discere, discō
3. scīre, sciō
4. nescīre, nesciō
5. ignosce, ignoscere, ignoscite
6. adulescens
7. cognoscō, cognoscere, agnoscere
8. scrībō, scrībe, scrībere
9. ascendere, ascendō, ascende
10. osculum

11. grātia, grātiās, grātiam
12. etiam
13. patientia
14. silentium
15. ōrātiō
16. ostium
17. mihi
18. nihil
19. homō
20. hōra

Notā bene

cc = c-c	ecce = ec-ce [ek-ke]
ph = f	Philippus = [filippus]
ch = k	charta : [karta]
th = θ	bibliothēca
qu = k^w	quis = [kwis]
gu = g^w	exstinguere

Exercitātiō quinta : recitā

1. ecce
2. accendō, accendere
3. occurrō, occurrere
4. peccō, peccāre
5. accidit, accidere
6. cape chartam
7. machina, schola
8. pulcher, pulchra, pulchrum
9. philosophia
10. exstingue lūmen
11. lingua Latīna, lingua Gallica
12. Thōmās
13. ecclēsia
14. Theophrastus

Exercitātiō sexta : respondē

1. Dā veniam! ....
2. Ignosce mihi! ....
3. Grātiās tibi agō. ....
4. .... nihil refert.
5. .... libenter!

🎲 Lūdus : agite partēs

Discipulus tardus & magister
Interrogātiōnēs

1. Magister discipulōs vocat:
Alexander adest? Paulus adest? Marcus adest? *Etc.*
Magister: Respondē: "adsum".
Discipulus: "Adsum".

2. Magister: Quis est?
Est Alexander, Philippus, Rosa, ...
Discipulus: Quis est?
Est ...

3. Magister : Quid est ?
Est liber, charta, calamus, mensa, sella, ostium, fenestra...
Discipulus: Quid est ?
Est...

4. Magister: Quid est in mensā ?
In mensā est/sunt liber, calamus, charta, ...
Discipulus: Quid est in mensā?
Est ...

5. Magister: Quid est in audītōriō?
Est ...

6. Magister:
Est*ne* liber ? Est*ne* calamus ? Est*ne* ...

7. Discipulus:
Estne ... ?

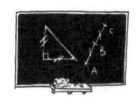

Dā titulum imāginibus :

magister, discipula, audītōrium, tabula, bulga, calamus, liber, libellus, mensa, sella.

Exercitātiō septima :
quid agimus in audītōriō ?

A............., quaesō.	L............., quaesō.	L............., quaesō.	S............., quaesō.

Audiō.	**Loquor.**	**Legō.**	**Scrībō.**

 Interrogātiōnēs

A. Magister :
1. Fēlīx hīc est ? Fēlīx **adest**. Anna hīc est ? Anna **adest**. Victor hīc est ? Victor **adest**.
2. Albānus hīc nōn est ? Albānus **abest**. Jōhanna hīc nōn est ? Jōhanna **abest**.
etc.

B. Magister : Franciscus adest ?
Franciscus : Adsum, magister.
Magister : Marīa adest ?
Marīa: Adsum, magister.
etc.

C. Magister : Flora abest ?
Flora : Nōn absum, sed adsum !
Magister : Jacobus abest ?
Jacobus : Nōn absum, sed adsum !
etc.

⊙ Scriptum quartum

Rosa abest

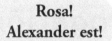

MĀTER ROSAE	Salvē ?
ALEXANDER	Salvē ! Ignosce mihi ; Alexander sum. Adest*ne* Rosa ?
MĀTER ROSAE	Exspectā, quaesō ! ... Rosa! Rosa?
ROSA	Quis est ?
MĀTER ROSAE	Alexander est.
ROSA	Alexander*ne* ? Heū! Nōn adsum ! Absum !
MĀTER ROSAE	Alexander ? Rosa nōn adest : Rosa abest.
ALEXANDER	Rosa abest ? Heū ! Grātiās tibi... in crastinum !

𝓖 Adest, abest

Absum	⟷	**Adsum**
Abest	⟷	**Adest**

Discipulus **abest**   Discipulus **adest**

🔲 Interrogātiō et responsum

Interrogātiō:	Responsum:
Est*ne* mensa ?	Est. / Ita est. / Ita. / Certē. Nōn. / Minimē ! / Nēquāquam!

Notā bene

> **...ne ... ?**
>
> *Exempla:*
> *Estne discipulus?* *Est discipulus.*
> *Adestne Rosa?* *Rosa adest.*

Diphtongī

AE	[aę]
OE	[oę]
AU	[aw]
EĪ	[eī]
EU	[ew]

✏️ Exercitātiō octāva : recitā

1. "ae"
2. "oe"
3. "eu"
4. "eī"
5. claude, claudere, claudō
6. audīre, audiō, audītōrium, in audītōriō
7. rosa, rosam, rosae
8. caelum
9. aurum, Taurus, pauper
10. deinde
11. Heū!
12. Euge!
13. Eurōpa
14. aegrōtāre, aeger
15. quaerere, quaerō
16. moenia, proelium, foedus

Prōnuntiātiō restitūta et prōnuntiātiō ecclēsiastica

Litterae	Nōmen	Prōnuntiātiō restitūta	Prōnuntiātiō ecclēsiastica
A	a	[a]	[a]
B	be	[b]	[b]
C	ce	[k]	[k]
			[ʧ] ante i, e, ae, oe [ʃ] in syllabā sci-, sce.
D	dē	[d]	[d]
E	e	[e]	[e] [ɛ] ante duās consonantēs
F	ef	[f]	[f]
G	ge	[g] [ŋ] in syllabā gn-	[g] [ʤ] ante i, e, ae [ɲ] in syllabā gn
H	ha	[h] et post t vel p	[h] inter duās vōcālēs
Ī	ī	[ī] vōcālis	[ī]
J (= Ī)	ī	[j] consonans	[j] ante vōcālem
K	kappa	[k]	[k]
L	el	[l]	[l]
M	em	[m]	[m]
N	ēn	[n]	[n]
O	o	[o]	[o]
P	pe	[p]	[p]
QU	qu	[kw]	[kw]
R	er	[r]	[r]
S	es	[s]	[s] [z] ante duās vōcālēs
T	tē	[t]	[t] aut [ts] ante -ī
U	u	[u] vōcālis	[u]
V (= U)	u	[w] consonans	[w] ante vōcālem
X	ix	[ks]	[ks]
Y	ypsilon	[y]	[ī] aut [j] ante vōcālem
Z	zeta	[dz]	[z]
Diphtongī			
AE	[aę]	[e]	
OE	[oę]	[e]	
AU	[aw]	[aw]	

Vōcālēs sunt : a, e, ī, o, u, y.
Consonantēs sunt : b, c, d, f, g, h, k, l, m, n, p, q, r, s, t, x, z.
A est ante B : AB
A est post B : BA
Syllabae sunt : BA, CA, DĀ...
Littera A est in syllabā CAN
Littera H est inter A et O : AHO.

Dē duōbus modis prōnuntiandī : audīte

-Prōnuntiātiō rēstitūta : sīcut tempore Rōmānōrum. Audīte :

Nōs enim prō salūte imperātōrum Deum invocāmus aeternum, Deum vērum, Deum vīvum, quem et ipsī imperātōrēs sibi praeter cēterōs mālunt. Sciunt quis illīs dederit imperium ; sciunt, quā hominēs, quis et animam. (...) Caelum dēnique debellet imperātor, caelum captīvum triumphō suō invehat, caelō mittat excubiās, caelō vectīgālia impōnat ! Nōn potest. Ideō magnus est quia caelō minor est. (...)(Tertulliānus, Apologia, XXX.)

-Prōnuntiātiō ecclēsiastica, sīcut in ecclēsiīs. Audīte...

Dē litterīs orthographiāque modernīs, atque dē ratiōne pungendī

Rōmānī sīc scrībēbant : (Codex Vergiliī Vāticānus, IV° saeculō)

TITYRE•TV•PATVLAE•RECVBANS•SVB•TEGMINE•FAGI
SILVESTREM•TENVI•MVSAM•MEDITARIS•AVENA
NOS•PATRIAE•FINES•ET•DVLCIA•LINQVIMVS•ARVA
NOS•PATRIAM•FVGIMVS•TV•TITYRE•LENTVS•IN•VMBRA
FORMOSAM•RESONARE•DOCES•AMARYLLIDA•SILVAS

(...)

ET•IAM•SUMMA•PROCVL•VILLARVM•CVLMINA•FVMANT
MAIORESQVE•CADVNT•ALTIS•DE•MONTIBVS•VMBRAE

Cum orthographiā hodierna et ratiōne pungendī :

Tītyre, tū patulae recubans sub tegmine fāgī
Silvestrem tenuī mūsam meditāris avēnā ;
Nōs patriae fīnēs et dulcia linquimus arva ;
Nōs patriam fugimus ; tū, Tītyre, lentus in umbrā
Formōsam resonāre docēs Amaryllida silvās.
(...)
Et jam summa procul vīllārum culmina fūmant,
Majōrēsque cadunt altīs dē montibus umbrae.

(Vergilius, Būcolica, I)

𝒢 In summā

- Syllabae Latīnae sunt longae :
  • cum vōcāle longā (Formōsus)
  • cum diphtongō (Caelus)
  • cum vōcāle ante duās consonantēs (Silvestris)

- Vōcālēs brevēs sunt :
  • per naturam (ambulāre)
  • ante vōcālem (filius)

A Syllaba antepaenultima **MĀ** Syllaba paenultima **RE** Syllaba ultima

ICTUS semper est in syllabā paenultimā :
  • sī longa est : Ambulāte, audīte,
  • sī sunt duae syllabae in verbō : Rōma, surge, īte, amor....

Ictus est in antepaenultimā sī paenultima brevis est :

ambulā, oculōs, fīlius

Verba legenda

Dominus	Templum	It	Xylobalsamum
Rōmānus	Ecce	Atque	Vulcānus
Legere	Ēgimus	Hiems	Karthāgō
Monēre	Homō	Syria	Fraudātrix
Rosa	Avē	Sūtūra	Oedipus
Esse	Attamen	Lībertas	Quaerere
Flūmen	Barba	Fraternitas	Augur
Fluvium	Ratiō	Fortiter	Gelidus
Vīvit	Necesse	Māter	Sciō
Paululum	Est	Zēlor	Ātrium

Sententiae legendae

Scrībe nōmen tuum.

Surge et ambulā.

Adsīde et ostende mihi librum.

Dēlīneāte hominem magnum.

Consīdite omnēs.

Ubi est Frederīcus?

Quod est tibi nōmen ?

Vocor Octāvus Augustus Caesar.

Ostende mihi jānuam.

Intellegisne ? Minimē.

Tū quoque mī fili !

Acta est fābula.

Cavē canem !

Dūra lēx, sed lēx.

Ad augusta per angusta.

Homō hominī lupus.

Cogitō ergō sum.

Abyssus abyssum invocat.

Dē gustibus nōn est disputandum.

Homō sum, nihil hūmānī ā mē aliēnum putō.

Ō tempora, ō morēs !

Vānitas vānitātum, et omnia vānitas.

Ālea jacta est.

Scripta legenda

1 - Initium Ēvangeliī secundum Jōhannem

In principiō erat Verbum, et Verbum erat apud Deum, et Deus erat Verbum.
Hoc erat in principiō apud Deum.
Omnia per ipsum facta sunt: et sine ipsō factum est nihil, quod factum est.
In ipsō vīta erat, et vīta erat lux hominum :
et lux in tenebrīs lūcet, et tenebrae eam nōn comprehendērunt.
Fuit homō missus ā Deō cui nōmen erat Iōhannes :

Hic vēnit in testimōnium, ut testimōnium perhibēret dē lūmine, ut omnēs crēderent per illum.
Nōn erat ille lux, sed ut testimōnium perhibēret dē lūmine.
Erat lux vera quae illūminat omnem hominem venientem in hunc mundum.
In mundō erat, et mundus per ipsum factus est, et mundus eum nōn cognōvit.
In propria vēnit, et suī eum nōn recēpērunt.
Quotquot autem recēpērunt eum, dedit eīs potestātem filiōs Deī fierī, hīs, quī crēdunt in nōmine ejus :
quī nōn ex sanguinibus, neque ex voluntāte carnis, neque ex voluntāte virī, sed ex Deō nātī sunt.
Et Verbum carō factum est, et habitāvit in nōbīs : et vīdimus glōriam ejus, glōriam quasi ūnigenitī ā Patre, plēnum grātiae et vēritātis.
Iōhannes testimōnium perhibet dē ipsō, et clāmat dīcens : Hic erat, quem dīxī : Quī post mē ventūrus est, ante mē factus est : quia prior mē erat.
Et dē plēnitūdine ejus nōs omnēs accēpimus, et grātiam prō grātiā.
Quia lex per Moysēn data est, grātia et vēritas per Iesum Christum facta est.
Deum nēmō vīdit umquam : ūnigenitus Fīlius, quī est in sinū Patris, ipse ēnarrāvit.

2 - Initium Aeneadis Vergiliī

Arma virumque canō, Trojae quī prīmus ab ōrīs
Ītaliam fātō profugus Lavīniaque vēnit
lītora, multum ille et terrīs jactātus et altō
vī superum, saevae memorem Iunōnis ob īram,
multa quoque et bellō passus, dum conderet urbem
inferretque deōs Latiō ; genus unde Latīnum
Albānīque patrēs atque altae moenia Rōmae.
Mūsa, mihi causās memorā, quō nūmine laesō
quidve dolens regīna deum tot volvere casūs
insignem pietāte virum, tot adīre labōrēs
impulerit. Tantaene animīs caelestibus īrae?

QUIS EST ?

Alexander **Philippus** **Rosa**

🎲 Lūdus

1. A : B, venī hūc, ambulā ad mē...
Exspectā !...
... perge, ad mē venī.

2. A : Ego A sum.
Quis es tū ?

B : Ego B sum.
Quis es tū ?

C : ....

3. A : Nōs A et B sumus.
Quī estis vōs ?

C : Nōs C et D sumus.
Quī estis vōs ?
G : ....

4. A (*ad B*) : Quis est hic / haec?
B : hic / haec C est.

B (*ad C*) : Quis est hic / haec?
C : hic / haec D est.

D (*ad E*) : ....

5. A (*ad B*) : Quī sunt hī / hae ?
B : hī / hae C et D sunt.

B (*ad C*) : Quī sunt hī / hae ?
C : hī / hae D et E sunt.

D (*ad E*) : ....

ⓐ Scriptum prīmum

Quod tibi nōmen est?

PHILIPPUS	Salvē. **Ego** Philippus sum. Quod tibi nōmen est?
ALEXANDER	Alexander nōmen mihi est. **Tū** quoque* discipulus es?
PHILIPPUS	Certē. Dīc, Aurēlī, quis magister est ?
ALEXANDER	Exspectā, quaesō, Aurelius nōn sum. **Ego** Alexander sum!
PHILIPPUS	Ita, sed quod nōmen magistrō est?
	Rosa accedit.
ROSA	Salvēte, condiscipulī*. **Vōs**, quī estis?
PHILIPPUS	Avē, pulcherrima. Nōmen mihi est Philippus. Hic est Albertus, amīcus meus.
ALEXANDER	(*lentē clamat*) A-LE-XAN-DER !!!
ROSA	Tacete! Ecce, magister venit. Lectiō incipit*.

*incipit : initium est.

Philippus
discipulus
est.

Alexander
quoque
discipulus est.

Philippus et Alexander **condiscipulī** sunt.

ⓖ Prōnōmina persōnālia

ego   tū   nōs   vōs

	SINGULĀRIS		PLŪRĀLIS	
NŌMINĀTĪVUS	Ego	Tū	Nōs	Vōs

⚅ Lūdus

1. A : Tū B es.
    Quis sum ego ?

B : Tū A es.
    Quis sum ego ?

C : ....

2. A : Vōs C et D estis.
    Quī sumus nōs ?

C : Vōs A et B estis.
    Quī sumus nōs ?

E : ....

✎ Exercitātiō prīma

nōs / vōs?

1. Quī estis .... ?

.... sumus discipulī Christophorī.

2. Quī estis .... ?

.... sumus Philippus et Nīcolāus.

3. .... sumus Gallī ?

Ita, ... estis Gallī.

4. .... estis in scholā?

Ita, ... sumus in scholā.

5. .... discipulī sumus?

Ita, ... discipulī estis.

📖 Quod tibi nōmen est? Tū quis es?

INTERROGĀTIŌ: Quod tibi nōmen est?	Tū, quis es?
RESPONSUM: *Mihi nōmen est Paulus.*	*Ego sum Paulus.* *Ego sum discipulus.*

⚅ Lūdus

A: Mihi nōmen est A. Quod tibi nōmen est?

B: Mihi nōmen est B.

A: Tibi nōmen est B. Quod mihi nōmen est?

B: Tibi nōmen est A.

A: Quis es?

B: B sum.

A: Quis sum?

B: A es.

✏ Exercitātiō secunda : respondēte

1. Ego sum magister. Et tū, quis es ?   ....

2. Nōmen mihi est Christophorus.
   Et tū, quod est nōmen tibi ?   ....

3. Ego sum magister. Et vōs, quī estis ?   ....

✏ Exercitātiō tertia :
quaerite interrogātiōnēs

1. .... ? Nōmen mihi est Stephanus.

2. .... ? Nōmen tibi est Marīa.

3. .... ? Paulus sum

4. .... ? Magister es.

◎ Scriptum secundum

Victor   Veronica   Christophorus

Optima sum

CHRISTOPHORUS	Salvēte discipulī.
VERONICA	Avē magister. Valesne bene ?
CHRISTOPHORUS	Optimē valeō. Grātiās tibi agō, Veronica, tū discipula bona **es**.
VERONICA	Certē! Optima **sum**.
VICTOR	Audīte, discipulī! Quam ēgregia **est** Veronica !
CHRISTOPHORUS	Tacē, Victor! Num tū **es** magister ? Nōn, magister nōn es.
	– – – Adestisne vōs omnēs ?
VERONICA	Dā veniam, magister. Nōn omnēs ad**sumus**. Philippus ab**est**.
	Philippus intrat.
CHRISTOPHORUS	Philippe! Quid **est** ? Claude ostium et consīde! Ubi est liber tuus? Ubi calamī **sunt** ?
PHILIPPUS	Nesciō, magister. Quid accidit? **Est**ne schola Latīna ? Ignosce mihi, nōn intellegō.
VICTOR	Ecce! Ut semper!
CHRISTOPHORUS	Tacē, Victor ! Satis est ! Probī discipulī nōn **estis**. Malī et improbī discipulī **estis**! Domum redeō.

Vocābula

malus
(improbus)

bonus
(probus)

optimus, optima : bonus, bona
optimē : bene

Vērum an falsum?

1.	Christophorus bene valet.	V / F
2.	Veronica bona discipula est.	V / F
3.	Victor est magister.	V / F
4.	Omnēs adsunt.	V / F
5.	Philippus tardus est.	V / F
6.	Philippus bene intellegit.	V / F
7.	Victor probus discipulus est.	V / F

Notā bene: interrogātiō

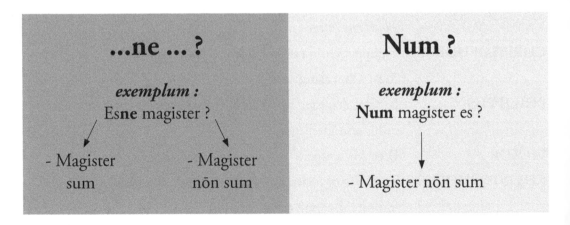

...ne ... ?

exemplum :
Esne magister ?

- Magister   - Magister
sum   nōn sum

Num ?

exemplum :
Num magister es ?

- Magister nōn sum

 # Esse

Ego magister **sum**	**SUM**
Tū discipulus **es**	**ES**
Lingua Latīna facilis **est**	**EST**
Nōs Gallī **sumus**	**SUMUS**
Vōs in scholā **estis**	**ESTIS**
Discipulī doctī **sunt**	**SUNT**

✏️ Exercitātiō quarta : interrogātiōnēs

1. Quis est Christophorus ?

....

2. Num Philippus est magister ?

Minimē,..

3. Quis est Victor ?

....

4. Quī estis vōs ?

.... discipulī ....

5. Sumusne in scholā, ego et vōs ?

Ita, ...

6. Estne lingua Latīna difficilis ?

....

Exercitātiō quinta :
quaerite verba quae dēsunt

VICTOR: Avēte ! Ego discipulus ....

Vōs, quī .... ?

NĪCOLĀUS : Nōs, quī .... ?

Ego Nīcolāus. Nōmen .... Nīcolāus.

PHILIPPUS : Et ego Philippus ....

Nōmen .... est Philippus.

Et tū, quis .... ?

VICTOR : Nōmen .... Victor.

.... discipulī ?

NĪCOLĀUS : Ita, nōs discipulī .... In scholā sumus.

Adveniunt Veronica et Rosa.

NĪCOLĀUS : Ecce Veronica et Rosa.

VERONICA et ROSA : Avēte !

VICTOR : Avēte !

NĪCOLĀUS : Veronica et Rosa discipulae ....

ROSA : Sed lingua Latīna difficilis ....

VICTOR: Ita, difficilis ....

PHILIPPUS et NĪCOLĀUS : Ō, quam difficilis .... !

VERONICA : Minimē. Lingua Latīna nōn ....

VICTOR : Tacē ! Difficilis est !

VERONICA : Victor, urbānus tū nōn .... Et nōs discipulae ....

Lingua Latīna facilis est.

Exercitātiō sexta :
quaerite verba quae dēsunt

 Lingua Latīna nōn difficilis, sed facilis est !

1. Ego et Philippus discipulī sumus. .... discipulī sumus.

2. Ego et vōs Gallī sumus. .... Gallī sumus.

3. Philippe, tū et Paulus discipulī estis. .... discipulī estis.

4. Quis es tū ? – Sum Christophorus. Nōmen .... est Christophorus.

5. Esne Germānus ? – Minimē! Ego Ītalus ....

6. Cornēlia et Rosa in scholā ....

7. Quī .... vōs, Stephane et Marce ? -Nōs frātrēs ....

8. Num discipulus es, Christophorus? - .... discipulus nōn ....,
   sed magister!

Subjectum

Legite hās sententiās :

1) **Philippus** Gallus est.	2) **Nōs** sumus discipulī.
↑	↑
Subjectum	*Subjectum*
- ***Quis*** est Gallus ?	- ***Quī*** sunt discipulī ?
- ***Philippus***. *Philippus Gallus est.*	- ***Nōs***.
« Philippus » est subjectum in sententiā.	« Nōs » est subjectum in sententiā.

✏ Exercitātiō septima :
respondēte et invenīte subjectum

Exemplum :   *Christophorus est magister.*
               Quis est magister ?
               - Christophorus. Subjectum est « Christophorus ».

1. *Nōs sumus discipulī urbānī.*
   Quī sunt « discipulī urbānī » ?
   > ……………………………………………

2. *Paulus doctus est.*
   Quis est doctus ?
   > ……………………………………………

3. *Nīcolāus et Philippus Gallī sunt.*
   Quī sunt « Gallī » ?
   > ……………………………………………

4. *Ego Christophorus sum.*
   Quis est « Christophorus » ?
   > ……………………………………………

5. *Vōs estis Rosa et Jūlia.*
   Quae sunt « Rosa et Jūlia » ?
   > ……………………………………………

✏ Exercitātiō octāva :
invenīte subjectum sententiae

Exemplum : Christophorus est magister.   >   Christophorus

Discipulī in scholā sunt.   >   ……………………………………

Populus pācificus est.   >   ……………………………………

Discipulae urbānae sunt in scholā.   >   ……………………………………

Discipulus bonus doctus est.   >   ……………………………………

Ego magister sum.   >   ……………………………………

📖 Attribūtum

Legite hās sententiās :

> 1) Ego et Philippus **discipulī** sumus.   2) Paulus **doctus** est.
>
>   ↑   ↑
>   *Attribūtum*   *Attribūtum*
>
> « discipulī » est **attribūtum** in sententiā.   « doctus » est **attribūtum** in sententiā.

✏️ Exercitātiō nōna : invenīte attribūtum

1. *Ego sum Paulus.*

> \> ....

2. *Nōs sumus Alexander et Philippus.*

> \> ....

3. *Nīcolāus et Alexander amīcī sunt.*

> \> ....

4. *Victor doctus est.*

> \> ....

5. *Lingua Latīna difficilis est.*

> \> ....

Cantiō

Ūnum et ūnum sunt duo.

Duo et duo sunt quattuor.

Quattuor et quattuor sunt octō.

Numerāmus, numerāmus, omnia numerāmus !

Ūnum et duo sunt tria.

Duo et tria sunt quinque.

Duo et quattuor sunt sex.

Numerāmus, numerāmus, omnia numerāmus !

Duo et quinque sunt septem,

Quattuor et quinque sunt novem.

Quinque et quinque sunt decem.

Numerāmus, numerāmus, omnia numerāmus !

Ūnum, duo, tria, quattuor, quinque, sex, septem, octō, novem, decem !

✏ Exercitātiō decima : respondēte

Exemplī grātiā : Quot sunt duo et tria ? - Sunt quinque.

1. Quot sunt ūnum et tria ?
2. Quot sunt septem et duo ?
3. Quot sunt sex et quattuor ?
4. Quot sunt ūnum et ūnum ?
5. Quot sunt duo et quinque ?

UNDE ORIUNDUS ES ?

1 – Slovēnia
2 – Croātia
3 – Bosnia et Herzegovia
4 – Serbia
5 – Nigromontium
6 – Kosovia
7 – Albānia
8 - Macedonia

Officium, studium et populus

Eurōpa

Patria	Adiectīvum
Anglia/Britannia	Anglus (m.), Angla (f.) / Britannus (m.), Britanna (f.)
Gallia	Gallus (m.), /Galla (f.)
Germānia	Germānus (m.), /Germāna (f.)
Hibernia	Hibernus (m.), /Hiberna (f.)
Hispānia	Hispānus (m.) /Hispāna (f.)
Ītalia	Ītalus (m.), /Ītala (f.)
Polōnia	Polōnus (m.), /Polōna (f.)
Russia	Russus (m.), /Russa (f.)

Orbis terrarum (mundus)

Patria	Adiectīvum
America	Americānus (m.) / Americāna (f.)
Canada	Canadensis (m.) / Canadensis (f.)
Cuba	Cubānus (m.) / Cubāna (f.)
Mexicum	Mexicānus (m.) / Mexicāna (f.)
Sinae	Sinensis (m.) / Sinensis (f.)
Corēa	Corēānus (m.) / Corēāna (f.)
Kenia	Keniensis (m.) / Keniensis (f.)

Disciplinae : Mūsica, mathēmatica, grammatica, linguae, astronomia, scientia, litterae, doctrīna oeconomica, theologia…

Bonae artēs : magister/magistra, discipulus / discipula, philosophus, caupō, medicus, advocātus, agricola, operārius, poēta, astronomus, faber, histriō, tabellārius…

America Foederāta

Canada

Ōceanus Pācificus

Ōceanus Atlanticus

Brasilia

Confoederātiō Russica (Russia)

Sinae

Japōnia

Corēa

Persia

India

Algerium Libya Aegyptus Arabia

Kenia

Ōceanus Indicus

Austrālia

🗨 Interrogāre :

Oriunda sum
ē Germāniā :
Germāna sum

Oriundus sum
ē Germāniā :
Germānus sum

Oriundī sumus
ē Germāniā :
Germānī sumus

📖 Ē / Ex

ē Galliā	ex Americā
ē Germāniā	ex Armeniā
ē Britanniā	ex Ītaliā

Notā bene:
Scrībimus **ē** ante consonantem,
et **ex** ante vōcālem.

✎ Exercitātiō prīma :
quaerite verba quae dēsunt

1. Ego Gallus sum : ē Galliā oriundus sum.

2. Ego Hiberna sum : ē Hiberniā oriunda ....

3. Nōs Polōni sumus : ...... Polōniā oriundī sumus.

4. Ego Ītalus sum : ex Ītaliā .... sum.

5. Ego Britannus sum : ē .... sum.

6. Ego Americāna sum : ....

✎ Exercitātiō secunda :
patria et populus

Exemplum : Petrus in Polōniā habitat.   Petrus Polōnus est

1. Brennus in Germāniā habitat.   >   ....

2. Eduardus in Angliā habitat.   >   ....

3. Brennus in Germāniā habitat.   >   ....

4. Christophorus in Galliā habitat.   >   ....

5. Antōnius in Mexicō habitat.   >   ....

6. Marcus in Cubā habitat.   >   ....

7. Iōhannēs in Americā habitat.   >   ....

8. Anna Marīa in Canadā habitat.   >   ....

🎲 Lūdus : urbānitas

Ad singulōs :	**Ad plūrēs**
Salvē !	Salvēte !
Ut valēs ?	Ut valētis ?
Dā veniam.	Dāte veniam.
Ignosce.	Ignoscite.
Grātiās tibi agō !	Grātiās vōbīs agō.

🎧 Scriptum prīmum

Unde oriundī estis ?

LŪCĀS ET DIĀNA	Salvēte.
MARTHA ET TĪMŌN	Salvēte.
MARTHA	Ut valētis ?
DIĀNA	Optimē, grātiās vōbīs. Lūcās et Diāna sumus. Quī estis vōs?
MARTHA	Nōmen mihi Martha est. Hic est Tīmōn, marītus meus. Nōs sumus parentēs Nīcolaī.
TĪMŌN	Heū, vērum est ! Eī ! Nōs miserōs! Vae !*
MARTHA	Tacē, Tīmōn! – Dāte veniam. Estisne vōs quoque Gallī ? **Unde oriundī estis ?**
LŪCĀS	Gallī nōn sumus, sed Germānī : **e Germāniā oriundī sumus.**
MARTHA	Optimē !
TĪMŌN	....
MARTHA	Age, Tīmōn, dīc aliquid!
TĪMŌN	.... ita, optimē !
MARTHA	Ignoscite. Marītus meus fessus est, quia **operam dat in caupōnā.** Caupō est. Ego focāria sum. (*parvā vōce*) Tīmōn coquus bonus nōn est...
TĪMŌN	Quid dīcis, Martha?
MARTHA	Nihil refert ! *Continuābitur...*

* vae = heū

coquus

focāria

caupō

✏ Exercitātiō tertia : vērum an falsum ?

1. Tīmōn est Germānus. V / F

2. Diāna est Germāna. V / F

3. Lūcās est Gallus. V / F

4. Martha et Tīmōn parentēs Philippī sunt. V / F

5. Tīmōn laetus est quia pater Nīcolaī est. V / F

6. Tīmōn fessus est. V/F

7. Martha est coquus. V / F

📖 Unde oriundus est?

Unde oriunda es?	Unde oriundus es?	Unde oriundī estis?
Oriunda sum e(x) ...	Oriundus sum e(x) ...	Oriundī sumus e(x) ...

Notā bene: interrogātiō

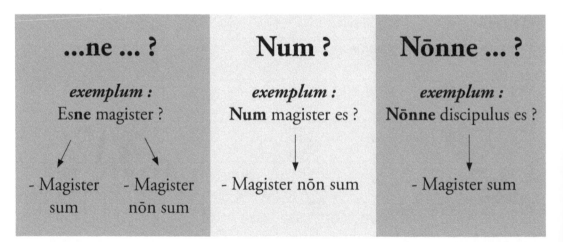

...ne ... ?	Num ?	Nōnne ... ?
exemplum : Esne magister ?	*exemplum :* **Num** magister es ?	*exemplum :* **Nōnne** discipulus es ?
↓ ↓ - Magister sum - Magister nōn sum	↓ - Magister nōn sum	↓ - Magister sum

⟁ Scriptum secundum

Quod officium geris?

MARTHA	Lūcā, **quod officium geris ?**
LŪCĀS	Magister sum : in scholā **operam dō**, in scholā doceō. Officium difficile est. Discipulī enim improbī sunt : in audītōriō clāmant, in mensā saliunt...
TĪMŌN	Rectē dīcis. In caupōnā meā, omnēs clāmant, et in mensā saliunt.
DIĀNA	Ego in ūniversitāte operam dō. Philosophiam discō.
TĪMŌN	Quid hoc sibi vult? Quid est philosophia? Est*ne* pōtiō?
MARTHA	Tacē, Tīmōn !
DIĀNA	Nōnne nostī Platōnem vel Aristotelēm ? Sunt philosophī Graecī. Ego quoque philosopha sum.
TĪMŌN	Num Graeca es? Nōnne **ē Germāniā oriunda es ?**
MARTHA	Tandem tacē, Tīmōn! – Ignoscite nōbīs. Heū, jam hōra secunda ! Valēte!
LŪCĀS ET DIĀNA	Valēte

* discō ◄─► doceō. Magister docet. Discipulus discit.

pōtiō

Platō & Aristotelēs

❓ Interrogāre: officium

Quod officium tibi est?   **Quod officium geris?**

Ego sum caupō: operam dō in caupōnā.

✏️ Exercitātiō quarta :
quod officium gerunt ?

Operam do in agrō ; ego sum.................

Operam do in scholā / in ūniversitāte ; ego sum...............

Operam do in culīnā ; ego sum.................

Operam do in urbe ; ego sum.................

Operam do in tribunāli ; ego sum...............

Operam do in valētūdināriō ; ego sum.................

✏️ Exercitātiō quinta : respondēte

1. Quod officium geris ? Unde oriundus es? (astronomus, America)

> *Ego astronomus sum. Ego Americānus sum.*

2. Quod officium geris ? Unde oriunda es? (discipula, Hispānia)

> ....

3. Quod officium geritis ? Unde oriundī estis? (coquus, focāria, Lusitānia, Britannia)

> ....

4. Quod officium geritis ? Unde oriundī estis? (discipula, Gallia)

> ....

Lūdus: agite partēs

A et B: Salvēte!
C et D: Salvēte!
A et B: Nōs sumus A et B. Quī estis vōs?
C et D : ...
A et B : ...
C et D : ...
Etc.

📖 Genus

Genus masculīnum 🧍	*Exemplum* **discipulus, magister, populus, Paulus**	
Genus fēminīnum 🧍	*Exemplum* **discipula, schola, lingua, Rosa**	
Genus neutrum 🧍🧍	*Exemplum* **studium, officium, subjectum, nōmen**	

✏ Exercitātiō sexta :
invenīte genus

discipulus – discipula – nōmen – calamus – magister – magistra – praenōmen – sententia – scriptum – verbum – Philippus – ostium – liber – schola - Rosa

MASCULĪNUM	FĒMINĪNUM	NEUTRUM
🧍	🧍	🧍🧍
discipulus	**discipula**	**nōmen**
....	....	....
....	....	....
....	....	....
....	....	....

🔖 Partēs ōrātiōnis

Nōmen	Adjectīvum	Verbum temporāle	Adverbium
lingua	Latīna	est	nunc
magister	facilis	Tacē !	autem
discipulus	urbānus	intellegit	semper
lectiō	Prūdens	venit	enim
imperātor	potens	Claude !	

✏ Exercitātiō septima :

*In hīs sententiīs, invenīte et **nōmina** et **adjectiva** et **verba** et **adverbia**.*

1. Ego magister sum, sed hoc officium difficile est.

....

2. Nōs sumus discipulī.

....

3. Nōnne difficilis est lingua Latīna ?

....

4. Tacē, Victor !

....

5. Num Nīcolāus doctus est?

....

6. Tolle manum.

....

7. Tacē, stulte!

....

8. Philippus adhuc abest.

....

QUĀLIS EST ?

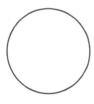   

| Circulus | Triangulum | Quadrātum | Stella |

Lūdus

1. Surge, A.
2. Venī ad tabulam et calamum cape.
3. Dēlīneā circulum magnum.
4. Dēlīneā circulum parvum.
5. Dēlīneā quadrātum magnum.
6. Dēlīneā stellam parvam.
7. Cape calamum nigrum et dēlīneā circulum nigrum.
8. Cape calamum rubrum et dēlīneā triangulum rubrum.
9. Dēlīneā stellam rubram.
10. Cape calamum caeruleum et dēlīneā stellam caeruleam.
11. Cape calamum viridem et dēlīneā quadrātum viride.
12. Dēlīneā mensam nigram.
13. Dēlīneā discipulum viridem.
14. Etc.

Adjectiva : quālis est?

Facilis   **Difficilis**   **Stultus**   **Doctus**

Studiōsus   **Piger**   **Magnus**   **Parvus**

Turpis   **Pulcher**   **Malus**   **Bonus**

Prūdens   **Insānus**   **Tristis**   **Laetus**

Quālis est?

Quālis est ille vir?

Quālis est illa fēmina? Quālis est vir?

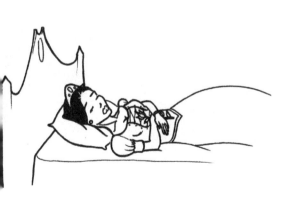

Estne fēmina turpis?

Estne fēmina pulchra?

◉ Scriptum

Quālis est?

In audītōriō.

ALEXANDER:	Philippe, **quālis est** lingua Latīna ? Nōnne **difficilis** est?
PHILIPPUS:	Sānē! Numquam* intellegō lectiōnēs.
VERONICA:	Quid ? Lingua Latīna **facilis** et **pulchra** et **venerābilis** est!
PHILIPPUS:	Quid dīcis, Veronica? Lingua Latīna certē **difficilis** est.
ALEXANDER:	Rectē dīcis, Rosa. **Dūra** est!
VERONICA:	Minimē! Vōs **dūrī** estis! Favēte linguā!
PHILIPPUS:	Quid ? « Favē linguā » ? Nē hoc quidem intellegō. Quid sīgnificat « Fave linguā », o ēgregia magistra ?
VERONICA:	Sīgnificat hoc : tacēte, **stultī** !
ALEXANDER:	Dā veniam, Veronica **studiōsa**. Cūr nōs increpās*?
VERONICA:	Nullō modō! Ego semper **prūdens** et **affābilis** et **benigna** sum. Vōs nōn intellegitis mē! Domum redeō.

Veronica abit.

ALEXANDER:	Utra vērē **difficilis** est? Veronica an lingua Latīna ?

Verba nova :

numquam ←→ semper

increpāre →

Cūr mē increpās ?

✏ Exercitātiō prīma : quālis est ?

dūra – venerābilis – facilis – difficilis – studiōsa – prūdens – affabilis – benigna – pulchra – stultus

PHILIPPUS   ....

VERONICA   ....

ALEXANDER   ....

LINGUA LATĪNA ....

✏ Exercitātiō secunda : respondēte

1. Quī adsunt?

2. Quis studiōsa est?

3. Quis numquam lectiōnēs intellegit ? Quis semper lectiōnēs intellegit?

4. Quid sibi vult "Fave linguā"?

5. Estne Veronica affābilis?

6. Quālis est Veronica?

Adjectiva

Typus I

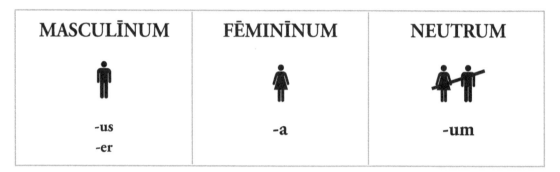

MASCULĪNUM	FĒMINĪNUM	NEUTRUM
-us -er	-a	-um

Exempla :

bonus discipulus
bonus magister
pulcher amīcus
pulcher puer

bona discipula
pulchra puella

bonum officium
pulchrum templum.

Typus II

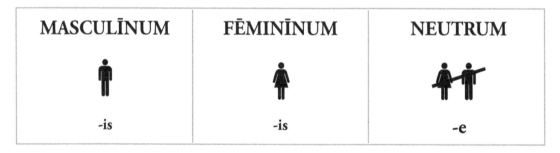

MASCULĪNUM	FĒMINĪNUM	NEUTRUM
-is	-is	-e

Exempla :

Magister meus venerābilis est   *Lingua Latīna venerābilis est*   *Hoc templum venerābile est*

Colōrēs

Caelum caeruleum

caeruleus, caerulea, caeruleum

Stella flāva

flāvus, flāva, flāvum

Mālum rubrum

ruber, rubra, rubrum

Rosa alba

albus, alba, album

Rāna viridis

viridis, viridis, viride

Equus niger

niger, nigra, nigrum

Quālis est?

Tū parvus es.
Tū magnus es.
Ego crassus sum.
Ego gracilis sum.

magnus, magna / parvus, parva
Ille est magnus; ille est parvus

crassus, crassa / gracilis, gracilis
/ macer, macra
Ille est crassus; ille est gracilis.

❓ Interrogātiōnēs: quid tibi est? Estne tibi?

A.

Estne tibi bulga?
Certē, mihi est bulga.

Quae tibi sunt in bulgā?
Mihi sunt calamī, liber,
libellus, ...

Estne tibi pōculum?
Pōculum mihi nōn est.

B.

Suntne tibi oculī caeruleī?
Profectō. Oculī caeruleī
mihi sunt.

Suntne tibi oculī caeruleī?
Minimē. Oculī fuscī mihi
sunt.

Oculī caeruleī, fuscī,
viridēs, nigrī.

C.

Suntne tibi frātrēs?
Sorōrēs?
Estne tibi fēlēs? Canis?
Avis? Piscis?

Comae

Mihi est coma longa

Illī est coma longa

Mihi est coma brevis

Illī est coma brevis

Mihi est coma crispa

Coma crispa

Mihi est coma recta.

**Illī coma recta (et longa)
est.**

Mihi est coma hirsūta.

**Ille est comā hirsūtā et
barbā longā.**

Ego calvus sum!

Ille calvus est!

Exercitātiō tertia :
respondēte

Quālis est Christophorus?
Estne magnus?
Magnus nōn est, sed ....

Estne crassus?
....

Quālis est coma ?
....

Quō colōre coma est ?
....

Estne illī barba longa et hirsūta ?
....

Estne illī stola?
....

Estne illī bulga?
....

Vestēs

Bracae (fem. plur.)

Stola

Castula

Calceī (masc. plur.)

Tunica

Camisia

Amīctus

✏️ Exercitātiō quarta : <small>scrībite</small>

Marīa scrībit epistulam amīcae suae Annae. Narrat quālis ea sit.

1. Ego .... parva et flāva.

2. Clāra quoque .... parva et flāva.

3. Ego et Clāra .... discipulae in ūniversitāte studiōrum.

4. Carolus et Robertus, frātrēs meī, ... magnī.

5. Quid tū, Anna? Tū .... magna an parva? Brevis .... an longa? Tibi capillus flāvus an niger .... ?

✏️ Exercitātiō quinta : <small>scrībite</small>

Quālis est proximus tuus?

....

....

📖 Mihi, tibi, illī ... est / sunt

MIHI EST BONUS AMĪCUS	*MIHI SUNT BONĪ AMĪCĪ*
TIBI EST BONUS AMĪCUS	*TIBI SUNT BONĪ AMĪCĪ*
ILLĪ EST BONUS AMĪCUS	*ILLĪ SUNT BONĪ AMĪCĪ*

🎲 Lūdus

Invenī discipulum ex discipulīs! Condiscipulī tuī ūnum ex vōbīs ēligunt – deinde, tū invenīre eum dēbēs.

Interrogā aliōs:

- Estne **magnus? parvus?**
- Estne **gracilis? macer? crassus? fortis?**
- **Quālis est coma? brevis? crispa? ...**
- Estne **flāvus / flāva? fuscus / fusca? ...**
- **Suntne illī bracae? Suntne illī calceī?**

- Estne **illī stola? Estne illī camisia ?**
- **Quō colōre sunt calceī? bracae?**
- **Quō colōre est tunica ejus? camisia ejus? amīctus ejus?** *Etc.*

VENĪ HŪC !

 ## Mandāta

Ad ūnum discipulum vel ūnam discipulam.

1. Surge et venī hūc.
   - *Quid agit ?*
   - *Surgit et it illūc.*

2. Dīc iterum : Salvē !
   - *Quid agit ?*
   - *Dīcit : « salvē ! ». Ille salūtat.*

3. Dīc mihi nōmen tuum.
   - *Quid agit ?*
   - *Dīcit nōmen suum mihi.*

4. Cape librum.
   - *Quid agit ?*
   - *Librum capit.*

5. Dā mihi librum tuum.
   - *Quid agit ?*
   - *Tibi librum suum dat.*

6. Pōne librum in mensā, et abī ad sellam tuam.
   - *Quid agit ?*
   - *Pōnit librum in mensā, ad sellam suam abit.*

7. Consīde in sellā.
   - *Quid agit ?*
   - *In sellā consīdit.*

8. Pulsa ostium.
   - *Quid agit ?*
   - *Ostium pulsat.*

9. Scrībe nōmen tuum in tabulā.
   - *Quid agit ?*
   - *Nōmen suum scrībit in tabulā.*

10. Curre ad mūrum.
    - *Quid agit ?*
    - *Ad mūrum currit.*

Ad duōs vel trēs discipulōs :

1. Surgite et venīte hūc.
2. Dīcite iterum : Salvē !
3. Dīcite mihi nōmina vestra.
4. Capite librōs.
5. Dāte mihi librōs vestrōs.
6. Pōnite librōs in mensā, et abīte ad sellās vestrās.
7. Consīdite in sellās.
8. Pulsāte ostium.
9. Scrībite nōmina vestra in tabulā.
10. Currite ad mūrum.

 Scriptum prīmum

Somnium Nīcolaī

NYMPHAE :   **Venī** hūc, ō prūdens! **Audī** nōs, ō Nīcolāe! ... Nīcolāe?

NĪCOLĀUS :   Nīcolāus nōmen mihi est. Sed quid est hoc? Quid audiō? Quid vidēō? Quae sunt hae fēminae? Vōs nōn nōvī. Quae estis?

NYMPHAE :   Nōs nymphae sumus, ō fēlix ! Tū, **imperā** et ecce dōnum tibi est. Sed **cavē**! Ūnum vōtum tibi est.

NĪCOLĀUS: Optimē!

NYMPHAE :   **Dīc**, ō studiōse !

NĪCOLĀUS :   Euge! Vōtum meum est... vīnum ! Dāte vīnum ! Celeriter !

NYMPHAE :   Quid dīcis? **Exspectā** quaesō! Num certus es? Nōnne dēsīderās pācem in orbe terrārum* vel ...

NĪCOLĀUS :   Ita, satis est. **Favēte** linguā, et **dāte** vīnum! **Festīnāte**!

NYMPHAE :   Ita fiat ! Fēlix sis !

CHRISTOPHORUS :   **Audī**, Nīcolāe! Num dormīs in audītōriō? **Tolle** librum et **lege**! **Festīnā !** Citō !

NĪCOLĀUS :   Heū, mē miserum! **Exspectā**, magister! Fessus sum et dūra est schola Latīna.

CHRISTOPHORUS :   Quid dīcis, Nīcolāe? Vae tibi, ō piger ! Fessus es? **Surge** igitur ! **Abī** domum et **dormī** !

Vīnum

Dōnum

Orbis terrarum*

✏️ Exercitātiō prīma : respondē

1. Quid dant Nymphae ?

Nymphae .... *dant.*

2. Quot sunt vōta ?

.... *sunt.*

3. Quid Nīcolāus optat ?

Nīcolāus .... *optat.*

4. Quid Nīcolāus agit in audītōriō ?

....

📖 Imperātīvus et indicātīvus

IMPERĀTĪVUS	INDICĀTĪVUS
*Magister: "Rosa, **surge** !"*	*Rosa **surgit**.*
*Magister : "**Abī** ad sellam tuam."*	*Rosa **abit** ad sellam suam.*
*Magister : "**Venī** hūc !"*	*Paulus **venit**.*
*Magister : "**Tacēte** omnēs !"*	*Discipulī **tacent**.*
*Magister : "**Capite** librum et **legite** !"*	*Discipulī **capiunt** librum et **legunt**.*

✏️ Exercitātiō secunda :
imperātīvus an indicātīvus ?

1. Pulsā ostium, Nīcolāe.

....

2. Nīcolāus ostium **pulsat**.

....

3. Num **legit** librum suum ?

....

4. Nīcolāe, **lege** librum!

....

5. Curre ad scholam! Celeriter!

....

6. Rosa **currit** ad scholam.

....

7. Dīc mihi: magister es?

....

8. Paulus **dīcit**: "magister nōn sum".

....

9. Magister **clāmat : tacēte,** puerī!

....

10. Discipulī nōn **tacent**.

....

𝒢 Imperātīvus

SINGULĀRIS	PLŪRĀLIS
Dā	Dāte
Tacē	Tacēte
Audī	Audīte
Cape	Capite
Lege	Legite
Dīc	Dīcite

✏ Exercitātiō tertia : mūtate verba

Exemplum :   Consīde in sellam.   >   *Consīdite in sellam.*

1. Dā veniam !   >   .... veniam !

2. Tacē ! Urbānus nōn es.   >   .... ! Urbānī nōn estis.

3. Cūr tacita es ? Lege !   >   Cūr tacitae estis ? .... !

4. Cavē ! Imperātor potens est.   >   .... ! Imperātor potens est.

5. Audī ! Pulchrī modī mūsicī sunt   >   .... ! Pulchrī modī mūsicī sunt

6. Venīte ! Ecce fīlius meus.   >   .... ! Ecce fīlius meus.

7. Capite librum vestrum.   >   .... librum tuum.

8. Consīdite! Silentium !   >   .... ! Silentium !

9. Ambulāte in mūseō.   >   .... in mūseō.

10. Dīcite : quis est Horātius ?   >   .... : quis est Horātius ?

11. Dēlīneā triangulum.   >   .... triangula.

12. Abīte exhinc !   >   .... exhinc !

13. Surge celeriter.   >   .... celeriter.

14. Ostendite jānuam.   >   .... jānuam.

◉ Scriptum secundum

Quis est Augustus ?

Magister et discipulī in mūseō sunt.

MAGISTER : Venīte, discipulī. Ecce Augustus. Spectāte, quis est ? Nōstisne responsum ? Dīcite!

DISCIPULUS : Dīc, magister: estne gladiator ?

MAGISTER : Nōn est.

DISCIPULA : Estne deus ?

MAGISTER : Minimē.

DISCIPULUS : Sed potēns est.

MAGISTER : Ita est. Potēns, et clārus.

DISCIPULĪ : Quis ergō est ?

MAGISTER : Nōn est gladiātor, neque deus. Sed est Augustus, fīlius adoptīvus Caesaris, et prīmus imperātor Rōmanus.

Vocābula

Potens

Clārus

Deus

Exercitātiō quarta :
quaere verba quae dēsunt

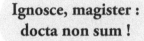
**Ignosce, magister :
docta non sum !**

Venī hūc!

In scholā...

CHRISTOPHORUS :	Rosa, **surg**.........., et ven.......... hūc.
ROSA :	**Cūr** ?
CHRISTOPHORUS :	**Dīc**.......... : quis est imperātor Augustus ?
ROSA :	Augustus ? Heū, **d**.......... veniam...
CHRISTOPHORUS :	Cūr tacita es ?
ROSA :	**Ignosc**........., magister. Tacita sum quia satis docta nōn sum.
CHRISTOPHORUS :	**Ab**.......... ad sellam tuam. Ō discipulī! Quis ergō est Augustus ?
VICTOR:	Facile est !
CHRISTOPHORUS :	Sī facile est, **ven**........ hūc, discipule! Bene. **Dīc**......... igitur.
VICTOR:	Augustus est prīmus imperātor Rōmānus. Est juvenis, pulcher, potens clārusque.
ROSA :	**Tac**.........., Victor ! Quam superbus es !
VICTOR:	Cūr? Quia ego doctus sum ? **Cap**........... librum tuum, et **stud**......... !
ALEXANDER :	**Cav**........., stulte ! Amīca mea est.
CHRISTOPHORUS :	Satis est, **tac**...... omnēs ! **Aud**........ ! **D**.......... veniam, sed studiōsī nōn estis.
	Cap........ librum vestrum, et **leg**......... . Bene. Ō quam jūcundum est silentium ! **Dīc**....... nunc : quis est Vergilius ?
	Cav.........., nōn est imperātor.

✏ Exercitātiō quinta :
quaerite verba quae dēsunt

CHRISTOPHORUS :   Rosa, ……………… hūc. Quis est Vergilius ?

……………… celeriter.

ROSA :   Vergilius? Heū, ……………… veniam...

VICTOR :   Satis ……………… nōn est. ………………, quam

……………… es !

CHRISTOPHORUS :   ………………, Victor ! Superbus es !

VICTOR :   ……………… veniam, Rosa.

CHRISTOPHORUS :   Rosa, …………… ad sēdem tuam. ………………

omnēs. Vergilius est poēta clārus, nōn ………………

neque gladiātor. ……………… librum vestrum, et

………………

📖 Singulāris et plūrālis

	SINGULĀRIS	PLŪRĀLIS
MASCULĪNUM	Discipulus est urbānus	Discipulī sunt urbānī
FĒMINĪNUM	Discipula est urbāna	Discipulae sunt urbānae
NEUTRUM	Studium est meum	Studia sunt mea

Discipulus est urbānus	*(masculīnum singulāre)*
Discipulī sunt urbānī	*(masculīnum plūrāle)*
Discipula est urbāna	*(fēminīnum singulāre)*
Discipulae sunt urbānae	*(fēminīnum plūrāle)*
Studium est meum	*(neutrum singulāre)*
Studia sunt mea	*(neutrum plūrāle)*

Notā bene :

- um	>	- a		- a	>	- ae		- um	>	- a

✏️ Exercitātiō sexta :
mūtāte sententiās

1. Discipulus doctus est.   >   .... doctī sunt.

2. Discipula urbāna est.   >   .... urbānae sunt.

3. Gallus in scholā est.   >   .... in scholā sunt.

4. Gemellus est.   >   .... sunt.

5. Populus pācificus est.   >   .... pācificī sunt.

6. Studium meum doctum est.   >   .... mea .... sunt.

7. Quod est nōmen tuum ?   >   Quae sunt nōmina .... ?

8. Germāna sum.   >   .... sumus.

✎ Exercitātiō septima :
mūtāte sententiās

1. Scholae bonae sunt. > .... bona est.

2. Anglī urbānī sunt. > .... urbānus est.

3. Linguae difficiles sunt. > .... difficilis est.

4. Germānae doctae sunt. > Germāna .... est.

5. Discipulī estis. > .... es.

6. Gallī sunt. > .... est.

7. Nōmina Anglica sunt. > Nōmen .... est.

8. Studia prīma sunt. > .... prīmum est.

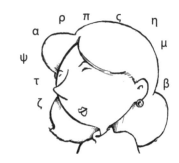

Notā bene :

INTERROGĀTIŌ	RESPONSUM
CŪR ?	**QUIA...**

Exemplī grātiā :
-Cūr Rosa est tacita ?
-Quia docta nōn est.

◉ Scriptum tertium

Dominus et servī

DOMINUS :   **Servī**, venīte hūc et audīte. Magna est īra mea, quia sordida est domus. Purgāte celeriter, **servī malī** !

SERVUS :   **Ō bone domine**, ignosce. Īra tua lēgitima est.

PRĪMA ANCILLA :   Stultus es ? Spectā : quis est hic homō ? Nōn est dominus!

SERVUS :   Cavēte, fortassē* est filius dominī. Pārēte* et tacēte !

DOMINUS :   Ō ancillae! Culīna sordida est. Quam tardae estis ! Venīte, **puellae pigrae** ! Currite !

SECUNDA ANCILLA :   Hic est malus homō. [*Clam*] Abī, ferum animal ! **Lupe magne** !

SERVUS :   **Mala ancilla,** improba sunt murmura tua !

DOMINUS :   Heū ! Ubi est domus mea ? **Magnī deī**, succurrite !

Ubi sum? Ubi hortus? Ubi ātrium?

Ubi statuae? Plōrāte, **ō vōs omnēs** ! Quam infēlix sum !

Ō bone imperātor…

[*Advenit servus secundus*].

SERVUS SECUNDUS :   Cavē, **domine**, ēbrius es : haec nōn est domus tua, sed vīcīna. Ecce vērus dominus, abī celeriter ! Valēte, **ō vīcīnī bonī**, et ignoscite.

* fortassē : « fortassē fīlius est » : Nōn sum certus, nesciō. Quis scit ?
* parēre : dominus imperat ; servus paret.

Dominus   **Servus**   **Ancilla**

Verbum novum

 Īra : puer *īrātus* est!

Rosa ! Philippe !
Nicolae ! Victor !
Ubi estis ?

 Vocātīvus

Vocātīvus fēminīnus

Est Rosa.	Rosa !
Est Jūlia.	Jūlia !
Est ancilla pigra.	Ancilla pigra !
Est filia bona.	Fīlia bona !
Est puella pulchra.	Puella pulchra !

Vocātīvus masculīnus

Est Paulus.	Paule !
Est dominus bonus.	Domine bone !
Est Jūlius.	Jūlī!
Est filius.	Fīlī !
Est magister.	Magister !
Est imperātor.	Imperātor !
Est Lūcās.	Lūcā !

Notā bene :

-a / -as > -a	-us > -e	-ius > -ī	-r > -r

✏ Exercitātiō octāva : vocāte

Exemplum :   Dominus   >   *Domine, quam magna est domus tua !*

1. Puer   >   ...., venī hūc.

2. Vīcīnī   >   ...., audīte.

3. Discipula   >   ...., docta es.

4. Discipulae   >   ...., doctae estis.

5. Imperātor   >   ...., clārus es.

6. Lupus   >   ...., quam magnus es !

7. Fīlius   >   Tū quoque, mī .... !

✏ Exercitātiō nōna : vocāte hominēs

Exemplum :   Ecce Marīa.   >   *Marīa, ubi es ?*

1. Ecce Hubertus.   >   ...., ubi es ?

2. Ecce Andrēās.   >   ...., ubi es ?

3. Ecce Remigius.   >   ...., ubi es ?

4. Ecce Antonius.   >   ...., ubi es ?

5. Ecce Nina.   >   ...., ubi es ?

6. Ecce Victor.   >   ...., ubi es ?

✐ Exercitātiō decima :
mūtā sententiās

Exemplum :   Ō bonī vīcīnī, succurite !   >   *Ō bone vīcīne, succurre!*

1.   Audīte, bonī discipulī studiōsī sunt.   >   ....

2.   Nōlīte plōrāre, lupī nōn sunt.   >   ....

3.   Amīcī ambulāre volunt.   >   ....

4.   Ō puerī pigrī, decet studēre.   >   ....

5.   Māvultisne librum legere ?   >   ....

6.   Possumus celeriter currere.   >   ....

7.   Ancillae, nōn oportet plōrāre.   >   ....

8.   Cavēte, sumus tardī.   >   ....

9.   Spectā, discipulus in bibliothēcā est.   >   ....

10. Vidē, possum purgāre.   >   ....

11. Ō docte magister, nōlī tacēre.   >   ....

12. Vult labōrāre et studēre.   >   ....

13. Nōlō audīre, superbus es.   >   ....

14. Mālō legere, quia pluit.   >   ....

15. Male serve, māvīs dormīre ?   >   ....

16. Nōn vult tacēre, heū!   >   ....

Exercitātiō undecima :
quaerite verba quae dēsunt

SERVUS PIGER : Heū ! Ecce .... meus !

DOMINUS SAEVUS : ...., venī .... !

SERVUS : Cūr ?

DOMINUS : Magna est .... mea. .... : culīna est sordida.

SERVUS : Nōn .... sordida !

DOMINUS : Est ! .... hūc. Quam tardus es ! .... ! Celeriter ! Purgā !

SERVUS : Animal .... ! .... magne !

DOMINE : ...., sum dominus tuus ! Vīcīnī, ... omnēs !

Exercitātiō duodecima :
respondēte

1. SERVĪ : Cūr est īra tua magna ? **DOMINUS :** Quia................

2. ANCILLA : Quis est iste homō ? **SERVUS :** Cavē,................

3. SERVUS : (*clam*) Quis est dominus ? **ANCILLA :** (*clam*)................!

4. DOMINUS : Ubi est domus mea ? **SERVUS** ....

Exercitātiō decima tertia :
scrībite verba, quae audītis

1. .... animālia ....

2. ...., est potens .... !

3. Fīlī .... et ....

4. Domus ...., servī pigrī !

Lūdus : agite partēs

1. Ancilla pigra et dominus ēbrius.

    Exemplum :   - Avē !

                   - Quis es ?

                   - Sum vīcīna tua, domine.

                   - Nōn es ancilla ? …

2. Imperātor saevus et fīlius.

    Exemplum :   - Venī hūc, fīlī.

                   - Cūr ?

                   - Pārē ! Pater tuus sum ! …

3. Lupus magnus et discipula docta.

    Exemplum :   - Salvē, ō pulchra puella !

                   - Abī ! Lupus es ! …

4. Servus piger et ancilla industria.

Adagium

ŌRĀ ET LABŌRĀ

Lectiō septima

NŌN POSSUM!

 Mandāta

1. Magister: **Potes**ne celeriter ambulāre ad mūrum?
Discipulus: Nōn **possum**, magister.
Magister: Ergō lentē ambulā ad mūrum, quaesō.

2. Magister   **Potes**ne manum tollere?
Discipulus Ita, **possum**.
Magister   Tolle manum, quaesō.

3. Magister   **Potes**ne scrībere nōmen tuum in tabulā?
Discipulus **Possum**.
Magister   Scrībe nōmen tuum in tabulā, quaesō.

4. Magister   **Potes**ne scrībere Latīnē?
Discipulus Nōn **possum**.
Magister   Scrībe Gallicē, quaesō.

5. Magister   **Potes**ne currere ad ostium?
Discipulus **Possum**.
Magister   Curre, quaesō.

@ Scriptum prīmum

Nōn possum

CHRISTOPHORUS : Quid est « grātia » ? Nōmen an verbum ? Dīc mihi, Nīcolāe : quid est? Cūr tacitus es ? Loquere !

NĪCOLĀUS : Dīcere nōn possum.

CHRISTOPHORUS : Venī ad tabulam, Nīcolāe.

NĪCOLĀUS : Ad tabulam venīre nōn possum.

CHRISTOPHORUS : Celeriter, Nīcolāe. Dā mihi librum tuum.
Pōne librum in bulgā. Cape calamum in mensā.

NĪCOLĀUS : Tibi dare librum nōn possum,
nec librum in bulgā pōnere nec calamum capere.

CHRISTOPHORUS : Citō, Nīcolāe, ad tabulam curre!

NĪCOLĀUS : Nōn possum. Ad tabulam currere nōn possum, fessus sum.

CHRISTOPHORUS : Quid ?! Fessus es ? Aquam bibe !

NĪCOLĀUS : Aquam bibere nōn possum, magister.
Tantum vīnum bibere possum.

CHRISTOPHORUS : Quid dīcis, Nīcolāe? Surge et exī citō!

NĪCOLĀUS : Surgere et exīre nōn possum, magister. Nunc fessus sum.

CHRISTOPHORUS : Audī, Nīcolāe.

NĪCOLĀUS : Nōn possum tē audīre.

CHRISTOPHORUS : Aperī ostium et discēde*, Nīcolāe!

NĪCOLĀUS : Nōn possum ostium aperīre. Ubi est clāvis ?

CHRISTOPHORUS : Et ego clāmāre volō... DOCĒRE NŌN POSSUM,
DOCĒRE NŌN POSSUM, FESSUS SUM !

* discēde ◄─► venī

📖 Infīnītīvus verbōrum

Legite hanc sententiam :

1) Nōn possum **ambulāre** ad scholam.

↑
infīnītīvus

- *Quid nōn possum ?*
- ***Ambulāre.***

« ambulāre » est infīnītīvus.

Imperātīvus : **Ambulā** ad scholam, Nīcolāe.
Infīnītīvus : Nōn possum **ambulāre** ad scholam.
Indicātīvus : Ego celeriter **ambulō**.

	Infīnītīvus	
Prīma conjugātiō	Ambulāre, labōrāre, vigilāre	-ĀRE
Secunda conjugātiō	Studēre, tacēre	-ĒRE
Tertia conjugātiō	Legere, dīcere	-ERE
Tertia conjugātiō bis	Capere, facere	-ERE
Quarta conjugātiō	Venīre, dormīre, īre	-ĪRE
Sum, es, est...	Esse	-

✏️ Exercitātiō prīma : respondē

CHRISTOPHORUS	>	NĪCOLĀUS
1. Dīc mihi, Nīcolāe.	>	D.............. nōn possum.
2. Venī ad tabulam, Nīcolāe.	>	.... nōn possum.
3. Dā mihi librum tuum.	>	.... tibi librum ....
4. Pōne librum in saccō tuō.	>	....
5. Cape calamum in mensā.	>	....
6. Citō, Nīcolāe, ad tabulam curre!	>	....
7. Aquam bibe!	>	....
8. Surge et exī citō!	>	....
9. Audī, Nīcolāe.	>	....
10. Aperī ostium et discēde, Nīcolāe!	>	....

✎ Exercitātiō secunda :
quaerite verba quae dēsunt

> *currere, dīcere, intrare, dormīre, invenīre*

1. Nōn possum .... librum meum. Ubi est?

2. Fessus sum et nōn possum .... ad scholam.

3. Salvē! Ego sum Paulus. Possum .... ?

4. Possum .... nōmen meum, ō magister.

5. Vīcīnī totā nocte clāmant: .... nōn possumus.

✎ Exercitātiō tertia : invenīte infīnītīvum

Exemplum : *Ambulāte mēcum* > *Potestisne ambulāre mēcum?*

1. Dā veniam   >   Potesne .... veniam?

2. Lege librum tuum   >   Potesne .... librum tuum?

3. Abī ad sēdem tuam   >   Potesne .... ad sēdem tuam?

4. Venīte mēcum   >   Potestisne .... mēcum?

5. Tacēte   >   Potestisne ....?

6. Curre celeriter   >   Potesne .... celeriter?

7. Dīc clam   >   Potesne .... clam?

8. Studēte et labōrāte >   Potestisne .... et ....?

 Posse

Ego	Possum
Tū	Potes
Discipulus	Potest
Nōs	Possumus
Vōs	Potestis
Discipulī	Possunt

Verbum POSSE formātur verbō ESSE et radīce POS- (ante litteram S) aut POT- (ante vōcālem).

Alia verba sīc formantur :

Absum, abes, abesse : Nīcolāus abest, nōn est nōbīscum.

Adsum, ades, adesse : Paulus adest, nōbīscum est.

Dēsum, dēes, dēesse : Dēsunt trēs discipulī. Hodiē absunt.

Praesum, praees, praeesse : Imperātor praeest, nōn servus.

Prōsum, prōdes, prōdesse : Schola bona est, prōdest.

✏ Exercitātiō quarta : mūtāte sententiās

Exemplum :   Potesne surgere ?   >   *Potestisne surgere ?*

1. Nōn possum venīre.   >   ....

2. Paululum superbus esse potest.   >   ....

3. Potestis librum capere.   >   ....

4. Possunt circulum dēlīneāre.   >   ....

5. Possumus jānuam ostendere.   >   ....

6. Possumne dormīre ?   >   ....

7. Potes abīre.   >   ....

8. Possunt legere.   >   ....

9. Potest ambulāre.   >   ....

10. Potes studēre.   >   ....

🎲 Lūdus : In caupōna

Quid vīs ?

Volō

INTERROGĀTIŌ	RESPONSUM		
Quid vīs?	*Volō...* 		*Nōlō...*

Quid vīs comedere ?

Ovīnam

Pullīnam

Būbulam

Porcīnam

(Būbulam volō / būbulam comedere volō...)

Piscem

Ōvum

Holera

Pānem

Quid vīs bibere ?

Aquam	Succum mālōrum	Vīnum	Lac	Arabicam

Vīsne dulcem ?

Crustulum	Placentam	Pōma

Prīmum, magister est caupō, et interrogat discipulum ūnum. Deinde, quidam discipulus est caupō.

Cum multīs discipulīs :

INTERROGĀTIŌ	RESPONSUM	
Quid vultis ?	*Volumus...*	
Quid vultis ?	*Nōlumus ...*	

⦿ Scriptum secundum

Alexander

Nīcolāus

Volō aliquid rogare

Nīcolāus et Alexander ambulant ad tabernam.

CAUPŌ :	Salvēte, juvenes! Quid **vultis** bibere?
ALEXANDER :	**Volumus** aquam, quaesumus.
NĪCOLĀUS :	Minimē! Ego **volō** vīnum!
CAUPŌ :	**Vīsne** vīnum rubrum an album?
NĪCOLĀUS :	Rubrum! Ut semper!
	Exit caupō
ALEXANDER :	Nīcolāe, tū es amīcus meus. **Volō** aliquid rogare. Possumne?
NĪCOLĀUS :	Sānē, potes rogare.
ALEXANDER :	Ego amō Rosam, sed Rosa nōn amat mē.
NĪCOLĀUS :	Hoc difficile est. Amor potest tē occīdere.
ALEXANDER :	Rosa **māvult** aliōs puerōs quam mē.
NĪCOLĀUS :	Possumusne bibere aequō animō*?
ALEXANDER :	**Vīsne** mēcum* īre ad Rosam?
NĪCOLĀUS :	Minimē. **Nōlō** īre ad Rosam,
	mālō bibere vīnum quam īre ad Rosam.
ALEXANDER :	Quālis amīcus es! Amīcī bonī semper mālunt adiuvāre*
	amīcōs quam bibere – EGO AMŌ ROSAM!
NĪCOLĀUS :	ET EGO VĪNUM – et Rosa nōn amat tē.
	Vīnum autem amat mē.

*mēcum : cum mē
*« aequō animō » : quiētus, id est : nec īrātus, nec tristis est.
* adjuvāre : succurrere

✐ Exercitātiō quinta : respondē

1. Quid bibere vult Alexander ?

2. Quid bibere vult Nīcolāus?

3. Quam amat Alexander?

4. Quid facere vult Alexander?

5. Vultne Nīcolāus īre ad Rosam?

6. Quid facere māvult?

7. Quid est bonus amīcus?

8. Quis amat Nīcolāum?

Velle, nōlle, mālle

Ego	Volō	Nōlō	Mālō
Tū	Vīs	Nōn vīs	Māvīs
Discipulus	Vult	Nōn vult	Māvult
Nōs	Volumus	Nōlumus	Mālumus
Vōs	Vultis	Nōn vultis	Māvultis
Discipulī	Volunt	Nōlunt	Mālunt

NŌLLE est contractiō verbōrum NŌN + VELLE.
MĀLLE est contractiō verbōrum MAGIS + VELLE.

Notā bene : mālō … quam …

Mālō ad tabernam īre **quam** ad scholam īre !

> *significat : Nōlō ad scholam īre, sed volō ad tabernam īre.*

Exercitātiō sexta :
mūtāte sententiās

Exemplum :   *Volō legere.*   >   *Nōlō legere.*

1. Vult venīre.   >   ....

2. Volumus dormīre.   >   ....

3. Vīsne studēre ?   >   ....

4. Labōrāre volunt.   >   ....

5. Vultis nōbīscum ambulāre.   >   ....

6. Volō currere.   >   ....

Exemplum :   *Volō legere.*   >   *Mālō legere.*

7. Vult venīre.   >   ....

8. Volumus dormīre.   >   ....

9. Vīsne studēre ?   >   ....

10. Labōrāre volunt.   >   ....

11. Vultis nōbīscum ambulāre.   >   ....

12. Volō currere.   >   ....

✏ Exercitātiō septima :
mūtāte sententiās

Exemplum :   *Possum venīre, ōtiōsus sum* > *Possumus venīre, ōtiōsī sumus.*

1. Volō audīre.   > ....

2. Potesne venīre ?   > ....

3. Cūr vult ambulāre ?   > ....

4. Volunt labōrāre.   > ....

5. Ubi possumus sedēre ?   > ....

6. Māvīs clam dīcere ?   > ....

7. Potestne legere ?   > ....

8. Nōn vīs audīre ?   > ....

9. Discipulī legere mālunt.   > ....

10. Gemellus potest venīre ?   > ....

11. Lupī nōn possunt hūc venīre.   > ....

12. Dominus nōn vult purgāre.   > ....

13. Ancillae, potestisne vigilāre ?   > ....

14. Curre, nōlī tardus esse !   > ....

15. Dā veniam, sed nōlō studēre.   > ....

16. Bibite, sunt vīna bona!   > ....

17. Ō discipule, respondere nōn potes ? Dīc! > ....

18. Servī pigrī, māvultis dormīre !   > ....

✏️ Exercitātiō octāva :
quaere verba quae dēsunt

1. Helena nōn .... ambulāre, quia fessa est.

2. Paulus ōtiōsus est, et studēre ....

3. Nōn .... tacēre, nūgātor stulte ?

4. Servī .... purgāre, quia pigrī sunt.

5. Cavē, quia lupī .... hūc venīre.

6. Ambulātiō est exercitātiō sāna. .... mēcum .... ?

7. Quam sordidum est ! Possuntne servī .... celeriter ?

8. Satis doctae nōn estis, legere nōn ....

9. Dormīre māvultis ? – Vērum est, dormīre ....

10. Quis vērē doctus .... potest ?

🎲 Lūdus : industrius & ignāvus discipulus

Alter ex discipulīs est « discipulus industrius », alter ignāvus (= piger et ōtiōsus).

INDUSTRIUS DISCIPULUS :   **Vīsne** mēcum currere ?

IGNĀVUS DISCIPULUS :   Sub arbore consīdere **mālō**...

INDUSTRIUS DISCIPULUS :   **Vīsne** mēcum pensum facere ?

IGNĀVUS DISCIPULUS :   Pensum facere **nōlō** ! Dormīre **mālō**.

INDUSTRIUS DISCIPULUS :   ...

Oportet ... Nōn oportet ...

"Mens sāna in corpore sānō" : quid dīcit medicus ?

currere – corpus exercēre – dormīre – holera comedere –
aquam/vīnum/cerevīsiam bibere – fūmāre – noctū vigilāre

Lūdus : medicus & aegrōtus

MEDICUS : Corpus exercēre **oportet** ! Currere ambulāreque **oportet** ...

AEGRŌTUS : Manēre ante tēlevisiōnem **mālō**...

MEDICUS : Holera comedere atque aquam bibere **oportet** !

AEGRŌTUS : Placentam vorāre **mālō** !

MEDICUS : ...

Lūdus : licet in scholā ... nōn licet in scholā

currere – dormīre – audīre – labōrāre –
studēre – magistrum interrogāre – Latīnē
loquī – legere – in mūrō scrībere – in libellō
scrībere – clāmāre – ineptīre – habitāre – etc.

In scholā dormīre nōn licet...

👐 **Mandāta :** nōlī ...! nōlīte... !

1. Ambulā... nōlī ambulāre!
2. Consīde in mensā... nōlī sedēre in mensā!
3. Cape librum meum... nōlī capere librum meum!
4. Ostende magistrum... nōlī ostendere magistrum!
5. Tolle bracchium... nōlī tollere bracchium!
6. Exsere linguam... nōlī exserere linguam!

🎲 **Lūdus :**
probus discipulus, improbus discipulus

Probus discipulus semper bene agit, improbus male semper...
Trēs discipulōs ēlige ; **B** et **C** improbī sunt, **A** vērō probus est.

A (ad B) :   In mensam ascende !
B in mensā ascendit.
C: Nōlī in mensam ascendere.

A (ad B) :   Librum magistrī cape !
B librum capit
C: Nōlī capere librum magistrī.

A (ad B) :   Linguam exsere ad magistrum !
B linguam ad magistrum exserit.
C: Nōlī linguam exserere ad magistrum.

A (ad B) :   ...
...
C: ...

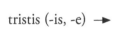 Scriptum tertium

Nōlī timēre !

Philippus et Nīcolāus in bibliothēcā ludunt.

MARTHA :   **Nōlīte** sedēre in mensā. Splendida enim est. **Nōlīte** comedere in
bibliothēcā. Pulchra enim est. Nōlīte vōce magnā cantare. Adsunt
enim hodiē parentēs Alexandrī. **Nōlīte** currere, **nōlīte** clāmāre,
nōlīte salire...

PHILIPPUS :   Expectā, quaesō. Nōn **licet** currere in bibliothēcā. Nōn **licet** sedēre
in mensā. **Licet**ne currere in mensā ?

NĪCOLĀUS :   Tacē, Philippe! Bene, **nōlī** timēre, māter.

MARTHA :   **Nōlīte** exīre in tabernam. Nocte ā domō **nōlīte** abesse ; **pluit** enim.

PHILIPPUS :   At **libet** in tabernam exīre!

NĪCOLĀUS :   Tacē, Philippe. Rectē dīcis, māter, **nōlī** timēre. Nōn exīmus.

PHILIPPUS :   At Nīcolāus exīre **vult**! Exīre **volumus** ! Hodiē in tabernam libet īre.
Libet exīre, libet bibere, **libet** currere, **libet** lūdere, **libet** cantāre !
Nōn **libet** studēre nec **libet** labōrāre...

NĪCOLĀUS :   Tacē, Philippe! Quid dīcis ?

MARTHA :   Ō Nīcolāe! Semper ōtiōsus es. Nōn labōrās neque studēs. Studēre
oportet, labōrāre **oportet** ...

PHILIPPUS :   At ---

MARTHA :   Ō Philippe! **Oportet** tacēre !
Venit Tīmōn.

NĪCOLĀUS :   Tabernam tuam claudere **potes**, pater. Nōn **licet** in tabernam īre.
Semper tristēs esse **oportet**.

Verba nova :

tristis (-is, -e) ➔    timēre ➔

Imperātīvus negātīvus

Formātur verbō "NŌLĪ" imperātīvō, atque INFĪNITĪVŌ.

Exemplum : Nōlī ambulāre! Nōlīte ambulāre! Nōlī venīre! Nōlīte venīre!

Exercitātiō nōna : vērum an falsum ?

1. In bibliothēcā nōn licet in mensā sedēre. V / F
2. In bibliothēcā licet comedere. V / F
3. Nōn licet exīre. V / F
4. Pluit. V / F
5. Philippus in tabernam īre vult. V / F
6. Nīcolāus multum labōrat et studet. V / F
7. Martha et Tīmōn hospitēs exspectant. V / F

Exercitātiō decima : mūtāte sententiās

Exemplum :   Ambulāte in mūseō.   >   *Nōlīte ambulāre in mūseō.*

1. Venī hūc !   >   ....
2. Studēte in scholā.   >   ....
3. Lege librum tuum.   >   ....
4. Abī ad sellam tuam.   >   ....
5. Domus sordida est, purgāte. > ....
6. Nōlīte tacēre in scholā. >   ....
7. Nōlī audīre.   >   ....
8. Nōlī clam dīcere.   >   ....
9. Nōlīte bibere, sed venīte. > ....
10. Nōlī succurrere, fīlī indigne ! > ....

Verba impersōnālia

In scholā bene studēre decet

Sunt verba, quae tantum tertiā persōnā singulārī exstant.

– Pluit : Heū, pluit, exīre nōn possumus.

– Oportet : Oportet bene studēre

– Libet : Libet legere, quia jūcundum est.

– Licet : Licet exīre, hōra est.

– Decet : Decet in scholā bene studēre.

✏ Exercitātiō undecima :
invenīte verba quae dēsunt

Pluit !

NĪCOLĀUS : Avē ! V.........ne mēcum ambulā.......... ?

ALEXANDER : Vidē, hodiē plu.......... . Nōlī exī.......... .

NĪCOLĀUS : Nōlī igitur exī......... . Exīre nōn oport.......... .

ALEXANDER : Tristis es ?

NĪCOLĀUS : Nōl.......... timēre, nōn sum. Quid possumus age......... ?

ALEXANDER : Venī tū, ubi .... ?

NĪCOLĀUS : Adhuc s.......... in scholā. Adsunt Victor Philippusque. Victor!

Philippe! V...........ne ambulāre mēcum ?

VICTOR : Ōtiōsus nōn sum, dāte veniam.

PHILIPPUS : Lic........ venīre. Quō īre vīs ?

NĪCOLĀUS : Alexander, pos...............ne ad tē īre ?

ALEXANDER : Venī........., Nōlīte timēre, parentēs meī abs................

NĪCOLĀUS : Sīc libet. Bonum consilium est.

✎ Exercitātiō duodecima :
quaere verba quae dēsunt

DOMINUS :	Serve piger, surge ! .... dormīre !
SERVUS :	Nōn vīs parumper .... ? Fessus sum !
DOMINUS :	Festīna ! Nōn decet tardus ....
SERVUS :	Domine, ..., sōl nōn splendet, et pluit. Hodiē .... nōn possum.
DOMINUS :	Tacē, stulte ! Ego sum dominus, et tū servus. Pārē !
SERVUS :	Bene, bene, surgere .... timēre.
DOMINUS :	Diī magnī, quam .... sum ! Iste servus pārēre nōn .... Quis succurrere .... ?
SERVUS :	Diī magnī, servus .... nōlō. Succurrite !

✎ Exercitātiō decima tertia :
respondē

1. Quid agere libet post labōrem ?

2. Quid agere oportet in vītā ?

3. Quid agere licet, et decet, in prīmō conventū cum regīnā Britannōrum ?

🖻 Adjectīvum possessīvum

PERSŌNA	ADJECTĪVUM POSSESSĪVUM
EGO	MEUS, MEA, MEUM : Ecce fīlius meus Frederīcus.
TŪ	TUUS, TUA, TUUM : Discipulī tuī urbānī sunt !
NŌS	NOSTER, NOSTRA, NOSTRUM : Magistrī nostrī doctī sunt.
VŌS	VESTER, VESTRA, VESTRUM : Liber vester pulcher est.

🏛 Adagium

FESTĪNĀ LENTĒ

OSTENDE MANUM

 **Mandāta**

Quid est ?
— Liber est.
— **Librum** aperī, quaesō.

Quid est ?
— Sella est.
— **Sellam** portā illūc, quaesō.

Quid est ?
— Mensa est.
— **Mensam** pulsā, quaesō.

Quid est ?
— Fenestra est.
— **Fenestram** aperī, quaesō.

Quid est ?
— Bulga est.
— **Bulgam** aperī, quaesō.

Quis sum ?
— Magister es.
— **Magistrum** salūtā, quaesō.
— Salvē, magister !

Quis est ?
— Marīa est.
— **Marīam** salūtā, quaesō.
— Salvē Marīa !

Quis est ?
— Paulus est.
— **Paulum** salūtā, quaesō.
— Salvē, Paule !

Quid est ?
— Manus est.
— **Manum** claude quaesō.
  Nunc, **manum** aperī.

Quid est ?
— Digitus est.
— **Digitum** tende, quaesō.

Quid est ?
— Lingua est.
— **Linguam** exsere, quaesō.

Quid est ?
— Ostium est.
— **Ostium** aperī, quaesō, et **id** claude.

Quid est ?
— Gladius est.
— **Gladium** cape et **eum** tolle.

Quid est ?
— Pila est.
— **Pilam** cape, et **eam** jace.

Quid est ?
— Canis est.
— **Canem** tange.

Quid est ?
— Mālum est.
— **Mālum** cape, et **id** comede.

Quid est in pōculō ?
— Aqua est.
— **Pōculum** cape, et **aquam** bibe.

Exercitātiō prīma :
quid agere possumus?

aquam – librum – fenestram – magistrum – mālum – ostium – fēlem – puellam – sententiam – gallīnam	aperīre – bibere – comedere – amāre – legere – audīre

Librum aperīre ....

....

 # Scriptum prīmum

Ostende manum!

NESTOR :	Quis est intus ?
NĪCOLĀUS :	Ego !
NESTOR :	Quis est ? Estne Nīcolāus ?
NĪCOLĀUS :	Sum...
NESTOR :	Aperī, quaesō !
NĪCOLĀUS :	Nōlī intrāre domum, Nestor. Nōlī aperīre ostium.
NESTOR :	*[ostium pulsat] Tux-tax-tux-tax.*
NĪCOLĀUS :	Nōlī intrāre in culinam, Nestor. Cūr aperīs ostium ?
NESTOR :	Quid quaeris hīc, Nīcolāe ?
NĪCOLĀUS :	Quid ego quaerō hīc ? ... Librum ! Certē, librum meum quaerō.
NESTOR :	Quid dīcis ? Hīc eum quaeris ? Falsum est ! Tū fūrāris ! Ostende mihi manum, ō fūr !
NĪCOLĀUS :	Ēn tibi.
NESTOR :	Ostende mihi alteram.
NĪCOLĀUS :	Ecce eam.
NESTOR :	Ostende mihi tertiam.
NĪCOLĀUS :	Tertiam ?
NESTOR :	Ita, tertiam !
NĪCOLĀUS :	Vidē !
NESTOR :	Ostende dexteram. Tende eam.

NĪCOLĀUS :	Eam vidē !
NESTOR :	Aperī dexteram ! Aperī eam !
NĪCOLĀUS :	Ecce.
NESTOR :	Tende laevam.
NĪCOLĀUS :	Cūr ?
NESTOR :	Tende digitōs.
NĪCOLĀUS :	Ecce.
NESTOR :	Ubi est lagoena, Nīcolāe ? Ostende mihi eam.
NĪCOLĀUS :	Lagoena ? Quae lagoena ?
NESTOR :	Tolle caput et linguam exsere !
NĪCOLĀUS :	Mmmmmmm.
NESTOR:	Lingua tua rubra est. Dā mihi vīnum, Nīcolāe. Aperī bulgam tuam.
NĪCOLĀUS :	Nōn possum, Nestor, nōn possum !
Nestor eam aperit.	
NESTOR :	Ecce vīnum ! Ecce id, ō pōtātor et fūr !

✏ Exercitātiō secunda :
responsum rectum ēlige

1. Prīmum, Nestor est …   ☐ in culīna   ☐ ē culīna   ☐ ad culīnam

2. Nīcolāus ostium aperīre …   ☐ nōn potest   ☐ nōn dēbet   ☐ nōn vult

3. Nestor vult Nīcolāum aperīre … ☐ librum   ☐ ostium   ☐ manum

4. Rubra est …   ☐ lingua Nīcolaī ☐ lingua Nestoris ☐ vīnum

5. Nestor quaerit …   ☐ lagoenam   ☐ vīnum   ☐ librum

6. Nīcolāus in culīna …   ☐ vīnum fūrātur ☐ vīnum bibit ☐ vīnum abscondit

Elementa sententiae

Subjectum	Marcus ambulat Ego magister sum.
Attribūtum *Attribūtum invenitur cum verbō esse*	Ego **magister** sum. Rosa **pulchra** est.
Complēmentum	Aperī **fenestram**. Tolle **manum**.

Exercitātiō tertia :
invenīte complēmentum

Exemplum: Cape librum, Paule.
Complēmentum verbī est: "librum".
Quid capit Paulus? > Paulus librum capit.

In sententiā "Cape librum, Paule", complēmentum verbī est "librum".

1. Bibe aquam, ō Nīcolāe!
Complēmentum verbī est: ....

2. Scrībe sententiam, Rosa.
Complēmentum verbī est: ....

3. Dīc nōmen tuum, Alexander.
Complēmentum verbī est: ....

4. Dīc "duo", Cornēlia.
Complēmentum verbī est : ....

 Nōminātīvus et accūsātīvus

NŌMINĀTĪVUS	ACCŪSĀTĪVUS
Villa	**Villam**
Dominus	**Dominum**
Magister	**Magistrum**
Templum	**Templum**
Imperātor	**Imperātōrem**
Canis	**Canem**

Cāsus nōminātīvus

Nōminātīvus dēsīgnat **subjectum:**

Magister doctus est.
Discipula bona est.

Nōminātīvus dēsīgnat quoque **attribūtum.**

Tū es **magister.**
Ego sum **discipula.**

Cāsus accūsātīvus

Saepe cāsus accūsātīvus dēsīgnat **complēmentum** *(vel objectum) verbī.*

Dā mihi **calamum meum!**
Cūr aperīs **ostium?**
Ego **librum** legō.

Cāsus accūsātīvus adest **post praepositiōnem "ad"**

Currō **ad scholam.**
Nōlī ambulāre **ad tabernam!**

✎ Exercitātiō quarta : adde verba

Subjectum (nōminātīvus)	Complēmentum (accūsātīvus)	Verbum temporāle
1. Nestor	*ostium*	pulsat
2.	lagoenam	quaerit
3.	manum	aperit
4. Nīcolāus	linguam	....
5. Nīcolāus	....	fūrātur

Ⓖ Cāsus accūsātīvus : singulāris

masculīnum

-us > -um	dominus	> dominum
-er > -rum	magister	> magistrum
-is > -em	canis	> canem
-or > -ōrem	imperātor	> imperātōrem

fēminīnum

-a > -am	schola	> scholam

neutrum

-um > -um	ostium	> ostium

✎ Exercitātiō quinta :
nōminātīvus an accūsātīvus ?

1. cīvis : ....

2. cīvem: ....

3. puer: ....

4. discipula: ....

5. templum: ....

6. puellam : ....

7. officium : ....

8. librum : ....

9. imperātōrem : ....

10. puerum : ....

Exercitātiō sexta : inclīnā verba

Exemplum: Cape calamum [calamus]

1. Claude .... [ostium]

2. Vidē .... [hōra]

3. Ostendit .... [templum]

4. Lege .... [liber]

5. Invenī .... [subjectum]

6. Amō .... et .... [villa et hortus]

Exercitātiō septima : mūtā sententiās

Exemplum :   Dominus sum.   >   *Dominum vidēre possum.*

1. Servus sum.   >   ....

2. Ancilla sum.   >   ....

3. Canis sum.   >   ....

4. Imperātor sum.   >   ....

5. Templum est.   >   ....

Exercitātiō octāva : fac sententiās

Subjectum (nōminātīvus)	Complēmentum (accūsātīvus)	Verbum temporāle
Nestor – Nīcolāus	ostium – linguam – manum – bulgam – lagoenam – vīnum	ostendit – aperit – quaerit – tendit – videt – fūrātur – dissimulat

🔖 Prōnōmen is, ea, id

	SINGULĀRIS	
	NŌMINĀTĪVUS	ACCŪSĀTĪVUS
MASCULĪNUM	Is	Eum
FĒMINĪNUM	Ea	Eam
NEUTRUM	Id	Id

✏️ Exercitātiō nōna :
quaerite verba quae dēsunt

Exemplum

Vidēs <u>sellam</u>?   Vidēs <u>calamum</u>?   Vidēs <u>subjectum</u>?

↑   ↑   ↑

-Ita, **eam** videō.   -Ita, **eum** videō.   -Ita, **id** videō.

- **Eam** mihi ostende, quaesō.   - **Eum** mihi ostende, quaesō.   - **Id** mihi ostende, quaesō.

1. Vidēs mensam ?

Ita, ... videō

.... mihi ostende, quaesō.

2. Vidēs magistrum ?

Ita, ... videō

.... mihi ostende, quaesō.

3. Vidēs ostium ?

Ita, ... videō

.... mihi ostende, quaesō.

4. Vidēs litteram 'A' ?

Ita, ... videō

.... mihi ostende, quaesō.

5. Vidēs scriptum ?

Ita, ... videō

.... mihi ostende, quaesō.

6. Vidēs discipulam ?

Ita, ... videō

.... mihi ostende, quaesō.

✏️ Exercitātiō decima : mūtā sententiās

Exemplum :   *Vidē imperātōrem.*   >   *Vidē eum.*

1. Spectā militem.   >   ....

2. Cavē lupum.   >   ....

3. Disce philosophiam.   >   ....

4. Docē mē mūsicam.   >   ....

5. Purgāte ātrium meum.   >   ....

✏️ Exercitātiō undecima : mūtā sententiās

Exemplum :   *Pilam teneō ; pilam jaciō.*

Pilam teneō, eam jaciō.

1. Paulus ostium pulsat ; Paulus ostium aperit.

....

2. Veronica librum prōmit ; Veronica librum aperit

....

3. Nīcolāus linguam Latīnam intellegit ; Nīcolāus linguam Latīnam discit.

....

4. Hoc est scriptum Latīnum ; scriptum amō.

....

5. Rosa magistrum nōn audit ; Rosa magistrum nōn intellegit.

....

Scriptum secundum

Tū nōn vidēs nōs !

Victor numerat ; cēterī discipulī latent.

VICTOR : Ūnum, duo, tria, quattuor, quinque, … undecim, duodecim, tredecim... vīginti, vīginti ūnum, vīginti duo, vīginti tria, ... centum.

Victor quaerit...

Veronica et Rosa, **vōs** videō ! Hinc exīte ! Sub mensā **vōs** estis !

VERONICA ET ROSA : Mentiris, Victor. Tū nōn vidēs **nōs**. Sub mensā nōn sumus. Nōs in tectō sumus !

VICTOR : Nīcolāe, hinc exī ! Ego **tē** videō !

NĪCOLĀUS : Num **mē** vidēs ? Ubi sum ?

VICTOR : Quid dīcis, Nīcolāe ? Nōn **tē** audiō.

NĪCOLĀUS : (*magnā vōce*) UBI SUM EGO ? NUM **TŪ** VIDĒS **MĒ** ?

VICTOR : Certē ! **Tē** videō. **Tū** in arbore es.

NĪCOLĀUS : Ōh, intellegō : **ego** loquor et **tū** audīs et vidēs **mē**. **Tū** semper **mē** fallis* !

• fallere: falsum dīcere

Exercitātiō duodecima :
narrā fābulam

Subjectum	Complēmentum *(verbī)*	Complēmentum *(locī)*	Verbum
Victor	Nīcolāum	in arbore	numerat
puer	Veronicam et Rosam	sub mensā	latent
Nīcolāus	puerum	in tectō	videt
Veronica et Rosa	puellās	in hortō	nōn videt
Puellae	amīcum		clāmat
ille / illae	amīcās		fallit
hic			mentītur
			audit
			vidēre dīcit
			quaerit
			invenit

Victor numerat ....

....

 # Exercitātiō decima tertia:

quid Victor videt? Quid Victor dīcit? Quid Victor vult?

SUBJECTUM & VERBUM

Victor videt...

Victor dīcit …

Victor vult …

 +

ACCŪSĀTĪVUS CUM INFĪNITĪVŌ

Veronicam et Rosam

Nīcolāum

in tectō latēre

in arbore latēre

sub mensā latēre

exīre

magnā vōce loquī

Victor videt ....

....

📖 Accūsātīvus cum īnfīnitīvō

Victor dīcit « Veronica in tectō est ! »	Victor dīcit Veronicam in tectō **esse** !
Victor dīcit : « Nīcolāus in arbore latet ! »	Victor dīcit Nīcolāum in arbore **latēre**.

Nōs possumus quoque dīcere:

> *Victor Veronicam in tectō esse dīcit.*
> *Victor Nīcolāum in arbore latēre dīcit.*

📖 Prōnōmina persōnālia

SINGULĀRIS		PLŪRĀLIS	
NŌMINĀTĪVUS	ACCŪSĀTĪVUS	NŌMINĀTĪVUS	ACCŪSĀTĪVUS
Ego	Mē	Nōs	Nōs
Tū	Tē	Vōs	Vōs
	Sē		Sē

✏️ Exercitātiō decima quarta :
quaerite verba quae dēsunt

1. Alexander :   Salvē, Rosa. Vidēsne mē ?
   Rosa :   Ita, ego .... videō.
2. Rosa et Victor: Veronica, venī ad ....
   Veronica :   Veniō ad vōs.
3. Nīcolāus :   Veronica et Philippe, salvēte ! .... videō !
   Veronica et Philippus :   Et nōs tē vidēmus.
4. Christophorus :   Victor, venī ad ....
   Victor :   Certē magister. Ego veniō ad ....
5. Nīcolāus :   Victor, tū ades. .... videō !
6. Veronica :   Victor et Philippe, vōs hīc estis : .... videō !
   Victor et Philippus :   Nōs hīc sumus. Vidēsne .... ?

Exercitātiō decima quinta :
interrogat alius alium

ego > tū	mē > tē
tū > ego	tē > mē
nōs > vōs	nōs > vōs
vōs > nōs	vōs > nōs

Exemplum

Tū nōs quaeris?

Ita, ego vōs quaerō.

1. Tū nōs amās?

Ita, ... amō

2. Nōs tē quaerimus?

Ita, ... quaeritis.

3. Tū nōs vidēs?

Ita, ... videō.

4. Nōs tē amāmus?

Ita, ... amātis.

5. Ego vōs inveniō?

Ita, ... invenīs.

6. Vōs mē invenitis?

Ita, ... invenīmus.

7. Ego vōs interrogō ?

Ita, ... interrogās.

8. Vōs mē quaeritis ?

Ita, ... quaerimus.

"Eum-eam-id" et "sē"

Quid interest inter prōnōmina "**sē**" et "**eum**"? Pertinent ad tertiam persōnam, sed "**sē**" reflexum est, id est : dēsignat subjectum. Vidē exemplum :

Superbus sē laudat, sed hominēs eum nōn amant.

- **Quem** laudat superbus?
- Superbus **sē** laudat, id est: superbus **superbum** laudat!
- **Quem** hominēs nōn amant? Hominēs **superbum** nōn amant ; **eum** nōn amant.

Rosa **sē** videt   Veronica **eam** videt

(Rosa *Rosam* videt in speculō !)   (Veronica Rosam videt)

✏ Exercitātiō decima sexta :
respondē

Quam videt Rosa in speculō ?

> ....

Quam videt Veronica?

> ....

In audītōriō, cum magistrō discipulīsque:

Mē videō in speculō. Vidēsne tē in speculō?

> Ita, ...videō in speculō.........

Omnēs discipulī! Quem / quam videt in speculō?

> .... videt in speculō.

Ō vōs! Vidētisne vōs in speculō?

> .... vidēmus.........

Speculum

Quōs / Quās vident ... ?

> ....

 Lūdus

1. A, ambulā, quaesō. Quid facit A?
> Ambulat.

B, vocā C, quaesō. Quid facit B?
> ....

D, Dā calamum, quaesō. Quid facit D?
> ....

E, Dēlīneā canem, quaesō. Quid facit E?
> ....

F, plōrā, quaesō! Quid facit F?
> ....

Ego rīdeō! Quid faciō?
> ....

Vocō A: "A!" Quid faciō?
> ....

Ego moveō bracchium. Quid faciō?
> ....

> Etc.

2. F, sedēs in mensā. Quid facit F?
> Sedet in mensā.

G, movē digitum quaesō. Quid facit G?
> ....

H, rīdē, quaesō! Quid facit H?
> ....

4. Ambulāte! Quid faciunt?
> Ambulant.

Sedētis in sellā. Quid faciunt?
> Sedent.

> Etc.

3. Ego ambulō. Quid faciō?
> Ambulās!

Ego sedeō in sellā. Quid faciō?
> Sedēs!

Ego plōrō! Quid faciō?
> ....

5. A et ego ambulāmus. Quid facimus?
> Ambulātis.

Sedēmus in mensā. Quid facimus?
> Sedētis.

> Etc.

⦿ Scriptum tertium

Lupum timeō

*Philippus et Alexander **ambulant** in silvā obscūrā. Nox est.*

PHILIPPUS :   Alexander, cūr noctū **errāmus**

                     in silvā obscūrā?

ALEXANDER :   Quid tibi est, Philippe? Num **timēs**?

                     ***Ululat** lupus.*

PHILIPPUS :   Heū, quidnam est hoc? Lupus **habitat** in hāc silvā.

                     Valdē **terret** mē, Alexander !

ALEXANDER :   Num **terrent** tē monstra in tenebrīs? Quot annōs nātus es, Philippe?

                     Monstra nōn sunt. Sunt... ventī ! Ita, ventī susurrant in arbore.

                     *Iterum **ululat** lupus.*

PHILIPPUS :   Vae nōbīs!* Valdē **timeō** lupum. **Clāmō** ad tē!

                     Nōnne tū etiam **despērās**?

ALEXANDER :   Immō, bonō animō es*, quaesō! Quidquid id est, Philippe,

                     ecce bene valēmus!

PHILIPPUS :   Ō lupī, audīte! **Ululātis**, sed nōn **terrētis** Alexandrum.

                     Hāc nocte nōn **dēvorātis** nōs.

ALEXANDER :   Ita **spērō** quidem ...

*vae nōbīs ! = nōs miserōs !
*es : imperātīvus verbī « esse ».
*bonō animō esse : cf. aequō animō esse. « bonus animus » = fortis animus.

✏ Exercitātiō decima septima :
fābulam narrā; fac sententiās

Subjectum *(nōminātīvus)*	Verbum temporāle	Complēmentum *(accūsātīvus)*	Verbum infinītīvum
Alexander Philippus	audit / audiunt putat / putant spērat / spērant dīcit / dīcunt scit / sciunt	Philippum lupum monstrum ventum Alexandrum	habitāre in illā silvā (nōn) timēre ululāre (Alexandrum) terrēre (Philippum) terrēre susurrāre in silvā

Exercitātiō duodēvīcēsima :
quaere verba quae dēsunt

1. Philippus et Alexander in silvā obscurā ....

2. Lupus in silvā ....

3. Lupus Philippum ....

4. Philippus : "Lupum .... ! Vae nōbīs! "

4. Monstra Philippum .... in tenebrīs.

5. Alexander " Quot annōs nātus ...., Philippe?"

6. Philippus: "Ō lupī, quī .... in silvā, audīte! Vōs nōn ....

Alexandrum! Hāc nocte nōn .... nōs."

 # Exercitātiō undēvīcēsima :
inclīnā verba

1. Philippus: « Vehementer lup...... timeō! » Philipp...... lup...... timet.

2. Philippus: « Lup...... in hāc silvā habitat! Lup...... m...... terret! » Lup...... Philipp......
terret. »

3. Philippus: « Ō lup......, ululāre potestis, sed Alexandr...... nōn terrētis.
Hāc nocte nōn dēvorātis n....... . »

Indicātīvus praesens

	AMĀRE	HABĒRE
Ego	AMŌ	HABEŌ
Tū	AMĀS	HABĒS
Discipulus	AMAT	HABET
Nōs	AMĀMUS	HABĒMUS
Vōs	AMĀTIS	HABĒTIS
Discipulī	AMANT	HABENT

✏️ Exercitātiō vīcēsīma :
mūtā sententiās

Exemplum :   Dominum vidēre volō.   >   *Dominum videō.*

1. Ancilla culīnam purgāre vult.   >   ....

2. Ego studēre volō.   >   ....

3. Pecūniam habēre volumus.   >   ....

4. Fābulam narrāre vīs ?   >   ....

5. Familiam visitāre vultis.   >   ....

6. Valdē gaudēre volunt.   >   ....

7. Mūsicam amāre volumus.   >   ....

8. Nōs dērīdēre vīs.   >   ....

9. Petrus nōs monēre vult.   >   ....

10. Bene rīdēre vultis.   >   ....

11. Villam habitāre volunt.   >   ....

12. In mūseō ambulāre volō.   >   ....

✏ Exercitātiō vīcēsīma prīma :
mūtā sententiās

Exemplum :   *Tempus nōn habeō.*   >   *Tempus nōn habēmus.*

1. Fābulās amō.   >   ....

2. Num librum tuum habēs ?   >   ....

3. Nōnne ancilla purgat?   >   ....

4. Habetne numerōsam familiam ?   >   ....

5. Ubi habitās ?   >   ....

6. Timeō canēs.   >   ....

7. Soleō in mūseō ambulāre.   >   ....

8. Num Petrus domī manet ?   >   Num Petrus et Marcus ....?

9. Quid exspectātis ?   >   ....

10. Nōnne gladiātōrēs vidētis ?   >   ....

11. Mīlitēs philosophōs dērīdent.   >   ....

12. Narrant fābulam pulchram.   >   ....

13. Hodiē silēmus.   >   ....

14. Amāmus cantiōnēs.   >   ....

15. Valēs ? Gaudēmus igitur !   >   ....

16. Solent studiōsae esse.   >   ....

Notā Bene :
quot annōs nātus est?

Quot annōs nātus est
magister noster ?

Nescio. Forte
triginta, vel
quadraginta annōs
nātus est.

Quot annōs
nāta sum ?

Quindecim
annōs nāta es !

Quot annōs
nātī sumus ?

Quindecim et
sedecim annōs
nātī estis !

✎ Exercitātiō vīcēsīma secunda:
respondē

1. Quot annōs nātus es ?

2. Quot annōs pater tuus nātus est ?

3. Quot annōs māter tua nāta est ?

4. Quot annōs fēles tua nāta est ?

5. Quot annōs canis tuus nātus est ?

6. Quot annōs soror tua nāta est ?

7. Quot annōs frāter tuus nātus est ?

8. Etc.

Colloquium : loquere cum condiscipulīs

Quot annōs nātus est condiscipulus tuus ?
Quot annōs nāta est condiscipula tua ?

📜 Adagia

CAVĒ CANEM.
ASINUS ASINUM FRICAT.

INTELLEGŌ PHILOSOPHŌS!

🎲 **Lūdus** : ōdī & amō

> **ōdī ↔ amō**

Ego ōdī = ego nōn amō

Quisque discipulus chartulam capit, et dīcit « ōdī » aut « amō », cum accūsātīvō.

fēlēs	canis	liber	schola
magister	lingua Latīna	cibus	pōtiō
vīnum	cerevīsia	crustula	legere
raeda	pecūnia	fēmina	vir
fūmāre	tēlevīsiōnem spectāre	ad theātrum īre	nātūra
iter facere	rīdēre	prūdentia	stultitia
doctrīna	ad medicum īre	laetitia	tristitia

Exemplum : *fēlem amō ; canem ōdī.*

Sī vīs accūsātīvum cāsum nosse, iterum iterumque iterāre oportet !

⊚ Scriptum prīmum

> Heūs, Philippe !
> Num dormīs
> in audītōriō ?

Quid somniās?

CHRISTOPHORUS : Hodiē loquimur dē somniīs. **Quid** est somnium? Noctū dormīmus, et dēsīderia* nostra vidēmus. Hoc est somnium; hoc est somniāre. Vōs **quid** vidētis per somnium ? **Quid** somniātis?

PHILIPPUS : *[stertit]*

CHRISTOPHORUS : Heūs, Philippe, quidnam est hoc? Num dormīs hīc? Optimē! Age, narrā nōbīs somnia tua! **Quid** per somnum vidēre solēs?

PHILIPPUS : Lūnam, mūsicam, **hortōs** et **prāta**, **silvās** et **stellās**, **maria** et **nāvēs**...

CHRISTOPHORUS : Optimē. Nunc autem nōlī dormīre in audītōriō.

PHILIPPUS : Certē magister! *[statim oculōs claudit et stertit]*

CHRISTOPHORUS : Tū, Nīcolāe, quid spectās in somniīs?

Quod est dēsīderium tuum ?

NĪCOLĀUS : **Nymphās** videō, quae mihi aperiunt **tabernās**,

et dant **mensās, lagoenās, pōcula**, vīnum...

CHRISTOPHORUS : Sufficit*, jam intellegimus.

Tū autem Alexander, quid spectās, dum dormīs?

ALEXANDER : **Equōs splendidōs** videō, **circōs* clāmōsōs** intrō,

certāmina difficilia spectō, **praemia* splendida** exspectō,

puellās formōsās* dēsīderō...

CHRISTOPHORUS : Jam dēsine* narrāre, semper ea dēsīderās.

VERONICA : Magister, magister!

CHRISTOPHORUS : Dīc nōbīs omnia, Veronica.

VERONICA : Aperiō ostia et intrō **bibliothēcās magnās**. Legō **librōs**

difficilēs et intellegō **philosophōs clārōs** et **prudentēs**...

VICTOR : Veronica studiōsa, Veronica superba!

VERONICA : ...videō audītōrium, **calamōs, pugillārēs***,

discipulōs et **discipulās**...

VICTOR ET NĪCOLĀUS : Tacē, Veronica! Fessī sumus!

VERONICA : ... et **omnēs** doceō **linguās antīquās venerābilēs**que !

Doctissima et sapientissima sum...

OMNĒS : Somnia! Nūgae! Et vigilat et somniat Veronica!

Domum abī. Ibi dormī et rectē sterte!

*sufficit: satis est.

*praemium = dōnum

*circus : locus longus ubi hominēs et equī currunt. Circus « clāmōsus » est quia multī sunt quī clāmant.

*certāmina : certāmen est cursus (<currere). Equī et hominēs volunt prīmī esse.

*formōsus : pulcher.

*dēsine ◄──► incipe.

*pugillārēs : libellī

✏ Exercitātiō prīma : religā

Quid vident discipulī in somniīs ?

	nāvēs
VERONICA •	bibliothēcas
	calamōs
ALEXANDER •	puellās formōsās
	prāta
PHILIPPUS •	maria
	equōs
NĪCOLĀUS •	pōcula
	lagoenas
	librōs
	linguās antīquās

📖 Nōminātīvus & accūsātīvus, singulāris et plūrālis

	Subjectum (nōminātīvus)	Complēmentum (accūsātīvus)	Verbum
m.	Philippus	**lupum**	timet.
f.	Nestor	**bulgam**	aperit.
n.	Nestor	**ostium**	pulsat.
m. pl.	Philippus	**hortōs**	videt.
f. pl.	Veronica	**linguās**	discit.
n. pl.	Nīcolāus	**pōcula**	vult.
m./f.	Veronica	**Victōrem**	nōn amat.
m./f. pl.	Philippus	**nāvēs**	videt.

| SINGULĀRIS | | PLŪRĀLIS | |
NŌMINĀTĪVUS	ACCŪSĀTĪVUS	NŌMINĀTĪVUS	ACCŪSĀTĪVUS
Villa	Villam	Villae	Villas
Dominus	Dominum	Domini	Dominōs
Magister	Magistrum	Magistrī	Magistrōs
Templum	Templum	Templa	Templa
Imperātor	Imperātōrem	Imperātōrēs	Imperātōrēs
Canis	Canem	Canēs	Canēs
Animal	Animal	Animālia	Animālia
Mare	Mare	Maria	Maria

✎ Exercitātiō secunda : mūtā sententiās

Exemplum :   Dominum vidēre possum.   >   *Dominōs vidēre possum.*

1. Capite librum.   >   ....

2. Dēlīneā discipulam.   >   ....

3. Dēlīneā discipulum.   >   ....

4. Spectā imperātōrem.   >   ....

5. Vidē templum.   >   ....

6. Canem habēre volō.   >   ....

7. .... >   Dēlīneā triangula.

8. .... >   Spectā hortōs.

9. .... >   Cavē magistrōs.

10. .... >   Ostende mīlitēs.

11. .... >   Inspice imāginēs.

12. .... >   Vertite pāginās.

✐ Exercitātiō tertia : mūtā sententiās

Exemplum :   *Dominus sum.*   >   *Dominum vidēre possum.*

1. Servus sum.   >   ....

2. Ancilla sum.   >   ....

3. Canis sum.   >   ....

4. Imperātor sum.   >   ....

5. Animal est.   >   ....

6. Templum est.   >   ....

7. Praesidēs sumus.   >   ....

8. Librī sunt.   >   ....

9. Discipulī sumus.   >   ....

10. Discipulae sumus.   >   ....

11. Gladiātōrēs sumus.   >   ....

12. Arma sunt   >   ....

🥣 Mandāta

1. Salī in circulum
2. Jace pilam sursum.
3. Jace pilam deorsum.
4. Spectā sursum.
5. Spectā deorsum.
6. Consīde adversus magistrum.
7. Ambulā ante magistrum.
8. Ī post magistrum.
9. Rēpe sub mensām.
10. Stā super mensam.
11. Stā ante tabulam scriptōriam.
12. Jace pilam ad condiscipulum.
13. Consīde prope condiscipulum.
14. Stā post tabulam scriptōriam.
15. Numerā usque ad tria (III)
16. Affer librum ad mē.

🎲 Lūdus

1. A, ambulā ad sellam ! Ambulā ad ostium !
   Ambulā ad mūrum ! Ambulā ad fenestram ! **Quid A facit ?**
   > Ambulat ad sellam, ad ostium, ad mūrum, ad fenestram...

2. B, venī ad mē. Ī ad Paulum. Ī ad Veronicam. Ī ad Petrum.
   Ī ad Rosam... **Ad quem it B ?**
   > ad tē / ad magistrum ; ad Paulum ; ad Veronicam ; etc.

3. C, stā ante sellam ; nunc stā **post** sellam ; nunc stā **juxta** sellam ;
   nunc stā **apud** mē. **Ubi stat C ?**
   > ante sellam, etc.

@ Scriptum secundum

Ambulātiō jūcunda

Rosa et Veronica ambulant in hortīs.

ROSA : Rosa et Veronica ambulant in hortīs. Vidē, Veronica! Oculōs aperī! Quam pulcher est hic hortus! Quam jūcundus* est hortus ! Sōl splendet! Diēs lūcet! **Ō nōs fēlīcēs!** Flōrēs **juxtā arborem** mē valdē delectant*! Quid dīcis tū, carissima?

VERONICA : Oculī dolent. [*sternuit*] Sōl ardet … [*iterum sternuit*] … mēque torret. **Ō mē miseram!**

ROSA : Euge! Quam jūcunde* olet flōs. Ecce, **ad nārēs** admovē!

VERONICA : Quid hoc? [*frequenter sternuit*] Ēheu, dēsine!

ROSA : Quid clāmas? Cūr mē increpās?

VERONICA : Propter istās nūgās.

ROSA : Tū autem, Veronica studiōsa, omnēs **propter nūgās** semper vituperās. Nihil dīcis. Num **propter mē** arborēs vel flōrēs spectāmus?

VERONICA : Cūr tandem **per hortōs** errāmus? [*sternuit*]

ROSA : Quid hoc sibi vult? Nōnne amoenus* est locus? Equidem valdē gaudeō, magistra!

VERONICA : Ego vērō jam nōlō **propter nūgās** lītigāre. Satis. [*sternuit*] Ego **in bibliothēcam** discēdō. [*iterum sternuit*]

ROSA : Cūr?

VERONICA : Cūr? **Propter flōrēs, propter arborēs, propter hortum, propter sōlem, propter tē !**

---

*jūcundus, dēlectāre : hortus jūcundus est = hortus Rosam dēlectat, id est : Rosa laeta est quia hortus pulcher est.
*jūcundē < jūcundus
*amoenus = valdē pulcher (= pulcherrimus)

Notā bene : accūsātīvus exclāmātiōnis

Locūtiōnēs sīcut « mē miserum ! » vel « vōs fēlīcēs ! » sunt cāsū accūsātīvō, quia indicant exclāmātiōnem. Possumus similiter dīcere: « Quam miser sum ! » vel « quam fēlīcēs estis ! ».

Aliquot praepositiōnēs cum cāsū accūsātīvō

MŌTUS
Ad: *Ad parentēs tuōs* venīre licet ?
In: Vult *in Ītaliam* venīre.

LOCUS / TEMPUS
Prope: Sum *prope villam tuam.*
Juxta: Piscīna est *juxta villam.*
Ante: Vult *ante hōram decimam* dormīre. Stat *ante templum.*
Post: Volō *post cēnam* venīre. Templum *post urbem* est.
Inter: Villa mea est *inter scholam et ecclēsiam.*
Apud: Sum *apud Marcum.*

CAUSA
Propter: Saepe litigāmus *propter nūgās.*

 # Lūdus

Cum pilā

| juxtā | ante | post | inter |

Cum discipulō / discipulā

| stā **ante** capsam | intrā **in** capsam. | latē **post** capsam | consīde **inter** capsās |

Praepositiōnēs

CUM ACCŪSĀTĪVŌ

apud	Venī **apud** mē, domī sum.
ad	**Ad** tē, **ad** domum tuam īre volō.
Post	Veniō **post** cēnam apud tē.
ante	**Ante** cēnam venīre nōlō. Oportet comedere.
inter	**Inter** hōram octāvam et nōnam veniō.
In	**In** capsam intrō.
propter	**Propter** pluviam exīre nōlō.

CUM ABLĀTĪVŌ

In	**In** sellā sedet. **In** scholā discipulī sunt. Cleopatra **in** Aegyptō regnat.
Ab	**Ab** Alexandrō Nestor venit.
Ex	**Ē** scholā exit. **Ex** Asiā oriundus sum.
Cum	**Cum** Philippō Alexander ambulat. **Cum** Rosā nōn ambulat...

Notā bene :

Cum accūsātīvō ← **in** → **Cum ablātīvō**

 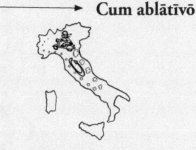

In Ītaliam veniō.
(Ad Ītaliam īre volō, et in Ītaliam intrāre)

In Ītaliā iter faciō.
(In Ītaliā jam sum. Iter faciō in Ītalia.)

Ē culīnā piscis odor venit ad fēlem...
in culīnam fēlēs intrat.

In culīna fēlēs adest.
Piscem fūrātur et comedit.

🗨 Interrogātiōnēs

1. Magister: Victor, quis est hic discipulus ?

Victor : Jōhannēs est.

Magister : Quem vidēs ?

Victor : Jōhannem videō.

Magister : Jōhannēs, quis tē videt ?

Jōhannēs : Victor mē videt.

Etc.

2. Magister : Clāra, quis est haec discipula ?

Clāra : Haec Marīa est.

Magister : Quam vidēs ?

Clāra : Marīam videō.

Magister : Marīa, loquere, quaesō.

Marīa : Bla-bla-bla...

Magister : Clāra, quam audīs ?

Clāra : Marīam audiō.

Magister : Clāra, quis loquitur ?

Clāra : Marīa loquitur.

Etc.

3. Magister : Fēlix, salūtā Annam.

Fēlix : Salvē tū, Anna !

Magister : Fēlix, quam salūtās ?

Fēlix : Annam salūtō.

Magister : Anna, quis tē salūtat ?

Anna : Fēlix mē salūtat.

Etc.

@ Scriptum tertium

Quem occīdere vultis?

CENTURIŌ : Laevō, dextrō ! Laevō, dextrō ! Ordinem servāte! **Quem** vultis dērīdēre ? Hostēs vōs expectant. Rectē ambulāte. **Quem** sīc occīdere vultis ?

MĪLITĒS : Fessī sumus, Centuriō !

CENTURIŌ : Corpus exercēre oportet, pigrī! Laevō, dextrō ! Laevō, dextrō ! Tū, mīles parve et macer : quod tibi nōmen est?

MILES PARVUS : Secundus, Domine. Fessus sum!

CENTURIŌ : Nōn Secundus sed Ultimus*. Ultime, festīnā! **Quid** spēras? **Quem** expectās ? **Quid** facis ? **Quid** dīcis ? Loquere !

MĪLES PARVUS : (*urbānē*) Hem, dīcō...

CENTURIŌ: (*magnā vōce*) TACĒ, ULTIME ! (*ad aliōs mīlitēs*) Exercēte corpus, fortēs nōn estis sed mulierculae. Ad laevum vōs vertite omnēs !

MĪLES ALTUS : Ignosce mihi, Centuriō. Mūrus est ad laevum. Nōn possumus illūc nōs vertere.

CENTURIŌ : **Quem** audīre oportet? **Uter** est centuriō, tū an ego? Mūrum ibi nōn vidēs. Ad laevum tē verte.

MĪLITĒS : At mūrus est, Domine, ignosce mihi.

CENTURIŌ : AD LAEVUM VŌS VERTITE! At **quid** facitis, stultī? Mūrum nōn vidētis?

---

*Ultimus ◄──► prīmus

Prōnōmina interrogātīva

	SINGULĀRIS	
	NŌMINĀTĪVUS	ACCŪSĀTĪVUS
MASCULĪNUM	Quis	Quem
FĒMINĪNUM	Quae	Quam
NEUTRUM	Quid	Quid

Exercitātiō quarta : mūtā sententiās

Exemplum : Vidē imperātōrem.   >   *Quem vidēre vīs?*

1. Spectā mīlitem.   >   ....

2. Cavē Helenam.   >   ....

3. Tolerā vīcīnum tuum.   >   ....

4. Docē mē.   >   ....

5. Purgāte ātrium.   >   ....

Exercitātiō quinta : quis? quem?

1. *Quis* est centuriō ?

2. *Quem* Victor videt in arbore ?

3. .... mīlitēs audiunt ?

4. .... magnā vōce imperat ?

5. .... mīlitēs vituperat ?

6. .... vultis dērīdēre ? Mē ?

7. .... Victor fallit ?

8. .... ad centum numerat ?

🔲 Prōnōmina interrogātīva

	SINGULĀRIS		PLŪRĀLIS	
	Nōminātīvus	Accūsātīvus	Nōminātīvus	Accūsātīvus
Masculīnum	Quis	Quem	Quī	Quōs
Fēminīnum	Quae	Quam	Quae	Quās
Neutrum	Quid	Quid	Quae	Quae

👆💬 Mandāta et interrogātiōnēs

1. A., venī ad mē.

2. Quis es?

3. Quid est?

4. Quis est?

5. Quid ostendō?

6. Quid vidēs?

7. Quem ostendō?

8. Quem vidēs?

9. Quam vidēs?

10. Id tange.

11. Quid tangit?

12. Id aperī.

13. Quid aperit?

14. B salūtā.

15. Quem salūtat?

16. B et C, venīte ad mē.

17. Quī estis?

18. Quōs vidētis?

19. Quōs salūtātis?

✎ Exercitātiō sexta : respondē

A. Legite et respondēte !

Nīcolāus amīcōs suōs salūtat :
« Salvēte amīcī! »
Amīcī eum resalūtant :
« Salvē et tū, Nīcolāe ! »

Quis amīcōs salūtat ?
> ....

Quōs Nīcolāus salūtat ?
> ....

Quem amīcī resalūtant ?
> ....

B. Legite et invenīte interrogātiōnem !

VERONICA : « Victor, stupidus es ! »
VICTOR : « Quam benigna est Veronica ! »

Veronica Victōrem increpat.
> ....

> Victor Veronicam dērīdet.
> ....

Caecilius   Hector   Magister

✎ Exercitātiō septima : respondē

Quis *āeroplānum jacit?
Quid magister tenet?
Quem magister videt?

Quis rēgulam tenet ?
Quid Hector jacit?
Quis Hectōrem videt?

⏺ Scriptum quartum

Christophorus īrascitur

Hic est **Christophorus**; magister est. Discipulī eum nōn audiunt.
Hic īrascitur, quia illī eum neque audiunt, neque intellegunt, neque linguam Latīnam amant.

Ecce **Alexander**.
Hic discipulus est.
Dīves et superbus est.
Puellam pulchram amat, sed illa eum nōn amat.

Hic est **Būcephalus**.
Hic nōn est homō, sed animal.
Equus Alexandrī Būcephalus est ;
sīcut ille, Būcephalus superbus est.

Ecce **Nestor**.
Hic Alexandrī servus est.
hic ordinem amat, et equum nōn amat.
Equus ordinem nōn amat.

Haec est **Rosa**.
Haec Christophorī discipula est. Multum curat haec vestēs et comam.
Paulum audit in scholā, sed multum loquitur.

Haec **Veronica** est.
Veronica quoque Christophorī discipula est.
Ordinem, labōrem, studiumque amat haec, et saepe īrāta est.

Hic est **Philippus**.
Philippus quoque
discipulus est. Vagus est.
In scholā dormit, somniat,
stertitque.

Hic **Victor** est.
Hic vagus nōn est ut ille ;
Victor saepe Philippum
dērīdet.

Ecce **Nīcolāus**.
Nīcolāus quoque discipulus
est. Hic bibit et ēbrius est,
et eum capiunt custōdēs.
Illī in carcerem eum
jaciunt.
Nunc hic in carcere est.

Haec **Martha** est.
Māter Nīcolaī est, et curat
illum.
Sollicita est propter illum.

Hic **Tīmōn** est.
Pater Nīcolaī est ;
marītusque Marthae.
Hic caupō est.
Sollicitus est propter
caupōnam.

Hic & ille

Hic et ille sunt adjectīva indicātīva. "Hic" dēsignat rem proximam (vel vīcīnam), "ille"
dēsignat rem remōtam.

| | SINGULĀRIS | | PLŪRĀLIS | |
	HIC	ILLE	HIC	ILLE
Masculīnum	hic	ille	hī	illī
Fēminīnum	haec	illa	hae	illae
Neutrum	hoc	illud	haec	illa

✎ Exercitātiō octāva : fac sententiam

1. Hic numerus est 1. Ille numerus est 2.   Numerus

2. Haec littera est « A » ; Illa littera est « B ».   Littera

3. Hic discipulus est Philippus. .... Discipulus (Philippus et Victor)

4. Haec discipula .... Discipula (Rosa et Veronica)

5. Hī sunt .... Gallī et Germāni

6. .... Audītōrium (parvum, magnum)

7. .... Ostium (apertum, clausum)

8. .... Stola (viridis, rubra)

9. .... Templum (pulchrum, turpe)

10. .... Templa (Rōmāna, Graeca)

11. .... Ancillae (pigrae, industriae)

✎ Exercitātiō nōna : narrā fābulam

Exemplum : Frederīcus sum. Discipulus sum, studeō in scholā juxta hortum botanicum. Mē dēlectat historia. Ante cēnam soleō legere librōs. Habitō apud parentēs meōs. Post cēnam vīsitō amīcōs, aut spectō tēlevisiōnem...

1. Helena est. Studet...

2. Nīcolāus et Philippus sumus. Gemellī sumus...

3. Nōnne Cornēlia es ? Habitās....

4. Udalricus sum. Barbarus sum...

🎲 Lūdus : invenīte et agite parvās fābulās

Exemplum : Magister et novus discipulus.
- Quod est nōmen tuum?
- Frederīcus sum.
- Ubi habitās?
- Habitō prope scholam.
- Vīsne scholam vīsitāre? Venī mēcum!
- Grātiās!
- Num modī mūsicī tē dēlectant?
- Mē valdē dēlectant.
- Quid solēs audīre?
- Parentēs solent cantiōnēs audīre, sed ego mālō mūsicam classicam.
- Solēsne legere?
- Soleō multa propter studia legere................

1. Discipulus et discipula.
- Avē! Marcus sum. Quod est nōmen tuum?
- Avē! Ego Paulina sum. Ubi habitās? ...

2. Magister et philosophus.
- Avē! Ego sum Christophorus. Magister sum.
- Et ego Josephus sum. Salvē. Quid docēs? .....

🏛 Adagium

NŌLĪTE PRŌJICERE MARGARĪTAS ANTE PORCŌS

🏛 Adagia : monosticha Catōnis

PARENTĒS AMĀ.
MAGISTRUM METUE*.
SALŪTĀ LIBENTER.
LIBRŌS LEGE.
FAMILIAM CURĀ.
MERETRĪCEM* FUGE*.

LITTERĀS DISCE.
MISERUM NŌLĪ RĪDĒRE.
ĀLEAM* FUGE.
CONJUGEM* AMĀ.
LĪBERŌS* ĒRUDĪ.

VERBA : metuō, -ere : timeō ; meretrix, acc. meretrīcem: *fēmina quae sē vendit ; fugiō, -ere: citō currere quia oportet timēre! ; ālea, -ae: lūdus ubi pecūniam perdere vel capere possumus; conjux, acc.* conjugem: *conjux tua, id est: fēmina tua ; līberī, acc.* līberōs: *filiī, filiae.* Ērudiō, ērudīre: *docēre*

10 | Lectiō decima

DORMĪSNE AN VIGILĀS?

? Interrogātiōnēs

1. Ego **ambulō**. Quid agō ?
- Tū ambulas.
- Venī mēcum. Nōs **ambulāmus**. Quid agimus ?
- **Ambulāmus**. - Ō vōs omnēs : quid agimus ?
- **Ambulātis**.
- Vōs duo : ambulāte ! Quid agitis ?
- **Ambulāmus**.
- Ō vōs omnēs ? Quid agunt ?
- **Ambulant**.
- Ambulā ! Quid agis ?
- **Ambulō**.
- Ō vōs omnēs ! Quid agit ?
- **Ambulat**.

2. Ī ad ostium. Ī ad tabulam. Ī ad fenestram.
> Quid agis ?
Ad ostium **eō**, etc.
> Quid agit ?
Ad ostium **it**, etc.
- Īte ad ostium, etc.
Ad ostium **īmus** ;
ad ostium **eunt**.

3. Venī hūc, consīde in sellā.
> Quid agit ? Quid agis ?
Veniō. Venit. Consīdō. Consīdit.

4. Venī hūc, deinde jacē in mensā, tandem dormī. Sterte !
> Quid agit ? Quid agis ?
Venit, jacet, dormit, stertit.
> Quid agit ? Quid agis ?
Respondere nōn possum, **dormiō** !

5. Aquam bibe.
Panem comede.
> Quid agit ? Quid agis ?

6. Cape calamum, epistulam scrībe, et eam mitte !
> Quid agit ? Quid agis ?

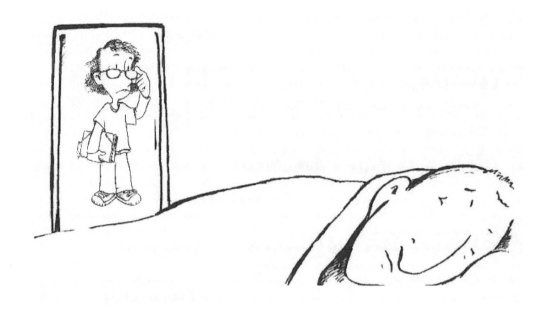 Scriptum prīmum

Dormīsne an vigilās?

Philippus apud Nīcolāum pernoctat. In lectō jacet*, sed vigilat. Dormīre nōn potest. Ēsurit* enim et sitit*. Nīcolāus autem in lectō suō dormit et stertit.

PHILIPPUS : Heūs, Nīcolāe. Dormīsne an vigilās?

NĪCOLĀUS : [*stertit*]

PHILIPPUS : Ō tē fēlīcem! In lectō tuō jacēs et stertis. At ego hīc jaceō et vigilō, sed nec dormiō nec stertō. Amīce, vīsne mē audīre? Ēsuriō enim et sitiō. Mē miserum!

NĪCOLĀUS : [*stertit*]

PHILIPPUS : Vae tibi, quālis amīcus es? Num hīc jacēre, dormīre, stertere vīs? Nōnne mēcum in culīnam īre vīs? Nōnne ibi enim oportet cibum sūmere et aquam bibere?

NĪCOLĀUS : [*altius stertit*]

PHILIPPUS : Ēheū, cārissime. Mēcum nōn īs, cibum nōn sūmis, aquam nōn bibis? Bene est. Hīc igitur manē, dormī, sterte. Ego vērō in culīnam eō, cibum sūmo, aquam bibō.

Indicātīvus praesens

	AGERE	FACERE	AUDĪRE	ĪRE	AMĀRE	MONĒRE
Ego	Agō	Faciō	Audiō	Eō	Amō	Moneō
Tū	Agis	Facis	Audīs	Īs	Amās	Monēs
Discipulus	Agit	Facit	Audit	It	Amat	Monet
Nōs	Agimus	Facimus	Audīmus	Īmus	Amāmus	Monēmus
Vōs	Agitis	Facitis	Audītis	Ītis	Amātis	Monētis
Discipulī	Agunt	Faciunt	Audiunt	Eunt	Amant	Monent

Exercitātiō prīma : mūtā sententiās

Exemplum :   *Tesseram emere vult.*   >   *Tesseram emit.*

1. Nōbīscum venīre vīs.   >   ....

2. Fābulam audīre volō.   >   ....

3. Lūdōs agere volumus.   >   ....

4. Quis venīre vult ?   >   ....

5. Quid agere volunt ?   >   ....

6. Ad theātrum īre volō.   >   ....

7. Amīcōs convenīre vīs.   >   ....

8. Pecūniam invenīre volumus.   >   ....

9. Quid facere vultis ?   >   ....

10. Cēnam comedere vult.   >   ....

11. Nōn jam ēsurīre volunt.   >   ....

12. Ad hortum īre vultis ?   >   ....

13. Raedam novam emere vīs.   >   ....

14. Librum legere volunt.   >   ....

✏ Exercitātiō secunda : mūtā sententiās

Exemplum :   *Tempus nōn habeō.*   >   *Tempus nōn habēmus.*

1. Novam raedam emit.   >   ....

2. Librōs multōs legis.   >   ....

3. Vōs tardōs faciō.   >   ....

4. Turturem audīs.   >   ....

5. Crustula comedit.   >   ....

6. Vīnum optimum bibō.   >   ....

7. Num ad scholam it?   >   ....

8. Amīcōs convenit.   >   ....

9. Invenīmus āream statīvam.   >   ....

10. Tesserās emitis.   >   ....

11. Legunt fābulam mīram.   >   ....

12. Dīcunt multa verba urbāna.   >   ....

13. Invenītis pulchrōs flōrēs ?   >   ....

14. Cognoscimus discipulōs ?   >   ....

15. Nūgās facimus.   >   ....

16. Ad forum nōn eunt.   >   ....

✎ Exercitātiō tertia :
quaere verba quae dēsunt

1. Philippus nōn dorm...... . Nīcolāus autem dorm......: jac...... et stert...... . Philippus: "Tē fēlīcem! Tū dorm......, et jac......, et stert...... ! Mē miserum! Ego nōn dorm......, nec jac......, nec stert...... !"

2. Philippus dorm...... nōn pot...... quia ēsur...... et sit...... . In culīnam ī...... vult et ibi cibum sūm......, et aquam bib...... . Philippus: "Ō Nīcolāe! Mēcum in culīnam nōn ī......, cibum nōn sūm......, aquam nōn bib...... ? Bene est, hīc man...... , dorm......, jac......, stert...... ! Ego e......, cibum sūm......, aquam bib...... ."

💬 Interrogātiōnēs

A. Jōhannēs, venī hūc.
- Quem discipulum vidēs ?
- Marium videō.
- Quam discipulam vidēs ?
- Jōhannam videō.
- Quōs discipulōs vidēs ?
- Marīam et Petrum videō.
- Quās discipulās vidēs ?
- Jōhannam et Marīam videō.

B. Dīc, Jōhannēs...
- Quī discipulus bracās nigrās gerit ?
- Marius bracās nigrās gerit, ō magister.
- Quae discipula stolam gerit ?
- Marīa stolam gerit, ō magister.
- Etc.

C. Dīc, Jōhannēs...
- Quī discipulī oculāria gerunt ?
- Paulus et Inguarus oculāria gerunt, ō magister.
- Quae discipulae oculāria gerunt ?
- Anna et Flāvia oculāria gerunt, ō magister.
- Etc.

D. Nunc, Jōhannēs, Marium interrogā.

E. Nunc, Jōhannēs, dīc :
- Quid comedere vīs ? Mālum an pirum ?
- Mālum volō.
- Quod mālum vīs ? Rubrum an viride ?
- Mālum viride volō.
- Quod pōculum vīs ?
- Etc.

F. Nunc, dīc :
- Quod verbum legis in tabulā ?
- ....
- Quae verba nunc legis ?
- ....

Et tū, in audītōriō tuō ... scrībe !

- *Quem vidēs ?*
- ....
- *Quam vidēs ?*
- ....
- *Quī discipulī camisiam gerunt ?*
- ....
- *Quae discipulae stolam gerunt ?*
- ....

⊚▶ Scriptum secundum

Quī fūr?

Philippus in culīnā obscūrā cibum quaerit, dum Nīcolāus in lectō jacet et dormit. Ēsurit, edere* vult, multa vasa aperit. Ecce autem repente* olla* in puerī caput cadit*. Fixum* est caput in ollā. Itaque Philippus caecus* in culīnā errat. — — Tum Nīcolāus propter strepitum surgit et prūdenter culīnam intrat. Baculum in manibus tenet.

NĪCOLĀUS :	Philippe, *ubi* es? Valēsne? Respondē mihi, sī mē audīs.
PHILIPPUS :	Nīcolāe? Quid accidit? Ubi sum?
NĪCOLĀUS :	Bene est, amīce. Ibi manē, ubi es. Fūr enim in culinā est.
	Jam eum, ut putō, videō...
PHILIPPUS :	Quid dīcis? **Quī fūr? Quae culina?** Nihil videō! Ēheū, caecus sum!
NĪCOLĀUS :	Tacē! Fūr, nisi eum capimus, effugit!
	Jam baculum in manibus habeō...
PHILIPPUS :	**Quod baculum? Quem fūrem vidēs ?** Valdē terret mē. Ubi est?
NĪCOLĀUS :	Bonō animō estō, Philippe. Ecce venit. – Vae tibi, improbe!
	Ubi es, cōnsiste, sī vīvere vīs!
	Tum Nīcolāus baculum tollit et caput Philippī vehementer verberāre incipit. Postrēmō* ollam frangit et amīcum cognoscit.
PHILIPPUS :	[*balbūtiēns:*] Cārissime, vīsne mēcum cēnāre? Sitiō enim et ēsuriō...

edere = comedere.
repente : statim
olla : in ollā cibum parāmus.
prūdenter < prūdens
fīxus, a, um: stabilis
caecus : quī vidēre nōn potest.

🔖 Dē adjectīvō interrogātīvō

Cognōscimus prōnōmen interrogātīvum "quis, quae, quid ?". Eī simile est adjectīvum interrogātīvum "quī, quae, quod".

	Masculīnum	**Fēminīnum**	**Neutrum**
Nōminātīvus	*Quī* puer est ?	*Quae* puella est ?	*Quod* templum est ?
Accūsātīvus	*Quem* puerum vidēs ?	*Quam* puellam vidēs ?	*Quod* templum vidēs ?
Nōminātīvus	*Quī* puerī sunt ?	*Quae* puellae sunt ?	*Quae* templa sunt ?
Accūsātīvus	*Quōs* puerōs vidēs ?	*Quās* puellās vidēs ?	*Quae* templa vidēs ?

Verba nova possumus ēlabōrāre cum adjectīvō vel prōnōmine interrogātīvō :

- **aliquis, aliqua, aliquid :** Helena, aliquis exspectat tē in scholā. -Quis est ?
  -Nesciō. Eum nōn nōvī.
- **quidam, quaedam, quoddam :** Videō puerum quemdam in scholā.
  -Quem praecisē ? Nostī eum ? -Nesciō. Eum nōn satis bene videō.

✏️ Exercitātiō quarta : mūtā sententiās

Exemplum :	*Puer quidam venit.*	>	*Quī puer venit ?*
	Aliquis venit.	>	*Quis venit ?*

1. Canem quemdam videō.   > ....

2. Emunt aliquid.   > ....

3. Aliquem audītis ?   > ....

4. Invītō amīcōs quōsdam.   > ....

5. Habeō imāginēs quāsdam.   > ....

6. In mūseō sunt statuae quaedam.

   Ad tē aliquid mittit ?   > ....

7. Aliquī hūc veniunt.   > ....

8. Animal quoddam māvīs ?   > ....

9. Templa quaedam vidēmus.   > ....

𝒢 Conjunctiōnēs

- **Dum :** Dum vīvimus, gaudēre decet. Vīta enim brevis est !
- **Enim :** Nōlī clāmāre : dormīre enim volō.
- **Ergō :** Magister abest hodiē : ergō domum redīre possumus !
- **Quia :** Philippus tremit, quia lupum timet.
- **Sī :** Sī sōl splendet, omnēs gaudent.
- **Nisi :** Nisi adest, eum exspectāre possum.
- **Ubi :** Amō urbēs, ubi sunt pulchra mūsēa.
- **Ut :** Ut vidēs, novam raedam habeō.

> **Cavē !** post verbum « sī » nōn licet dīcere « aliquis, aliqua, aliquid », sed: « sī quis », vel « sī qua », vel « sī quid ».

> **Cavē !** « **enim** » post prīmum sententiae verbum pōnitur !

Alexander et Philippus nihil intellegunt...	... stultī **enim** sunt !	**Bene !**
	... ~~enim sunt~~ stultī !	**Pravē !**

✏ Exercitātiō quinta : ēlabōrā sententiās

Exemplum :   Nōn veniō. > Sī pluit, nōn veniō.

1. Vidēs. Novam raedam habeō.
2. Helena venit. Quoque vōbīscum veniō.
3. Bene studētis. Parentēs nōn flent.
4. Juvenis es. Celeriter currere potes.
5. Amō ātria. Magnum spatium inest.
6. Legō. Nihil audiō.
7. Hīc est hortus. Multī sunt flōrēs.
8. Aliquis pecūniam habet. Potest raedam novam emere.
9. Pluit. Flōrēs siccī fiunt.
10. Paulus aegrōtat. Fortasse scīs.

Exercitātiō sexta : fac sententiās

Pluit.		>	Umbellam capiō. 
A et tria sunt quinque. (A + 3 = 5)		>	A sunt duo.
Nōn intellegitis.		>	Egō īrascor ! 
Fessus sum		>	Consīdō.
Lingua Latīna difficilis est.		>	Latīnē nōn loquor.
Tardus sum.		>	Currō ! 
Nōn tardus est.		>	Lentē ambulō.
Ventus est.		>	Ostium claude.
Britannica lingua facilis est.		>	Britannicē loquor.
Aliquis strepitum facit in viā.		>	Nēmō dormit.

Fac sententiās hōc modō :

Sī pluit, umbellam capiō. **Dum** *pluit, umbellam capiō. Umbellam capiō* **quia** *pluit.*
Pluit, **ergō** *umbellam capiō. Umbellam capiō; pluit* **enim**.

....

....

....

📜 Adagia

SURDŌ CANIS   DŪRA LĒX SED LĒX
ĪRA BREVIS FUROR EST   BARBA PHILOSOPHUM NŌN FACIT

CANIT NOVŌ MORE

? Interrogātiōnēs

A, nōmen tuum **calamō** scrībō.
Quōmodo nōmen tuum scrībō?
- **Calamō** scrībis, ō magister.

B, nōmen tuum **cretā** scrībō.
Quōmodo nōmen tuum scrībō?
- **Cretā** scrībis, ō magister.

C, digitō nōmen tuum scrībō.
Quōmodo nōmen tuum scrībō?
- **Digitō** scrībis, ō magister.

D, manū tē salūtō. **Quōmodo** tē salūtō?
- **Manū** mē salūtās, ō magister.

E, SALVĒ! **Magnā vōce** tē salūtō.
Quōmodo tē salūtō?
- **Magnā vōce** mē salūtās, ō magister.

F, salvē! **Quōmodo** tē salūtō?
- **Parvā vōce** mē salūtās, ō magister.

G, lucernā tē illūminō! **Quōmodo...**

H, baculō tē pulsō! **Quōmodo...**

Ī, gladiō tē occīdō! **Quōmōdo...**

Etc.

 Mandāta

K, nōmen tuum *calamō* scrībe!
Manū scrībe!
Digitō scrībe!
Crētā scrībe!
Quōmodo K scrībit, discipulī?
- Calamō scrībit! Manū scrībit! Etc.

L, *manū* tange mensam!
Digitō tange!
Manū laevā tange!
Pede tange!
Linguā tange!
Quōmodo tangit mensam?
- ...

M, magnā vōce salūtā mē!
- SALVĒ MAGISTER!
Quōmodo M mē salūtat, discipulī?
- ...

N, parvā vōce mē salūtā!

O, pulchrā vōce loquere!

P, turpī vōce loquere!

K, digitīs salūtā L!

M, manū salūtā N!

Etc.

Cāsus ablātīvus

SINGULĀRIS		PLŪRĀLIS	
Nōminātīvus	Ablātīvus	Nōminātīvus	Ablātīvus
lingua	**linguā**	linguae	**linguīs**
calamus	**calamō**	calamī	**calamīs**
bracchium	**bracchiō**	bracchia	**bracchiīs**
caput	**capite**	capita	**capitibus**
venter	**ventre**	ventrēs	**ventribus**
pēs	**pede**	pedēs	**pedibus**
vox	**vōce**	vōcēs	**vōcibus**
ōs	**ōre**	ōra	**ōribus**

🄖 Ablātīvus instrūmentī (I)

In linguā Latīnā, ablātīvus cāsus instrūmentum significāre potest.

Quōmodo olfacis? (*nāsus, nāsī, m*) **Nāsō meō** *olfaciō.*	Quōmodo comedis? (*ōs, ōris, n*) **Ōre meō** *comedō.*
Quōmodo vidēs? (*oculus, oculī, m*) **Oculīs meīs** *videō.*	Quōmodo ambulās? (*pēs, pedis, m*) **Pedibus meīs** *ambulō.*
Quōmodo audīs? (*aurēs, aurum, f*) **Auribus meīs** *audiō*	Quōmodo scrībis? (*manus, manūs, f*) **Manū meā** *scrībō.*

✏️ Exercitātiō prīma

1. Quōmodo curris?

....

2. Quōmodo dēlīneās ?

....

3. Quōmodo comedis?

....

4. Quōmodo intellegis?

....

5. Quōmodo loqueris?

....

6. Quōmodo rīdēs?

....

7. Quōmodo olfacis?

....

8. Quōmodo tangis mensam?

....

9. Quōmodo amās (cor, cordis).

....

Cantiō

Corpus nostrum

Ubi est nāsus tuus ?
Ecce nāsus meus.

Ubi sunt oculī tuī ?
Ecce oculī meī.

Ubi est frons tua ?
Ecce frons mea.

Ubi sunt capillī tuī ?
Ecce capillī meī.

Ubi est ōs tuum ?
Ecce ōs meum.

Puerī, cantāte omnēs !

Ubi est caput vestrum ?
Ecce caput nostrum.

Ubi est tergum vestrum ?
Ecce tergum nostrum.

Ubi sunt umerī vestrī ?
Ecce umerī nostrī.

Ubi sunt bracchia vestra ?
Ecce bracchia nostra.

Ubi sunt manūs vestrae ?
Ecce manūs nostrae.

Ubi sunt crūra vestra ?
Ecce crūra nostra.

Ubi sunt pedēs vestrī ?
Ecce pedēs nostrī.

Puerī cantāte omnēs !

Exercitātiō secunda

5 Coma *(capilli)*

1 ....

6 ....

2 ....

7 ....

8 ....

3 ....

9 ....

4 genu (-us, *n*)

10 ....

Quot Christophorō sunt ... :
ōra ?   ....
oculī? ....
pedēs? ....
aurēs ? ....
digitī ? ....
capita? ....
(ūnus, ūna, ūnum ; duo, duae, duo; decem; vīgintī...)

Ablātīvus temporis : quota hōra est?

07:00 : *hōra septima est.*

07:30: *hōra septima cum dimidiā*

07:15: *hōra septima cum quadrante*

07:45: *hōra septima cum dodrante*

✏ Exercitātiō tertia : quota hōra est?

09:15:	Hōra undecima cum quadrante: ....
10:30:	Hōra quinta: ....
06:45:	Hōra quarta cum dimidiā: ....
11:00:	Hōra sexta cum quadrante: ....
08:30:	Hōra duodecima cum dodrante: ....

✏ Exercitātiō quarta : respondē

1. Quotā hōrā surgis ē lectō?

2. Quotā hōrā jentāculum sūmis?

3. Quotā hōrā prandis ?

4. Quotā hōrā cēnās?

5. Quotā hōrā dormītum īs?

◎ Scriptum prīmum

Philippus tardus est

Philippī cubiculum inter mātris cubiculum et balneum est. Cubicula in tabulātō prīmō sunt. Culīna et cēnaculum pede plānā sunt.

Dies Lūnae est, vel Fēria Secunda, hōra octāva cum dimidiā, et Phoebē in culīnā est. Ante foculum stat et jentāculum parat. Philippus in culīnā nōn est: in lectō dormit.

Nunc hōra octāva cum dōdrante est, et Phoebē scālās ascendit: Philippus tardus est, et eum vocāre dēbet. "Audīsne mē, Philippe? Surgere oportet!" Phoebē Philippum vocat.

Philippus piger et lentus est. Surgere hodiē māne nōn potest! Hōrologium habet, sed tintinābulum audīre nōn potest.

Nunc ferē hōra nōna est. Philippus mātris vōcem audit, et oculōs aperit, et surgit. Oculāria quaerit, sed ea invenīre nōn potest. "Ea invenīre oportet! Ubi sunt? Sub lectō nōn sunt, nec in mensā ". Philippī oculāria in fronte ejus sunt.

Nunc hōra nōna cum quadrante est. Philippus in culīnā est; arabicam bibere nōn potest: fervens est! Nē pānem quidem comedere potest: tempus dēest. Is ventre vacuō exit.

Hōra nōna cum dimidiā est: in viā Philippus est atque stat juxtā raedae longae statiōnem. Raedam longam exspectat. Avēs in caelō spectat. Raedam longam vidēre nōn potest quia vagus est. Vae! Raeda longa nōn constitit. Alia raeda nōn est ante hōram decimam! Philippus ambulāre dēbet. Hōra nōna cum dōdrante est. Festīnāre oportet... Lentē ambulāre nōn decet!

Philippus ad scholam advenit, et audītōrium intrat. Magnā vōce Christophorus clāmat, sed eum nōn videt. Philippus sē submittit et sub mensīs rēpit. Cautē et tacitē rēpit ad mensam suam...

Victor Philippum videt et magnā vōce dīcit : "Salvē Philippe! Nunc tū ades? Quid agis sub mensā meā?"

💬 Interrogātiōnēs

1. Ubi Philippī cubiculum est?

2. Ubi Phoebē hōrā octāvā cum dimidiā est?

3. Quid tum agit?

4. Quotā hōrā Philippus ē lectō surgit?

5. Ubi sunt Philippī oculāria?

6. Cūr Philippus jentāculum sūmere nōn potest?

7. Cūr Philippus juxtā statiōnem stat?

8. Quid hōrā nōnā cum dōdrante Philippus agit?

9. Videtne Christophorus Philippum?

📖 Ablātīvus

SINGULĀRIS		PLŪRĀLIS	
Nōminātīvus	Ablātīvus	Nōminātīvus	Ablātīvus
-a	**-ā**	-ae	**-īs**
-us -er -um (*neutrum*)	**-ō**	-ī -a (*neutrum*)	**-īs**
-is -...	**-e**	-ēs	**-ibus**

Exercitātiō quinta

1. Philippus in .... est: is dormit ; Phoebē in .... est; ea jentāculum parat.

2. Philippus nōn stat: in .... jacet.

3. Philippī oculāria in .... nōn sunt, nec sub .... In .... ejus sunt.

4. Philippus in .... est, stat juxta statiōnem. Avēs in .... spectat.

Dē diēbus hebdomadae

CALENDĀRIUM RŌMĀNUM	CALENDĀRIUM CHRISTIĀNUM
LŪNAE DIĒS	FĒRIA SECUNDA
MARTIS DIĒS	FĒRIA TERTIA
MERCURIĪ DIĒS	FĒRIA QUARTA
JOVIS DIĒS	FĒRIA QUINTA
VENERIS DIĒS	FĒRIA SEXTA
SATURNĪ DIĒS	SABBATUM
SŌLIS DIĒS	DIĒS DOMINICA

@ Scriptum secundum

Certē canit novō mōre...

*Fēriā quartā Christophorus discipulōs in theātrum ducit. Spectāculum **hōrā octāvā** incipit. Omnēs jam adsunt. In scaenā mūsicī adsunt.*

CHRISTOPHORUS : Consīdite omnēs. **Parvā vōce** loquiminī. Jam sedent mūsicī. Silēte et tacēte ! Cantrīcem **silentiō** exspectāre volumus.

ALEXANDER : Heūs, Rosa, vīsne hīc sedēre?

CHRISTOPHORUS : Alexander, Rosa, satis est. Tandem consīdite.

Alexander et Rosa consīdunt. Tum cantrix in scaenam prōdit omnēsque plaudunt.

ALEXANDER : Rosa, haec cantrix clārissima est. Nōstīne eam ? Nōmen eī est Sīrēn. **Probā** et **vōce** praedita est.

*Tum cantrix **vōce absurdā** et fortissimā canere incipit.*

VICTOR : Quidnam est hoc? Ēheū, aurēs mihi dolent!

NĪCOLĀUS : Ō nōs miserōs! Ululat magis quam canit!

PHILIPPUS : Ō Alexander! Lupus habitat in hāc silvā!

VERONICA : Dā veniam, magister! **Hōc cantū** vehementer labōrāmus! Nōnne vidēs? Miserēre nōbīs!

ALEXANDER : Rosa, valēsne? Cūr nihil dīcis? Placetne tibi? Bene, certē canit **novō mōre**...

Alexander quoque vix fert cantum, sed propter Rosam manet. Ea autem nihil dīcit usque ad finem spectāculī. Tum omnēs statim fugiunt. Rosa autem sedet.

ALEXANDER : Nōnne tibi quoque caput dolet, Rosa? Rosa! Nōnne surgere vīs? – Manēre vīs? Ehem, sciō quid velis dīcere, sed nihil dīc, ō pulcherrima. Nam tibi ego quoque jam diū dīcere volō, quod...

ROSA : Quid accidit, Alexander? Omnēs jam absunt? Heū, tū pallidus es. Ignosce, nihil audiō. Surda sum, quia aurēs **cērā** obtūrātae sunt. Haec enim spectācula nōn ferō...

ⓖ Cāsus ablātīvus (II) :
ablātīvus temporis, causae, modī, virtūtis

Ablātīvus tempus, causam, modum virtūtemque indicat :
- **Hōrā octāvā** cēnāmus. (Hīc cāsus ablātīvus tempus indicat)
- Animālia **fame** pereunt. (Hīc cāsus ablātīvus causam indicat)
- Id faciō **meō mōre.** (Hīc cāsus ablātīvus dēsīgnat modum, quō agimus)
- Est **bonō ingeniō.** (Hīc cāsus ablātīvus virtūtem hominis cujusdam dēsīgnat)

Ablātīvus in hīs quoque locūtiōnibus appāret :
- Caret **pecūniā**. (Hīc cāsus ablātīvus pendet ā verbō quōdam)
- Eī opus est **tempore**. (Hīc cāsus ablātīvus pendet ā locūtiōne quādam)
- **Capite** labōrō [= caput dolet], **hōc cantū** labōrō [= propter cantum doleō]

✏ Exercitātiō sexta : mūtā sententiās

Exemplum :   Raedam habeō.   >   *Raedā careō.*

1. Villam habeō.   >   ....

2. Bibliothēcam habet.   >   ....

3. Fīlium habēs.   >   ....

4. Magistrum habēmus.   >   ....

5. Servōs habeō.   >   ....

6. Librōs habētis.   >   ....

7. Ancillās habent.   >   ....

8. Arborem habēs.   >   ....

9. Flōrēs habet.   >   ....

10. Balneum habet.   >   ....

11. Cubicula habēmus.   >   ....

12. Animālia habētis.   >   ....

13. Discipulās habēs.   >   ....

14. Tempus habēs.   >   ....

15. Vestīmenta habent.   >   ....

16. Patrem habet.   >   ....

✏️ Exercitātiō septima : mūtā sententiās

Exemplum :   *Raedam rubram habeō.*   >   *Raedā rubrā careō.*

1. Tabulam pictam habeō.   >   ....

2. Frātrem generōsum habet.   >   ....

3. Fīlium ēlegantem habēs.   >   ....

4. Canem nigrum habeō.   >   ....

5. Crustulum viride habēs.   >   ....

6. Cubiculum amplum habētis.   >   ....

7. Animal saevum habent.   >   ....

8. Pulchritūdinem vēram habet.   >   ....

📖 Cāsus ablātīvus adjectīvōrum : plūrālis

Masculīnum plūrāle

	Nōminātīvus		Ablātīvus
Ecce puerī	magnī	Est cum puerīs	magnīs
	pulchrī		pulchrīs
	fortēs		fortibus
	dīvitēs		dīvitibus

Fēminīnum plūrāle

	Nōminātīvus		Ablātīvus
Ecce puellae	magnae	Est cum puellīs	magnīs
	pulchrae		pulchrīs
	fortēs		fortibus
	dīvitēs		dīvitibus

Neutrum plūrāle

	Nōminātīvus		Ablātīvus
Ecce templa	magna	Est prō templīs	magnīs
	pulchra		pulchrīs
	fortia		fortibus
	dītia		dīvitibus

Notā bene

Cavē ! Adjectīva in "-is, -is, -e" habent cāsum ablātīvum singulārem masculīnum fēminīnumque in "-e" sī hominem dēsīgnant, aut in "-ī" sī rem dēsīgnant.

Exemplī grātiā : Veniō cum amīcō potente. / Veniō cum lupō rapācī.

⊚ Scriptum tertium

Quid splendet sub rūpe?

*Philippus et Veronica **ex urbe** exeunt et iter faciunt* ad mare. Ibi enim Philippus **cum Veronicā** ambulāre vult. **In litore** prōmunturium ascendunt et **in superiōre parte** consistunt.*

PHILIPPUS :	Euge, quam amoenus est locus! Vidēsne piscēs **in marī?** Mare abundat piscibus!
VERONICA :	Bene est. Sed vidē illīc! Quid splendet **sub** rūpe? Ecce, margarīta est! Candida est! Vidēsne?
PHILIPPUS :	Rectē dīcis. Descendere volō et margarītam capere!
VERONICA :	Num magnō **cum** perīculō dēscendere vīs? Nōlī dēscendere, Philippe! Manē! Num mente captus es* ?

Philippus vērō jam dēscendit. Lābitur et pendet **dē** rūpe.*

PHILIPPUS :	Veronica, succurre ! Adjuvā mē ! Auxilium affer!
VERONICA :	Bonō animō estō. Nōlī cadere, Philippe! Cape manum meam! Ecce, dexteram tibi tendō!

*Tum autem Veronica quoque lābitur. Pendent igitur **dē** rūpe et Philippus et Veronica **sine** ullā spē salūtis. – Tum Victor **in** nāviculā accēdit.*

VICTOR :	Salvēte condiscipulī! Quid fit? Cūr pendētis hāc **dē** rūpe?
VERONICA :	Victor ! Citō venī hūc! Magnō **in** perīculō sumus!
PHILIPPUS :	Propter margarītam candidam **in** saxō sitam hīc pendēmus!

Tum Victor margarītam videt et capit. Rīdet.

VICTOR :	Ita, magnō **in** perīculō estis, ut videō. Mē autem oportet nunc magnā **cum** voluptāte redīre. Bene valēte!

* lābitur
* mente captus es : insānus es ?

🅖 Cāsus ablātīvus (III) :
ablātīvus temporis, causae, modī, virtūtis

Ablātīvus post PRAEPOSITIŌNĒS venit.

Exemplum: **Sine librīs** *nōn possum vīvere.*

PRAEPOSITIŌNĒS CUM ABLĀTĪVŌ

- **ā/ab :** Paulus ab urbe abit.
  Longē nōn abest ā nōbīs.
- **cum :** Veniō cum Helenā.
- **dē :** Quid putās dē Veronicā ?
  Nōnne superba est ?
- **ex :** Venit ex hortō.

- **in :** Sum in cubiculō meō.
- **prō :** Emit vestīmenta prō frātre suō.
- **sine :** Sine pecūniā nēmō vīvere potest.
- **sub :** Cēlat dōna sub lectō suō.

✏️ Exercitātiō nōna : mūtā sententiās

Exemplum : **Ambulō** *in hortō pūblicō.* > **Ambulō** *in hortīs pūblicīs.*

1. Venīs cum cārō amīcō. > ....
2. Nōbīs opus est raedā. > ....
3. Labōrāmus in magnā societāte. > ....
4. Emō cibum prō convīvā nostrō. > ....
5. Templa sunt in forō urbis. > ....
6. Vīvimus in urbe pulchrā. > ....
7. Nōn possum dormīre cum tālī rūmōre. > ....
8. Dormiunt in cubiculīs parvīs et tristibus. > ....
9. Venīmus cum raedīs nostrīs. > ....
10. Vīta sordet sine lūdīs ēlegantibus. > ....
11. Opus est fortibus mīlitibus. > ....
12. Nōn est bonum spectāculum sine bonīs histriōnibus. > ....
13. Ōrat prō amīcīs suīs in templīs deōrum. > ....
14. Suntne multī librī dē arte antīquā in bibliothēcīs pūblicīs ? > ....
15. Dīc sententiam tuam verbīs facilibus. > ....
16. Sunt in locō mīrō ingentīque. > ....

❓ Interrogātiōnēs : quō īs? unde venīs?

A. Quō īs?

Ad Germāniam eō. Berolīnum eō.
Ad Polōniam eō. Varsoviam eō.
Ad Hispaniam eō. Carthāginem Novam
eō. [Cartagena]
Ad Belgiam eō. Bruxellās eō.
Ad Russiam eō. Petropolim eō.
[Sankt-Petersburg]
Ad ...

-> Chartam geōgraphicam spectāte, et
patriam et urbem ēligite.

B. Unde venīs?

Ē Germāniā veniō. Berolīnō veniō.
Ē Polōnia veniō. Varsoviā veniō.
Ex Hispāniā veniō.
Carthāgine Novā veniō.
Ē Belgiā veniō. Bruxellīs veniō.
Ē ...

-> Chartam geōgraphicam spectāte, et
patriam et urbem ēligite.

🎲 Partēs agere : viātor & tesserārum venditor

Magister "chartās persōnae" dat. Discipulī eās legunt, et paulō post, dum paratī sunt, partēs agunt.

TESSERĀRUM VENDITOR
(VENDITRIX)

Prīmum trāmen hōrā octāvā **Lūtētiā abit,**
atque **Genēvam advenit** hōrā prīmā post
merīdiem.
Tessera triginta nummīs constat.

Secundum trāmen hōrā octāva cum
dimidiā **Lūtētiā abit,** atque **Genēvam
advenit** hōrā quintā post merīdiem:
omnibus statiōnibus consistit.
Tessera decem nummīs constat.

Tertium hōrā nōnā **Lūtētiā abit,** atque
Genēvam advenit hōrā secundā post
merīdiem. Tessera vīgintī nummīs constat.

Postea discipulī "chartās persōnae" parāre possunt.

VIR DOCTUS
(quī Genēvam petere dēbet).

Ūniversitās tua tē **Genēvam mittit.**

Tū ante hōram prīmam post merīdiem
ūniversitātem Genēvae petere dēbēs.

Tū vīgintī quinque nummōs habēs.

Tesseram emere dēbēs.

@ Scriptum quartum

Cūr mē Rōmam mittis?

Tīmōn insomnis est. Somnō caret. Jam trēs diēs nōn potest dormīre. Tum servum vocat.

TĪMŌN :   Nestor! Venī hūc! Citō! Ubi es?

NESTOR :   Domine, adsum. Quid dēsīderās?

TĪMŌN :   Oportet tē **Rōmam abīre** sine morā.

NESTOR :   Domine, cūr mē **Rōmam mittis?** Longē abest, fessus sum, urbs mihi displicet. Rōmānī quoque peregrīnōs in dēliciīs nōn habent, ut audiō.

TĪMŌN :   Jam dēsine, insolens! Quid putās? Certē nōn propter voluptātem tē Rōmam mittō. **Mihi opus est medicāmentō somniferō.** Jam trēs diēs **somnō careō.** Dēfessus sum, ut vidēs.

NESTOR :   Jam intellegō. Oportet mē Rōmam petere ibique medicum quaerere.

TĪMŌN :   Rectē dīcis. Age, festīna!

*Nestor igitur Tīmōnem relinquit et **Rōmam petit.** Paulō post, **Rōmā revenit** ad Tīmōnem.*

TĪMŌN :   Nestor! Citō, dā mihi medicāmentum. Quiescere cupiō!

NESTOR :   Ignosce, domine, sed medicāmentum nōn est. Hunc librum tantum tibi Rōmā mittit medicus.

TĪMŌN :   Quidnam est hoc? Bene, lege. Volō audīre. Dēfessus sum.

NESTOR :   [*legit*:] Dē arte grammaticā liber prīmus. Sunt ōrātiōnis partēs octō: nōmen, prōnōmen, verbum, adverbium, ...

Statim dormit Tīmōn. Dēnique quiescit et stertere incipit somnō altō.

Cāsus ablātīvus (IV)

Ablātīvus orīginem dēsīgnat :
• Rōmā **veniō**. (= ē Rōma) (Hīc cāsus ablātīvus dēsīgnat orīginem)

NOTĀ BENE:
Ablātīvus orīginem dēsīgnāre potest, sed accūsātīvus locum quō īmus, id est:
• Rōmā veniō, ē scholā veniō. - **Rōmam** eō, **ad scholam** eō.

Prō nōmine urbis, praepositiōne nōn ūtuntur. Idem est cum nōmine "domus".
Rōmam eō, Lūtētiam īs, Londinium it, domum īmus...

📖 Prōnōmen is, ea, id

	SINGULĀRIS		PLŪRĀLIS	
	Nōminātīvus	Ablātīvus	Nōminātīvus	Ablātīvus
Masculīnum	Is	Eō	Eī	Eīs
Fēminīnum	Ea	Eā	Eae	Eīs
Neutrum	Id	Eō	Ea	Eīs

✏️ Exercitātiō decima : mūtā sententiās

Exemplum :   *Veniō cum cane meō.*   >   *Veniō sine eō.*

1. It ad theātrum cum amīcīs suīs.   >   ....

2. Lege librum cum patre tuō !   >   ....

3. Purgat cubiculum suum cum ancillā.   >   ....

4. Parat crustulum cum mātre tuā.   >   ....

5. Bibit vīnum cum discipulīs.   >   ....

6. Emit raedam pecuniā tuā.   >   ....

7. Induit eam vestīmentīs pulchrīs.   >   ....

8. Pugnat hostis cum animalī ferō.   >   ....

9. Dūcō mīlitēs cum imperātōre.   >   ....

10. Saltant cum juvenibus marītīs suīs.   >   ....

📖 Prōnōmen interrogātīvum quis, quid

	SINGULĀRIS		PLŪRĀLIS	
	Nōminātīvus	Ablātīvus	Nōminātīvus	Ablātīvus
Persōna (m., f.)	Quis	Quō	Quī	Quibus
Rēs (n.)	Quid	Quō	Quae	Quibus

📖 Adjectīvum interrogātīvum quī, quae, quod

	SINGULĀRIS		PLŪRĀLIS	
	Nōminātīvus	Ablātīvus	Nōminātīvus	Ablātīvus
Masculīnum	Quī	Quō	Quī	Quibus
Fēminīnum	Quae	Quā	Quae	Quibus
Neutrum	Quod	Quō	Quae	Quibus

Notā bene : Cāsū ablātīvō, adjectīvum et prōnōmen interrogātīvum similia sunt.

✏ Exercitātiō undecima :
mūtā sententiās

Exemplum :   Bibō vīnum ex lagoenā.   >   *Ex quā lagoenā vīnum bibis ?*

1. Venit ex scholā.   >   ....

2. Ambulat cum amīcīs.   >   ....

3. Tibi opus est librō.   >   ....

4. Carent vestīmentīs.   >   ....

5. Servat aquam prō flōribus.   >   ....

6. Dormit in cubiculō.   >   ....

7. Accipimus pecūniam ā dūce.   >   ....

8. Bibit cum ancillīs.   >   ....

9. Rogat mē dē novā raedā.

    >   ....

    ....

10. Narrat fābulam dē pictōre quōdam.

    >   ....

    ....

🄶 Prōnōmina persōnālia

SINGULĀRIS		PLŪRĀLIS	
Nōminātīvus	Ablātīvus	Nōminātīvus	Ablātīvus
Ego	Mē	Nōs	Nōbīs
Tū	Tē	Vōs	Vōbīs

✎ Exercitātiō duodecima :
mūtā sententiās

Exemplum :   Dō pecūniam Paulō.   >   *A mē pecūniam accipit.*

1. Dāmus vīnum Marcō.   >   ....

2. Dant flōrēs Paulō.   >   ....

3. Dās crustulum frātrī tuō.   >   ....

4. Dō canem Helenae.   >   ....

5. Dātis cibōs pauperibus.   >   ....

6. Dātis raedam Nīcolaō.   >   ....

7. Dat mihi librum.   >   ....

8. Dāmus clāvem ancillīs.   >   ....

9. Helena dat tibi imāginem.   >   ....

10. Dās pōculum convīvīs.   >   ....

11. Dō lectiōnem discipulīs.   >   ....

12. Dās cubiculum mātrī tuae.   >   ....

✏ Exercitātiō decima tertia :
quaere verba quae dēsunt

Sum in .... [insula, ae] tropicālī

Henrīcus Christophorum amīcum suum tēlephonicē vocat.

CHRISTOPHORUS : Avē amīce ! Quid novī ?

HENRĪCUS : ....[*mens, mentis*] finge : unde tē vocō ?

CHRISTOPHORUS : Nesciō. Rūmōrem mīrum audiō. Ex .... [*quī locus*] igitur mē vocas ? Ē .... [*trāmen, -inis*] ?

HENRĪCUS : Errās ! Sum in .... [*insula magnifica*] in mediō .... [*Ōceanus Atlanticus*], in Caraibīs. Jaceō in .... [*arena*], mare spectō, neque [*caelum caeruleum*] neque .... [*sōl splendidus*] careō.

CHRISTOPHORUS : Quid narrās ? Nōnne Lūtētiae es ?

HENRĪCUS : In .... [*illa urbs tristis et cāna*] ? Minimē ! Ab .... [*initium*] mensis in .... [*haec insula*] quiescō.

CHRISTOPHORUS : Nōs sub .... [*pluvia*] tristēs īmus. Valdē frīget. Labōrō .... [*caput, -itis*], frīgidus sum, male mē habeō, quia pītuīta mē tenet. Tū autem, ubi manēs ?

HENRĪCUS : In .... [*magnum dēversōrium quiddam*]. Dē .... [*cubiculum meum*] mare videō. Nōn longē a .... [*dēversōrium meum*] est silva tropicālis. In .... [*is*], animālia omnium generum videō. Avēs .... [*pulchritūdō, -dinis*] vōcis suae mē delectant.

CHRISTOPHORUS : Heū, hīc tantum rūmōrem raedārum audiō ! Tacē, mē .... [*invidia, ae*] nunc afficis ! Mihi valdē opus est ....[*vacātiō, -ōnis*], sed .... [*pecūnia*] careō. Prō .... [*tē*] autem gaudeō. Epistulās dē .... [*iter (itineris) tuum*] mitte, quaesō. Valē !

Lūdus : hominem quaerō

Sunt duo lūsōrēs : prīmus mente fingit hominem quemdam, dum secundō oportet istum hominem invenīre. Rogat ergō prīmum dē homine.

Exemplī grātiā :

- Quō saeculō vīvit homō ?

- Saeculō undevicesimō post Christum natum.

- In quā terrā vīvit ?

- In Galliā vīvit.

- Quid est officium ejus ?

- Est scriptor.

- Num nōtus est ?

- Valdē !

- Num multōs librōs scrībit ?

- Nōn multōs.

- Scrībitne carmina ?

- Ita.

- Num philosophiam colit ?

- Minimē.

- Num Gallica et Latīna carmina scrībit ?

- Ita.

- Num valdē juvenis est, dum prīma carmina scrībit ?

- Nōn ita juvenis est, dum prīma carmina scrībit.

- Nōn igitur est Arthurus Rimbaud. Nōnne est Carolus Baudelaire ?

- Est. Euge !

Et sīc vice versā...

⚯ Adagia

IN VĪNŌ VERITAS

NIHIL NOVĪ SUB SŌLE

NULLUM CRĪMEN SINE VICTIMĀ

IN MEDIŌ STAT VIRTUS

⚯ Adagia : monosticha Catōnis

CUM BONĪS AMBULĀ

PUGNĀ PRŌ PATRIĀ

PAUCA IN CONVĪVIŌ LOQUERE

12

Lectiō duodecima

CUJUS VILLAM VIDĒS?

🎲 Lūdus

1. Quid vidēs ? (mensam, sellam, ostium, tabulam, librum, etc.)

   > Videō ....

2. Quem / quam vidēs? (*hominem, discipulum, discipulam, magistrum, Marcum, Jūliam...*)

   > Videō ....

3. Tū, quis es?

   > ....

4. **Cujus** calamus est ?

   > ***Marcī*** *calamus est.*

5. **Cujus** bulga est ?

   > ***Jūliae*** *bulga est.*

6. **Quōrum** mensa est?

   > ***Jūliae et Marcī*** *mensa est.*

7. **Cujus** frāter / soror es?

8. **Cujus** fīlius / fīlia es?

9. **Cujus** discipulus / discipula es?

10. **Cujus** amīcus / amīca es?

11. **Cujus** .... ?

    > ....

12. **Quōrum** .... ?

    > ....

Cujus liber est ?
....

@ Scriptum prīmum

Cujus villam vidēs?

Victor et Philippus in viā ambulant.

VICTOR :	Ecce, Philippe, quam pulchra est haec villa!
PHILIPPUS :	Quae villa?
VICTOR :	Vidē, magnificum* aedificium* est. Nōnne tibi placet ?
PHILIPPUS :	Mī* valdē placet.
VICTOR :	Quam pulcherrima villa ! Nunc etiam hortum et piscinam videō. Cujus hortus est? Quis hāc in piscīnā* natāre solet? Ego quoque natāre dēsīderō. Quis ibi habitat? Cujus est haec villa? Cujus in piscīnā natāre dēsīderō?
PHILIPPUS :	Nōnne scīs? Alexander ibi habitat : ***Alexandrī villa est***. In piscīnā Alexandrī natāre dēsīderās.
VICTOR :	Quid? Eī est haec villa?
PHILIPPUS :	Est!
VICTOR :	Itane? Quam superbus est condiscipulus noster! Impudēns est! – Ecce autem, quid est hoc? Vidēsne hanc parvam casam? Taetra* est. Quī ibi habitāre possunt, ut in spēluncā? **Quōrum** casa potest esse? Miserrimī sunt, ut patet*. Nōnne tibi quoque vehementer displicet*?
PHILIPPUS :	Ignosce, mī amīce. Ego enim et parentēs ibi habitāmus. **Philippī miserī** casa tibi displicet...
VICTOR :	Tū ibi habitās? **Cujus** igitur amīcus es? Valē !

Victor discēdit. Tum Alexander domō exit et Philippum videt.

ALEXANDER :	Amīce, quid fit? Age, vīsne mēcum natāre in piscīnā?
PHILIPPUS :	Salvē Alexander. Libenter! Advolō!*

- magnificus, a, um : pulcherrimus, splendidus
- aedificium (n.) : templum, villam, domus, bibliothēcā sunt aedificia.
- mī = mihi
- hāc in piscīnā = in hāc piscīnā
- taeter, tra, trum : turpissimus
- patet : clārum est.
- placet ←→ displicet
- advolāre : volāre ad...

🔖 Complēmenta

1. Villam videt.

"Villam" **complēmentum verbī** *est.*

- **Quid** videt?
- **Villam** videt.

2. Amīcum suum vocat.

« Amīcum suum » **complēmentum verbī** *est.*

- **Quem** vocat ?
- **Amīcum suum** vocat.

3. Alexandrī villa est.

"Alexandrī" **complēmentum nōminis** *est.*

- **Cujus** villa est?
- **Alexandrī** villa est.

4. Philippus **Alexandrī** villam videt.

"Alexandrī" **complēmentum nōminis** *est.*

- **Cujus** villam Philippus videt?
- **Alexandrī** villam videt.

✏️ Exercitātiō prīma : quaere verba quae dēsunt

1. V.............. et P.............. in viā ambulant.
2. M.............. vill......... vident.
3. Victor: "Quam pulchrum aedificium est! Nōnne t.............. placet?"
4. Philippus: "Villa valdē m.............. placet."
5. Victor hort........ et piscin........ nunc videt.
6. Victor : "C........ hortus est? C........ in piscīna natāre dēsīderō?
7. Philippus: "Alexandr........ vill........ est. A.............. in piscīnā natāre dēsīderās."

✏️ Exercitātiō secunda : respondē

1. Quid agunt Philippus et Victor ?
2. Cūr Victor villam amat?
3. Cūr Victor dīcit: "quam superbus est condiscipulus noster!"
4. Cujus villa Victorī displicet? Cūr?
5. Quis in piscīnā natat? Cūr Victor in piscīnā nōn natat?

🔖 Genetīvus nōminum propriōrum (I)

Marcus amīcus meus est.	**Marcī** amīcus sum.
Domitilia soror mea est.	**Domitiliae** soror sum.

Nōminātīvus	**Genetīvus**
-US	**-Ī**
-A	**-AE**

NOTĀ :

Marcī amīcus est = Amīcus Marcī est.

✏️ Exercitātiō tertia :
quaere verba quae dēsunt

1. Alexandr… villam vident Philippus et Victor.
2. Cujus taetra turpisque casa est, Philippe ? - Mea est, Victor. Miser……. Philipp……… casa est.
3. Alexander Philipp……amīcus est.
4. Veronica Ros…… amīca nōn est.
5. Tīmōn et Martha Nīcola…… parentēs sunt.

✏️ Exercitātiō quarta : respondē

1. Cujus amīcus es ? Cujus amīca es ?

....

2. Cujus frāter es ? Cujus soror es ?

....

3. Cujus filius es ? Cujus filia es ?

....

4. Cujus discipulus es ? Cujus discipula es ?

....

5. Cujus condiscipulus es ? Cujus discipula es ?

....

Prōnōmen interrogātīvum quis, quid

	SINGULĀRIS		PLŪRĀLIS	
	Nōminātīvus	Genetīvus	Nōminātīvus	Genetīvus
Masculīnum	Quis	Cujus	Quī	Quōrum
Fēminīnum	Quis	Cujus	Quae	Quārum
Neutrum	Quid	Cujus	Quae	Quōrum

Exercitātiō quinta : mūtā sententiās

Exemplum :   Ecce canis Paulī.   >   *Cujus canis est ?*

1. Ecce vestīmentum Marcī.   >   ....

2. Ecce fīlius frātris meī.   >   ....

3. Ecce cibus ancillārum.   >   ....

4. Ecce villa imperātōris.   >   ....

5. Ecce soror gemellōrum.   >   ....

6. Ecce māter duārum sorōrum.   >   ....

7. Ecce jānua ātriī.   >   ....

8. Ecce forum nostrum.   >   ....

9. Ecce raeda parentum meōrum.   >   ....

10. Ecce liber meus.   >   ....

🗐 Adjectīvum interrogātīvum quis, quid

	SINGULĀRIS		PLŪRĀLIS	
	Nōminātīvus	Genetīvus	Nōminātīvus	Genetīvus
Masculīnum	Quī	Cujus	Quī	Quōrum
Fēminīnum	Quae	Cujus	Quae	Quārum
Neutrum	Quod	Cujus	Quae	Quōrum

✏️ Exercitātiō sexta : mūtā sententiās

Exemplum :   *Ecce cibus magnī canis.*   >   *Cujus canis cibus est ?*

1. Ecce māter veteris dominae.   >   ....

2. Ecce bibliothēca pūblicī mūseī.   >   ....

3. Ecce templum potentis deī.   >   ....

4. Ecce villa nōtōrum pictōrum.   >   ....

5. Ecce ecclēsia nostrae urbis.   >   ....

6. Ecce schola duōrum magistrōrum.   >   ....

7. Ecce flōrēs hortōrum pūblicōrum.   >   ....

8. Ecce clāvis magnōrum ātriōrum.   >   ....

9. Ecce cubiculum duārum sorōrum.   >   ....

10. Ecce pecūnia ancillārum tuārum.   >   ....

🗨 Interrogātiōnēs

Cujus patriae civis es ?

Cujus religiōnis cultor es ?

Cujus terrae incola es ? (*incola = quī incolit, id est : quī habitat*).

Cujus magistrī discipulus es ? Cujus magistrae discipula es ?

Cujus scholae discipulus es ? Cujus ūniversitātis discipulus (scholasticus) es ?

Quōrum discipulōrum condiscipulus es ?

📖 Prōnōmen "quis" :
cāsus nōminātīvus, accūsātīvus, genetīvusque

	SINGULĀRIS		PLŪRĀLIS	
	Persōna (m., f.)	Rēs (n.)	Persōna (m., f.)	Rēs (n.)
Nōminātīvus	quis	quid	quī	quae
Accūsātīvus	quem	quid	quōs	quae
Genetīvus	cujus	cujus	quōrum	quōrum

✏ Exercitātiō septima :
quaere verba quae dēsunt: prōnōmen *quis*

Exemplum: Hic est equus Alexandrī.
Quid dīcis? .... equus est?
> Cujus equus est?

1. **Philippus:** Ego Philippus sum.
   Fēlīx: Quid dīcis? .... es?

2. **Phoebē et Lūcās:**
   Nōs Phoebē et Lūcās sumus.
   Tīmōn: Quid dīcitis? .... estis?

3. **Nīcolāus:** Spectō discipulās.
   Alexander: Quid dīcis? .... spectās?

4. **Alexander:** Spectō Rosam.
   Veronica: Quid dīcis? .... spectās?

5. **Rosa:** Hic est Nīcolaī liber.
   Christophorus: Quid dīcis? .... est liber?

6. **Alexander:**
   Haec est parentum meōrum villa.
   Victor: Quid dīcis? .... villa est?

◉ Scriptum secundum

Lūdī magister*

*Christophorus Veronicam et Alexandrum in cubiculum **lūdī** magistrī* dūcit, quia jam nōn fert **eōrum** nūgās. In cubiculō vident mensam sellamque **magistrī**. Lucerna* pulchra in mensa lucet.*

CHRISTOPHORUS :   Ecce, **lūdī magistrī** cubiculum. Hīc manēte eumque exspectāte.

VERONICA :   Dā veniam, magister! Innocens sum! Nōlī vocāre **lūdī** magistrum !

CHRISTOPHORUS :   Satis, Veronica. Tandem dēsine. Oportet enim mē redīre.

Christophorus exit et ostium claudit. Veronica plōrāre incipit.

VERONICA :   Ō mē miseram!

ALEXANDER :   Nōlī plōrāre, Veronica. Quam pulchrum est hoc cubiculum ! Cujus cubiculum est? Quisnam est ille **lūdī** magister ? Eum nōn nōvī.

VERONICA :   Quid dīcis, stulte? **Lūdī** magister est **scholae** caput, **magistrōrum** dux, **discipulōrum** terror ! Nōnne terret tē?

ALEXANDER :   Minimē! Eum **floccī** faciō ! Num umbrās timēs?

VERONICA :   Nōnne intellegis? Nōs pūnīre potest. Nōs ē scholā eicere* potest! Tūne eum **parvī** habēs? Ō insāne!

*lūdī magister: « lūdī magister » scholam regit. « Lūdus » dēsīgnat « schola ».
*ēicere : ē-jacere = jacere ē scholā !

@ Scriptum tertium

Veronica et Alexander in cubiculō rectōris sunt, et eum exspectant.

ALEXANDER : **Magnae pulchritūdinis** hoc cubiculum est !

*Alexander in sellā **lūdī magistrī** cōnsīdit et rīdet.*

ALEXANDER : Hahae ! Nunc **summae potestātis** homō sum !

VERONICA : Immō **summae stultitiae** ! Ō impudens ! Quid facis? Nōnne **hārum nūgārum** tē pudet?

ALEXANDER : Ego quoque sum dominus, ut vidēs. Ergō decet mē in sellā **dominī**, in sellā **ducis**, in sellā **scholae capitis** sedēre!

VERONICA : Dēsine et revenī hūc! Propter superbiam tuam perīmus!

Lītigāre incipiunt. Lucerna cadit et frangitur : cubiculum in tenebrīs nunc est. Propter strepitum et umbram lītigāre dēsinunt. Alexander autem clam fugit.

LŪDĪ MAGISTER : Quid accidit? Magna est īra mea! Vae malō discipulō quī stultitiās agit in cubiculō meō!

VERONICA : Tacē, stupide ! Propter umbram nihil videō !

LŪDĪ MAGISTER : Satis! Quid tē esse putās* ? Cujus in cubiculō es? Cujus vōcem audīs? Cujus lucerna fracta jacet in solō ? **Tuī** mē pudet, Veronica, et **omnium discipulōrum!**

🔲 Cāsus genetīvus

Quid est cāsus genetīvus?

- Ecce liber Petrī. (Hīc cāsus genetīvus dēsīgnat possessōrem)
- Eum floccī faciō / Eum parvī habeō / Quantī constat? (Post aliqua verba cāsus genetīvus dēsīgnat quantitātem)
- Ecce domus summae pulchritūdinis. (Hīc cāsus genetīvus virtūtem dēsīgnat).
- Alexandrī Veronicam pudet. Tuae stultitiae mē pudet! (cāsus genetīvus quōrumdam verbōrum complēmentum esse potest).

SINGULĀRIS		PLŪRĀLIS	
Nōminātīvus	**Genetīvus**	**Nōminātīvus**	**Genetīvus**
Stultitia	Stultitiae	Stultitiae	Stultitiārum
Dominus	Dominī	Dominī	Dominōrum
Magister	Magistrī	Magistrī	Magistrōrum
Pōculum	Pōculī	Pōcula	Pōculōrum
Potestas	Potestātis	Potestātēs	Potestātum
Animal	Animālis	Animālia	Animālium
Cīvis	Cīvis	Cīvēs	Cīvium
Caput	Capitis	Capita	Capitum

	DĒCLĪNĀTIŌ PRĪMA	DĒCLĪNĀTIŌ SECUNDA	DĒCLĪNĀTIŌ TERTIA
singulāris	-ae	-ī	-is
plūrālis	-ārum	-ōrum	-um / -ium

📖 Genetīvus plūrālis : -um? -ium?

-UM		
imperātor, imperātōr|is	>	**imperātōr|um**
genus, gener|is	>	**gener|um**
caput, capit|is	>	**capit|um**
corpus, corpor|is	>	**corpor|um**
dux, duc|is	>	**duc|um**
homō, homin|is	>	**homin|um**
nōmen, nōmin|is	>	**nōmin|um**

-IUM		
cīvis, cīv|is	>	**cīv|ium**
pānis, pān|is	>	**pān|ium**
piscis, pisc|is	>	**pisc|ium**
dens, dent|is	>	**dent|ium**
frons, front|is	>	**front|ium**
mens, ment|is	>	**ment|ium**

> *nōmina quōrum numerus syllabārum mūtātur :*

im\|pe\|rā\|tor — im\|pe\|rā\|tōr\|is

> *nōmina quōrum numerus syllabārum nōn mūtātur :*
  cīv\|is - cīv\|is
  1 2   1 2

> *nōmina quōrum terminātiō est : **-ns***
parens, parent\|is > **parent\|um**

SED sunt exceptiōnēs...

-animal, animālis > animālium.
-canis, canis > canum.
-urbs, urbis > urbium.

-pater, patris > patrum
-māter, mātris > mātrum
-frāter, frātris > frātrum

📖 Genetīvus nōminum propriōrum (II)

NŌMINĀTĪVUS	GENETĪVUS
Alexander	Alexandrī
Philippus, Nīcolāus	Philippī, Nīcolaī
Christophorus	Christophorī
Rosa, Veronica, Martha	Rosae, Veronicae, Marthae
Lūcās	Lūcae
Victor, Nestor	Victōris, Nestoris
Tīmōn	Timōnis
Phoebē	Phoebēs (nōmen Graecum)

✎ Exercitātiō octāva : inclīnā verba

Exemplum : Ecce liber *Philippī* [Philippus]

1. Victor .... superbiam ferre nōn potest. [Veronica]

2. Discipulus .... lectiōnem audiunt. [magister]

3. Rosa .... est discipula. [Christophorus]

4. Haec est .... caupōna. [Tīmōn]

5. Pōculum aquae .... constat. [parvus]

6. Pōculum bonī vīnī .... constat. [magnus]

7. .... Veronicam pudet. [stultitia]

✎ Exercitātiō nōna : mūtā sententiās

Exemplum : *Petrus hortum habet.* > *Petrī hortus est.*

1. Helena raedam novam habet. > ....

2. Parentēs ejus villam habent. > ....

3. Imperātor mīlitēs habet. > ....

4. Philosophus librum habet. > ....

5. Canis dominam habet. > ....

6. Paulus crustula habet. > ....

7. Magister discipulōs habet. > ....

8. Discipulae amīcōs habent. > ....

9. Templa statuas habent. > ....

10. Mīlitēs arma habent. > ....

11. Gladiātōrēs vestīmenta habent. > ....

12. Animālia dominum habent. > ....

13. Ancillae culīnam habent. > ....

14. Jānua clāvem habet. > ....

15. Puerī lūdibria habent. > ....

16. Frātrēs cubiculum habent. > ....

17. Lupī cibum habent. > ....

🎲 Lūdus : colloquium

Rogā condiscipulum proximum tibi : Quāle ingenium tuum est ? (*ingenium = animī nātūra*) Quā indole homō es ? (indoles, -is, f. : qualitātēs quae ā nātū tibi sunt).

ADJECTĪVA	NŌMINA	ADVERBIA
affābilis, benignus, īrascibilis, urbānus, rusticus, dulcis, bonus, superbus, humilis, temperans, insolens, prūdens, doctus... summus, magnus, parvus, maximus, minimus, pessimus, optimus, ēgregius, ingens, fortis	prūdentia, urbānitas, superbia, humilitas, temperantia, ēlegantia, insolentia, doctrīna, sollicitūdō, clēmentia, virtus, justitia, benignitas, patientia, gravitas ...	nimis / satis / parum / paulum / multum / maximē

Exempla :

> Homō summae prūdentiae sum, homō parvae prūdentiae sum ...

> Vir temperans sum ; magnae temperantiae sum. Sed parum ēlegans sum ; parvae ēlegantiae sum.

> Nimis īrascibilis sum, parum doctus...

Etc.

ⓖ Cāsus genetīvus adjectīvōrum : singulāris

Masculīnum singulāre

	Nōminātīvus		Genetīvus
Ecce puer	magnus	Ecce liber puerī	magnī
	pulcher		pulchrī
	fortis		fortis
	dīves		dīvitis

Fēminīnum singulāre

	Nōminātīvus		Genetīvus
Ecce puellae	magna	Ecce liber puellae	magnae
	pulchra		pulchrae
	fortis		fortis
	dīves		dīvitis

Neutrum singulāre

	Nōminātīvus		Genetīvus
Ecce templum	magnum	Ecce dominus templī	magnī
	pulchrum		pulchrī
	forte		fortis
	dīves		dīvitis

✏ Exercitātiō decima : mūtā sententiās

Exemplum :   Discipulus piger pensa habet.   >   Sunt discipulī pigrī pensa.

1. Amīca mea canēs habet.   >   ....

2. Magister doctus scholam habet.   >   ....

3. Arbor alta flōrēs habet.   >   ....

4. Templum antīquum statuās habet.   >   ....

5. Nōtus pictor tabulās habet.   >   ....

6. Vir ēlegans raedam habet.   >   ....

7. Liber pulcher imāginēs habet.   >   ....

8. Animal saevum dominōs habet.   >   ....

9. Collega juvenis pōculum habet.   >   ....

📖 Cāsus genetīvus adjectīvōrum : plūrālis

Masculīnum plūrāle

	Nōminātīvus		Genetīvus	
Ecce puerī	magnī pulchrī fortes dīvitēs	Ecce liber puerōrum	magnōrum pulchrōrum fortium divitum	

Fēminīnum plūrāle

	Nōminātīvus		Genetīvus	
Ecce puellae	magnae pulchrae fortēs dīvitēs	Ecce liber puellarum	magnārum pulchrārum fortium dīvitum	

Neutrum plūrāle

	Nōminātīvus		Genetīvus	
Ecce templa	magna pulchra fortia dītia	Ecce dominus templōrum	magnōrum pulchrōrum fortium dīvitum	

NOTĀ BENE :
- Adjectīva in -ens, -entis vel -ans, -antis habent genetīvum plūrālem in -entium vel -antium.

   Exemplum : potens, potentis > potentium
- Adjectīva in -ax, ācis, vel -īx, -īcis habent genetīvum plūrālem in -ācium vel -īcium.
   Exemplum : fēlīx, fēlīcis > fēlīcium.
- Juvenis, -is, -e est exceptiō. Genetīvum plūrālem habet : juvenum.

✎ Exercitātiō undecima :
mūtā sententiās

Exemplum :   Parentēs meī villam habent.   >   Parentum meōrum villa est.

1. Flōrēs pulchrī aquam habent.   >   ....

2. Dominae potentēs villam habent.   >   ....

3. Lupī ferī spatium habent.   >   ....

4. Ancillae pigrae ātrium habent.   >   ....

5. Cubicula ampla lectōs habent.   >   ....

6. Festīvitātēs faustae fīnem habent.   >   ....

7. Mīlitēs fēlīcēs pecūniam habent.   >   ....

✎ Exercitātiō duodecima :
mūtā sententiās

Exemplum :   Parentēs meī villam habent.   >   Parentum meōrum villa est.

1. Amīca mea canēs habet.   >   ....

2. Magister doctus scholam habet.   >   ....

3. Arbor alta flōrēs habet.   >   ....

4. Templum antīquum statuās habet.   >   ....

5. Nōtus pictor tabulās habet.   >   ....

6. Flōrēs pulchrī aquam habent.   >   ....

7. Dominae potentēs villam habent.   >   ....

8. Lupī ferī spatium habent.   >   ....

9. Ancillae pigrae ātrium habent.   >   ....

10. Cubicula ampla lectōs habent.   >   ....

11. Festīvitātēs faustae fīnem habent. >   ....

12. Vir ēlegans raedam habet.   >   ....

13. Liber pulcher imāginēs habet.   >   ....

14. Animal saevum dominōs habet.   >   ....

15. Collega juvenis pōculum habet.   >   ....

16. Mīlitēs fēlīcēs pecūniam habent.   >   ....

Ⓖ Prōnōmen is, ea, id

| | SINGULĀRIS | | PLŪRĀLIS | |
	Nōminātīvus	Genetīvus	Nōminātīvus	Genetīvus
Masculīnum	Is	Ejus	Eī	Eōrum
Fēminīnum	Ea	Ejus	Eae	Eārum
Neutrum	Id	Ejus	Ea	Eōrum

Notā bene

Cum prōnōmine "is, ea, id" cāsū genetīvō possumus possessiōnem indicāre.
Exemplum dō : Occīdunt parentēs ejus. / Occīdunt parentēs Philippī.

Cum prōnōmine "is, ea, id" possumus novum verbum fingere: "idem, eadem, idem".
Exemplum : Eadem māchina est, est planē similis. Est ejusdem generis.

| | SINGULĀRIS | | PLŪRĀLIS | |
	Nōminātīvus	Genetīvus	Nōminātīvus	Genetīvus
Masculīnum	Idem	Ejusdem	Eīdem	Eōrumdem
Fēminīnum	Eadem	Ejusdem	Eaedem	Eārumdem
Neutrum	Idem	Ejusdem	Eadem	Eōrumdem

✏ Exercitātiō decima tertia :
mūtā sententiās

Exemplum :	*Marcī liber est.*	>	*Est liber ejus.*
1.	Est raeda Helenae	>	....
2.	Paulus crustulum habet.	>	....
3.	Parentum meōrum canis est.	>	....
4.	Amō mūseī tabulās pictās.	>	....
5.	Magistrī pōculum in mensā est.	>	....
6.	Statuās templī amō.	>	....

Prōnōmina persōnālia

	SINGULĀRIS			PLŪRĀLIS		
Nōminātīvus	ego	tū	-	nōs	vōs	-
Accūsātīvus	mē	tē	sē	nōs	nōs	sē
Genetīvus	meī	tuī	suī	nostrī	vestrī	suī

Lūdus : invenīte persōnam

Prīmum lūsōrem oportet persōnam invenīre, interrogat ergō aliōs lūsōrēs. Aliī lūsōrēs sciunt persōnam, sed eīs nihil licet repondēre, nisi "ita" aut "nōn". Cujus generis sunt quaestiōnēs ? Ecce nonnulla exempla:
- Estne animal ? An homō ?
- Estne vir ? An fēmina ? Senex ? Puer ? Infans ?....
- Vīvitne ? Estne mortuus ?
- Ubi vīvit ? Estne incola Galliae ? Americae ?
- Cujus saeculī homō est ? Num nostrī ? Estne aetātis Rōmānōrum ?
- Estne persōna fābulae ? An mundī ? Tēlevisiōnis ? Exstatne vērē ?
- Estne benignus ? Immō malignus ? Subvenitne aliīs hominibus ? Cujus ingeniī est ? Num semper īratus ? Immō mītis ? Cōmicus ? Tristis ? Num dīves ? Pauper ? Doctus ? Immō stultus ?
- Quod est officium ejus ? Estne homō politicus ? Mīles ? Magister ? Cantor nōtus ? Scriptor ?
- Quid eī accidit ? Estne nōtus ? Facitne bellum ? Videtne magnum malum lupum ? ......
Et sīc multa. Sī quis invenit persōnam, victor fit.

Ecce nunc prōpositiō persōnārum, sed lūsōrēs aliās invenīre possunt:
- Marīa Callas
- Donaldus Anas (Disney)
- Josephus Stalin
- Dēsīderius Erasmus
- Sanctus Petrus....

 Adagia

Compositiō crustulī quaedam

Cape centum grammata būtyrī liquidī, id est tepidī.
Adde centum grammata zacharī, mixtūramque bene agitā.
Adde duo ōva, et centum grammata farīnae.
Omnia cautē miscē, et funde in formam.
Pōne in furnum calidum.
Post quadraginta minūtās recipe crustulum tuum:
Parātum est !

13

Lectiō decima tertia

MIHI EST FRĀTER

 Mandāta

1. Dā mihi, quaesō, librum. - *Librum tibi dō.*
   Dā mihi, quaesō, calamum viridem. - *Calamum tibi dō.*
   Dā mihi, quaesō, libellum magnum. - *Libellum tibi dō.*
   Dā mihi parvum pōculum vīnī. - *Pōculum vīnī tibi dō.*

2. Dā illī parvum pōculum Arabicae.
   Dā illī epistulam.
   Dā illī bulgam.
   Dā illī clāvem jānuae.
   Dā illī nummōs duōs.

3. Dīc mihi nōmen tuum.
   Dīc mihi praenōmen frātris tuī.
   Dīc mihi diem hodiernum.
   Dīc illī nōmen meum.

🎲 Lūdus

1. A : Tū, quis es ?
  B: Ego B sum.
    Et tū, quis es?
  etc.

2. A: Quod tibi nōmen est?
  B: Mihi nōmen B est.
  Et quod tibi nōmen est?
  etc.

3. A: Mihi nōmen est A.
    Quod mihi nōmen est?

  B: Tibi nōmen est A.
  etc.

4. A: Nōmina nostra sunt A et B.
    Quae sunt nōmina vestra?
  C: Nōmina nostra sunt C et D.
    Quae sunt nōmina vestra?
  etc.

5. Magister   Quot librī tibi sunt?
  A: Mihi sunt duo librī.

  Magister   Quot calamī tibi sunt?
  B: Mihi sunt trēs calamī.

Magister   Quot sunt tibi digitī ?
C: ....

Magister   Quot bracchia tibi sunt?
D: ....

Magister   Quot pedēs tibi sunt?
E: ....

Magister   Quot calamī tibi sunt?
F: ....

Magister: Quot aurēs tibi sunt?
G: ....

Magister   Quot oculī tibi sunt?
H: ....

6. Magister   Quot librī vōbīs sunt?
  A et B: ....

  Magister   Quot digitī vōbīs sunt?
  C et D: ....

  Magister   Quot bracchia vōbīs sunt?
  E et F: ....
  etc.

❓ Interrogātiōnēs

1. Vōs quī estis? ....

2. Ego quis sum? ....

3. Quae sunt nōmina vestra? ....

4. Quod mihi nōmen est? ....

5. Num discipulus ego sum? ....

6. Num magistrī vōs estis? ....

7. Num difficilis est lingua Latīna ? ....

8. Tū, quis es? ....

9. Quod tibi nōmen est? ....

10. Quod mihi nōmen est? ....

11. Quae sunt nōmina nostra? ....

⊙ Scriptum prīmum

Vae mihi!

*Veronica **aegrōtat** et in lectō jacet. **Vīsit** eam Philippus.*

PHILIPPUS : Salvē, Veronica. Ut valēs?

VERONICA : Vae **mihi** ! Graviter aegrōtō. Febriō, tussiō, doleō! Pereō!

PHILIPPUS : Nōlī despērāre. Ego **tibi** adsum. Quid est **tibi** ?

VERONICA : Morbus gravis **mihi** est, immō mortiferus! Ēheū, mē miseram! Mortem obeō!

PHILIPPUS : Malē sē rēs habet. Jam jamque* mortem obīs. – Vīsne anteā inspicere pensa diurna? Magister pensa **nōbīs** dat cottīdiē, sed **mihi** difficillima sunt.

VERONICA : Ubi sunt? Dā **mihi** librum. Pensa enim **vōbīs** difficillima, **mihi** vērō facillima sunt! **Mihi** placet pensa facere.

PHILIPPUS : Optimē, vidē...

Inspiciunt pensa diurna. Veronica legit et dictat Philippō. Is scrībit.
Sīc agunt duās hōrās. Posteā:

VERONICA : Bene est. Nōnne **tibi** quoque omnia nunc clāra et aperta sunt? Nōnne **tibi** quoque lingua Latīna est optimum medicāmentum?

PHILIPPUS : ... [*balbūtit*] ...

VERONICA : Nihil refert. Ego enim jam rectē valeō. Euge! Quam jūcundum **nōbīs** est discere linguam Latīnam !

PHILIPPUS : ... Ignosce **mihi**. Caput dolet. Febriō, doleō... domum redīre oportet. Valē !

*"jam jam" / "jam jamque": nunc

Complēmenta verbī

Villa **Philippō** placet.

"Philippō" *complēmentum verbī* est.

- **Cui** placet villa?
- **Philippō** placet.

Datīvus cāsus: prōnōmina persōnālia

	SINGULĀRIS		PLŪRĀLIS	
Nōminātīvus	ego	tū	nōs	vōs
Accūsātīvus	mē	tē	nōs	vōs
Datīvus	mihi	tibi	nōbīs	vōbīs

Cāsus datīvus

Quid est cāsus datīvus ?

• Quid mihi dīcis? **Cui** dīcis "salvē"? Tū **mihi** dīcis "salvē". Dā **mihi** librum. Grātiās **tibi** agō.

Hīc cāsus datīvus dēsīgnat persōnam, cui rēs datur. Complēmentum secundum est.

• **Mihi** est raeda. (= habeō raedam.) Quod **tibi** nōmen est? **Mihi** nōmen est Nīcolāus. Quae **vōbīs** nōmina sunt? **Nōbīs** nōmina sunt Alexander et Philippus. **Nōbīs** sunt multī librī.

Cum verbō "esse", cāsus datīvus saepe dēsīgnat possessōrem.

• Lingua Latīna facilis nōbīs est! Cui difficilis est lingua Latīna? **Mihi** difficile est. (= difficultātem habeō). Vae **mihi**! Vae **nōbīs**! Vae **vōbīs**! **Mihi** subvenī, o amīce! **Mihi** cantāre libet. **Mihi** legere libet: librōs amō.

Cum verbō "esse", vel aliīs verbīs, datīvus indicāre potest cui rēs accidit.

🎲 ☕ Lūdus & mandāta

Ad discipulam ūnam / discipulum ūnum.

1. Surge et venī ad mē.

2. Aspice mē.

3. Quod mihi nōmen est?

....

4. Num discipulus sum?

....

5. Quid sum?

....

6. Num tibi difficilis est lingua Latīna?

....

7. Quod tibi nōmen est?

....

8. Num magister es?

....

9. Quid es?

....

10. Num doctus discipulus es?
   / Num docta discipula es?

....

11. Num Marcus tū es?

....

12. Tū quis es?

....

13. Placetne tibi lingua Latīna?

....

14. Num Marcus ego sum?

....

15. Num Marcus et Lūcius nōs sumus?

....

16. Quī nōs sumus?

....

17. Quod nōmen nōbīs est?

....

18. Dā mihi calamum tuum.
   Grātiās tibi agō.

....

19. Dā mihi hōrologium tuum.
   Grātiās tibi agō.

....

20. Dā mihi ...

....

21. Surge. Verte ad dexteram.
   Cape calamum.
   Pōne calamum in sellām.
   Abī ad sellam tuam.

Ad duo vel multōs discipulōs.

1. Surgite et venīte ad mē.
2. Aspicite mē.
3. Quod mihi nōmen est?
....

4. Num discipulus sum?
....

5. Quid sum?
....

6. Num difficilis est lingua Latīna?
....

7. Quae sunt nōmina vestra?
....

8. Num magister estis?
....

9. Quid estis?
....

10. Num doctī discipulī estis?
 / Num doctae discipulae estis?
....

11. Num Marcus et Jacobus vōs estis?
....

12. Vōs quī estis?
....

13. Placetne vōbīs lingua Latīna?
....

14. Num Marcus ego sum?
....

15. Num Marcus et Lūcius nōs sumus?
....

16. Quī nōs sumus?
....

17. Quae sunt nōmina nostra?
....

18. Dāte mihi calamum vestrum.
 Grātiās vōbīs agō.
....

19. Dāte mihi hōrologium vestrum.
 Grātiās vōbīs agō.
....

20. Dā mihi ...
....

21. Surgite. Vertite ad dexteram.
 Capite calamum.
 Pōnite calamum in sellām.
 Abīte ad sellam vestram.

✏ Exercitātiō prīma : respondēte

1. Ego magister sum. Et tū, quis es?

....

2. Mihi nōmen est Christophorus. Et tū, quod tibi nōmen est?

....

3. Ego magister sum. Et vōs, quī estis?

....

4. Estne facilis vōbīs lingua Latīna?

....

5. Placetne tibi legere?

....

✏ Exercitātiō secunda :
invenīte interrogātiōnēs

1. Nōmen mihi Stephanus est.

....

2. Nōmen tibi Marīa est.

....

3. Minimē! Lingua Latīna mihi facilis est.

....

4. Nōbīs valdē libet linguam Latīnam audīre.

....

Exercitātiō tertia :
quaerite verba quae dēsunt

Implēte spatia vacua hīs verbīs :
mihi / tibi / nōbīs.

ALEXANDER :	Philippe, subvenī ...., lectiō hodierna .... nimis difficilis est.
PHILIPPUS :	Quōmodo .... auxiliō esse possum?
ALEXANDER :	Rem obscūram .... illustrā: quot sunt .... senātōrēs in Galliā ?
PHILIPPUS :	Id planē ignōrō.
ALEXANDER :	Ignōrāsne ? Vae .... !
PHILIPPUS :	Nōnne .... sunt librī ? Quaere igitur! Cūr rēsponsum magistrum nōn rogās ?
ALEXANDER :	Semper licet magistrum interrogāre, sed sōlus invenīre volō. Sīc .... jucundum est. Sīc .... placet.
PHILIPPUS :	At .... displicet! .... dīcere nōn valeō.

Exercitātiō quarta : mūtā sententiās

Exemplum :   Calamum nōn habeō.   >   *Mihi calamus nōn est.*

1. Habeō villam.   >   ....

2. Habeō amplam villam.   >   ....

3. Amplam et pulchram villam habeō.   >   ....

4. Heū! Officium nōn habeō.   >   ....

5. Novum servum habēmus.   >   ....

6. Multōs consōbrīnōs habēmus.   >   ....

7. Habētis servōs pigrōs!   >   ....

Prōnōmen interrogātīvum quis, quid

	SINGULĀRIS			PLŪRĀLIS		
	masc.	fem.	neut.	masc.	fem.	neut.
Nōminātīvus	quis	quis	quid	quī	quae	quae
Accūsātīvus	quem	quam	quid	quōs	quās	quae
Datīvus	cui	cui	cui	quibus	quibus	quibus

Exercitātiō quinta : mūtā sententiās

Exemplum : *Dō librum Petrō.* > *Cui librum dās ?*

1. Placēs discipulīs. > ....

2. Studet historiae. > ....

3. Narrat fābulam mātrī suae. > ....

4. Marcō cordī est Cornēlia. > ....

5. Calor senibus nōn placet. > ....

6. Mihi jucunda est ambulātiō. > ....

7. Parentibus dōna dare soleō. > ....

8. Tibi bonum consilium dō. > ....

9. Iste liber est magistrō. > ....

10. Animālibus ferīs studet. > ....

⚄ ❓ Lūdus & interrogātiōnēs

Loquere dē imāgine et dē audītōriō tuō!
Age in audītōriō tuō.

1. Quid vidēs ? (mensam, sellam, ostium, tabulam, librum, etc.)

> ....

2. Quem vel quam vidēs?
(*hominem, discipulum, discipulam, magistrum, Rosam, Nīcolāum...*)

> ....

3. Tū, quis es?

> ....

4. Pilam dā. Cui pilam dās?
(*magistrō, Marcō, Jūliae, ...*)

> ....

5. Pilam jace. Cui pilam jacis?
(*magistrō, Marcō, Jūliae, ...*)

> ....

6. Quibus pilās jacitis? Quibus pilās dātis?

> ....

7. Magistrō salūtem dā. Discipulīs salūtem dā. Paulō salūtem dā. Flaviae salūtem dā. Cui salūtem dās? - Magistrō salūtem dō. - Cui salūtem dat? - Magistrō salūtem dat.

8. Loquere! Mihi loquere! Petrō loquere! Jōhannae loquere!
Cui loqueris? - Magistrō loquor. - Cui loquitur? - Magistrō loquitur.
etc.

9. Rosam puellae/puerō dā.
- Tibi rosam dō.

10. Epistulam puellae/puerō mitte.
- Tibi epistulam mittō.

11. Dōnum puellae/puerō fer.
- Dōnum tibi ferō.

12. Ānulum puellae/puerō dōnā.
- Ānulum tibi dōnō.

13. Cor tuum puellae/puerō dā.
- Cor meum tibi dō.

📖 Cāsus datīvus : -ō

-us	>	-ō	*servus*	>	***servō***
-er	>	-ō	*puer*	>	***puerō***
-um	>	-ō	*magister*	>	***magistrō***
			templum	>	***templō***

✏️ Exercitātiō sexta : inclīnā verba

Exemplum : **Deō** grātiās agō. [Deus]

1. Philippus 'Salvē' .... dīcit. [magister]

2. Rosa grātiās .... agit. [speculum suum]

3. Paule, dā calamum tuum .... [Stephanus]

4. Pater et māter dōnum .... dant. [puer parvus]

5. Jūlia .... epistulam mittit. [Jūlius]

📖 Cāsus datīvus : -AE

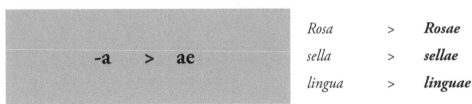

			Rosa	>	***Rosae***
-a	>	ae	*sella*	>	***sellae***
			lingua	>	***linguae***

✏️ Exercitātiō septima : inclīnā verba

1. Alexander "Salvē!" .... dīcit. [Rosa]. Rosa nōn respondet.

2. Alexander rosam .... dat. [pulchra discipula].
   Sed Rosa rosam jacit in solum.

3. Alexander epistulam................................... mittit. [formōsa puella].
   Ea nōn respondet.

4. Alexander osculum .... dare vult. [amīca sua].
   Sed nōn potest, quia ea nōn vult.

5. Alexander .... maledīcit. [Fortuna].

📖 Cāsus datīvus : -ī

-is / cons. > ī	*canis* > ***canī***
	imperātor > ***imperātōrī***
	animal > ***animālī***
	pater, māter, frāter > ***patrī, mātrī, frātrī***

✏️ Exercitātiō octāva : inclīnā verba

1. Fīlius "salvē!" .... dīcit.   [pater et māter]

2. Rōmānī precēs .... mittunt.   [imperātor]

2. Puer pilam .... jacit.   [canis]

3. Agricola aquam .... dat.   [animal]

4. Senex .... grātiās agit.   [juvenis]

▣ Cāsus datīvus : nōmina

SINGULĀRIS		PLŪRĀLIS	
Nōminātīvus	Datīvus	Nōminātīvus	Datīvus
Villa	Villae	Villae	Villīs
Dominus	Dominō	Dominī	Dominīs
Magister	Magistrō	Magistrī	Magistrīs
Templum	Templō	Templa	Templīs
Imperātor	Imperātōrī	Imperātōrēs	Imperātōribus
Animal	Animālī	Animālia	Animālibus

✎ Exercitātiō nōna :
datīvus possessīvus - mūtā sententiās

Exemplum :   *Petrus hortum habet.*   >   *Hortus est Petrō.*

1.   Paulus librum habet.   >   ....

2.   Magister filium habet.   >   ....

3.   Imperātor servōs habet.   >   ....

4.   Ego nōmen habeō.   >   ....

5.   Puer amīcam habet.   >   ....

⊚▶ Scriptum secundum

Philosophiae studēmus

Rosa mediā nocte domum revenit. In hortō autem Veronicam videt. Ea librum legit.

ROSA : Heūs, Veronica! Quid etiam agis hīc? Nox est!

VERONICA : Silē, Rosa. Cicerō enim adest. Nōs philosophiae enim studēmus. Artī ōrātōriae operam dāmus.

ROSA : Quī « nōs » ? – Quis est hic Curculiō ? Ubi est? Nēminem videō !

VERONICA : Ō tempora, ō mōrēs! Librum legō, id est : cum Cicerōne sermōnem habeō.* Nōnne patet?

ROSA : Quid dīcis, cārissima? Librō loqueris ? Nōnne fessa es? Morbus tibi est ? Febrīs ? Aegrōtās ?

VERONICA : Stulta! Tandem dēsine! Cicerō enim et doctissimus philosophus et clārissimus ōrātor est!

ROSA : Et mihi ignōtissimus ! Cūr tandem artī amātōriae tē dare vīs ?

VERONICA : Ōrātōriae, hercle, artī operam damus! Huic venerābilī studiō nōs damus !

ROSA : At ego somnō mē dō. Bene valē.

*sermōnem habēre : loquī cum, colloquī cum...

NOTĀ BENE : *Fig. 1: curculiō* *Fig. 2: Cicerō*

✏️ Exercitātiō decima :
quaere verba quae dēsunt

1. Veronica .... legit, dum Rosa mediā nocte .... revenit.

2. Veronica .... studet. .... operam dat.

3. Cicerō Rosae .... est.

4. Veronica artī amatōriae .... nōn vult.

5. Rosa .... sē dat.

✏️ Exercitātiō undecima : respondē

1. Quandō Rosa domum revenit?

2. Quid Veronica facit? Ubi ?

3. Cui studet Veronica?

4. Quōs "nōs" dēsīgnat in verbīs Veronicae?

5. Quis Cicerō est?

6. Cui artī Veronica studet?

🎲 Lūdus : cui flōrem dās ?

Magister imperat et interrogat:
Dā flōrem discipulō ...
-> magnō / parvō / brevī / tristī / laetō / beātō / īrātō / prudentī / ferōcī...

Dā flōrem discipulae ...
-> magnae / parvae / brevī / tristī / laetae / beatae / īrātae / prudentī / ferōcī...

Cui flōrem dās? Cui flōrem dat?

Dā dōnum discipulīs ...
-> magnīs, parvīs, brevibus, tristibus, laetīs, beātīs, īrātīs, prūdentibus, ferōcibus...

Quibus flōrem dās? Quibus flōrem dat?

Cāsus datīvus adjectīvōrum

Nōminātīvus		Datīvus	
Masculīnum singulāre			
Ecce puer	magnus	Invideō puerō	magnō
	pulcher		pulchrō
	fortis		fortī
	dīves		dīvitī
Fēminīnum singulāre			
Ecce puella	magna	Invideō puellae	magnae
	pulchra		pulchrae
	fortis		fortī
	dīves		dīvitī
Neutrum singulāre			
Ecce templum	magnum	Studeō templō	magnō
	pulchrum		pulchrō
	forte		fortī
	dīves		dīvitī
Masculīnum plūrāle			
Ecce puerī	magnī	Invideō puerīs	magnīs
	pulchrī		pulchrīs
	fortēs		fortibus
	dīvitēs		dīvitibus
Fēminīnum plūrāle			
Ecce puellae	magnae	Invideō puellīs	magnīs
	pulchrae		pulchrīs
	fortēs		fortibus
	dīvitēs		dīvitibus
Neutrum plūrāle			
Ecce templa	magna	Studeō templis	magnīs
	pulchra		pulchrīs
	fortia		fortibus
	dītia		dīvitibus

Exercitātiō duodecima :
mūtā sententiās

Exemplum : *Fābulās longas amō / videō.* > *Fabulīs longīs studeō / invideō.*

1. Pulchrās raedās amat. > ....

2. Amīcōs potentēs amat. > ....

3. Vītam longam amāmus. > ....

4. Asinum stultum vident. > ....

5. Puerōs doctōs amant. > ....

6. Lectiōnem facilem amās. > ....

7. Ātria ampla amō. > ....

8. Templum magnum videō. > ....

9. .... > Turturī parvō invideō.

10. .... > Magistrō vestrō studeō.

11. .... > Animālibus ferīs invidēmus.

12. .... > Officiō facilī studeō.

13. .... > Clārīs gladiātōribus studēmus.

14. .... > Senibus sōlitāriīs invidēmus.

15. .... > Temporī līberō studeō.

16. .... > Juvenī ancillae studet.

Exercitātiō decima tertia :
mūtā sententiās

Exemplum :   Dō flōrēs meae amīcae.   >   *Dō flōrēs meīs amīcīs.*

1. Prōpōne vīnum magistrō tuō.   >   ....

2. Studet fābulae mīrae.   >   ....

3. Dat flōrēs sorōrī suae.   >   ....

4. Dant pecūniam fīliō meō.   >   ....

5. Solitūdō discipulō doctō jūcunda est. >   ....

6. Statua magnō imperātōrī placet.   >   ....

7. Id nōn licet juvenī puerō.   >   ....

8. Studeō ātriō Rōmānō.   >   ....

9. Estne ūtile animālibus ferīs ?   >   ....

10. Schola placet bonīs magistrīs.   >   ....

11. Dant pecūniam clārīs imperātōribus. >   ....

12. Dāmus arma mīlitibus nostrīs.   >   ....

13. Id dīcere nōlō vīcīnīs nostrīs.   >   ....

14. Vae ancillīs pigrīs !   >   ....

15. Studēsne lectiōnibus longīs ?   >   ....

16. Dat cibum lupīs sōlitāriīs.   >   ....

⊚ Scriptum tertium

Cui scrībis?

VICTOR :	Quid facis, Alexander?
ALEXANDER :	Victor? Tacē, quaesō! Epistulam scrībō...
VICTOR :	Hoc videō, sed ad quem? Cui vīs litterās mittere? Cuinam?
ALEXANDER :	Bene, nōlī clāmāre. Ecce enim epistula ad Rosam.
	Eī scrībō amōre succēnsus.
	Eī litterās mittere eīque meum amōrem ostendere volō.
VICTOR :	Itane? Rosaene scrībis?
ALEXANDER :	Ita, Rosae pulcherrimae hās litterās mittere volō,
	sed māter domō exīre mihi nōn permittit.
	Vīsne tū epistulam meam tabellāriō dare?
VICTOR :	Libenter, amīcissime! Tandem dā mihi epistulam.

Itaque Victor epistulam capit et domum redit. Ibi autem īnscrīptiōnem mūtat: Dēlet litterās „R-O-S-A-E" et scrībit „A-L-E-X-A-N-D-R-Ō". Tum tabellāriō epistulam dat.

Post duōs diēs Victor et Nīcolāus apud Alexandrum sunt. Lūdunt. Ecce tabellārius venit Alexandrōque epistulam dat.

NĪCOLĀUS :	Alexander, estne tibi epistula? Age, aperī et lege eam!
ALEXANDER :	[*legit:*] „Tibi scrībō amōre succēnsus. Tibi litterās mittō.
	Tibi meum amōrem ostendō.
	Respondē, quaesō, amātōrī tuō Alexandrō."
VICTOR ET NĪCOLĀUS :	**Sibi** ipsī scrībit amōre succēnsus ! **Sibi** litterās mittit !
	Sibi ostendit amōrem ! Semet ipsum amat Alexander.

▣ Datīvus cāsus : pronōmen is, ea, id

	SINGULĀRIS			PLŪRĀLIS		
	masc.	fem.	neut.	masc.	fem.	neut.
Nōminātīvus	is	ea	id	eī	eae	ea
Accūsātīvus	eum	eam	id	eos	eas	ea
Datīvus	eī	eī	eī	eīs	eīs	eīs

Notā bene

Quid interest inter pronōmina "sibi" et "eī/eīs". Pertinent ad tertiam personam, sed "sibi" reflexum est. Vidēte duo exempla :

- Dōnum eī dant: id est, dōnum dat aliō hominī, amīcō, vel familiarī...
- Dōnum sibi dat: id est, rem apud sē servat !

Magnum inest discrīmen !

✎ Exercitātiō decima quarta :
mūtā sententiās

Exemplum :   Dā librum Marcō.   >   *Dā eī librum.*

1.   Ostende raedam amīcīs.   >   ....

2.   Dā cerevīsiam mīlitibus.   >   ....

3.   Fratrī suō auxiliō est.   >   ....

4.   Imperātōrī placet philosophia.   >   ....

5.   Clam studet latinitatī.   >   ....

6.   Dīc "avē" magistrō tuō.   >   ....

7.   Damus crustula puerīs.   >   ....

8.   Do computātrum filiō meō.   >   ....

9.   Paulō est magnum ātrium.   >   ....

10. Studet templīs Rōmānīs.   >   ....

Familia

Quot tibi sunt frātrēs, sorōrēs?

Quod nōmen patrī tuō est? Quod nōmen mātrī tuae est?

Suntne tibi consōbrīnī, consōbrīnae?

Lūdus : epistulam amīcīs scrībite

Epistula Latīna sīc solet esse:

- salūtātiō : "Christophorus Paulō suō salūtem dīcit"
- formula urbāna : "sī valēs (vel: valētis), bene est, ego valeō" (SVBEEV)
- scriptum : ....
- salūtātiō : "valē(tē) optimē"
Scrībite igitur epistulās.

Exemplum:

"Paulus duōbus frātribus gemellīs salūtem dīcit. Sī valētis bene est, ego valeō. Vōs invītō a theātrum, sī vōbīs ōtium est post cēnam. Valēte optimē."

- Helena mātrī suae. Auxilium rogat, quia cēnam magnam parāre vult.
- Helena Nīcolaō. Eum invītat, quī vult eī raedam novam suam ostendere.
- Cornēlia magistrō. Vult eī grātiās agere propter auxilium.
- Nīcolāus Paulō. Alium vesperum propōnere vult.
- Parentēs magistrō. Fīliōs suōs pigrōs vident...

Adagia

VAE VICTĪS !

CŌGITŌ ERGŌ SUM

HOMŌ HOMINĪ LUPUS

AVIS RĀRA

Cantiō

FAUSTUM DIEM NATĀLEM

TIBI EXOPTĀMUS, HELENA !

| 14 | Lectiō decima quarta

GALLĪNA IN RAEDĀ

In scholā docet Christophorus.

Victor eum nōn audit,

et Victorī īrātus est Christophorus.

Victor librum suum nōn aperit,

et Victorī īrātus est Christophorus.

Victor studēre nōn vult,

Et magnā vōce clāmat Christophorus.

Victōrem vituperat, ut semper, et increpat.

Alexander Christophorī discipulus est.

Vestēs Alexandrī splendidae sunt.

Is et calceōs formōsōs

et camīsiam pulchram

et amictum splendidum gerit.

Et bulgam Alexander magnificam fert.

Alexander vestēs splendidās amat.

Būcephalus Nestorem nōn amat.
Ordinem nōn amat. Superbus equus est
Būcephalus.
Būcephalus Alexandrum amat.
Alexander Būcephalī dominus est.
Būcephalus foenum comedit in stabulō.

Nestor discipulus nōn est.
In scholā Nestor nōn adest sed in villā.
Nestor villam purgat, et eam ordinat.
Vestēs Nestoris splendidae nōn sunt.
Capillī Nestoris nōn promissī nec longī
sunt. Caput Nestoris calvum est.

Multum loquitur Rosa, dē vestibus, dē
capillīs.
Speculum Rosa amat, in speculō sē videt.
Multum cūrat comam suam. Rosa calva
nōn est.
Rosa grātiās speculō agit.

Rosae īrāta est Veronica.
Nōn multum amat Rosam Veronica.
Veronica scholam amat, sed Victōrem nōn
amat.
Veronica speculum nōn jam amat.
Vestēs Veronicae splendidae nōn sunt.

Philippus vagus est, et somniat in scholā.
Saepe tardus est Philippus.
Philippus librum nōn aperit, in libellō nōn
scrībit, Christophorum nōn audit,
Et Philippō Christophorus īrātus est.

Multum rīdet Victor in scholā,
et magistrum dērīdet.
Veronicam quoque dērīdet Victor.
Nēmō Victōrem dērīdet.
Veronica Victōrem nōn amat

Nīcolāus vīnum amat.
Tīmōn Nīcolāum in carcere quaerit.
Tīmōn vīnum Nīcolaō fert ; Nīcolāus
grātiās patrī suō agit.

🗨 Interrogātiōnēs

1. Quod officium gerit Veronica?

2. Quid agit Veronica?

3. Quid amat Rosa?

4. Quam Veronica nōn amat?

5. Quālēs sunt Veronicae vestēs?

6. Estne Veronica māter Nestoris?

7. Quod officium gerit Christophorus?

8. Quid agit Christophorus?

9. Quid amat Christophorus (ordo, librī...)

10. Estne multum īrātus Christophorus?

11. Quod officium gerit Alexander?

12. Quid agit Alexander?

13. Quid amat Alexander?

14. Quid cūrat Alexander?

15. Quālis est domus Alexandrī?

16. Quid est Būcephalus?

17. Quid amat Būcephalus?

18. Ubi Būcephalus adest?

19. Quem Būcephalus nōn amat?

20. Estne Būcephalus dominus Alexandrī?

21. Quid comedit Būcephalus?

22. Quid agit Nestor?

23. Quid amat Nestor?

24. Quāle caput Nestorī est?

25. Quem nōn amat Nestor?

26. Num splendidae Nestoris vestēs sunt ?

27. Num longa est coma Nestoris?

28. Ubi Nestor adest?

29. Num Nestor pater Nīcolaī est?

30. Quod officium gerit Rosa?

31. Quid amat Rosa?

32. Quid cūrat Rosa?

33. Quālēs sunt vestēs Rosae?

....

34. Num calvum est caput Rosae?

....

35. Quod officium gerit Philippus?

....

36. Num magistrum audit Philippus?

....

37. Num in libellō scrībit Philippus?

....

38. Quālis domus est Philippī?

....

39. Quid agit Philippus?

....

40. Quis est Victor?

....

41. Quid agit Victor?

....

42. Quis dērīdet Victōrem?

....

43. Quis Victōrem nōn amat?

....

44. Dērīdetne et magistrum Victor?

....

45. Quid agit Nīcolāus?

....

46. Quid cūrat Nīcolāus?

....

47. Ubi nunc est Nīcolāus?

....

48. Quis Nīcolāum quaerit in carcere?

....

49. Quis est Martha?

....

50. Quem cūrat Martha?

....

51. Num Martha Christophorī discipula est?

....

52. Quis est Tīmōn?

....

53. Quod officium gerit Tīmōn?

....

54. Quid Nīcolāō fert Tīmōn?

....

55. Quis es?

....

56. Quod tibi nōmen est?

....

57. Quid agis nunc?

....

58. Quid amās?

....

59. Quid cūrās?

....

60. Ubi es nunc?

....

61. Quī estis?

....

62. Quae nōmina vōbīs sunt?

....

63. Quid discitis?

....

64. Ubi nunc estis?

....

65. Amātisne linguam Latīnam?

....

 Cāsūs

NŌMINĀTĪVUS

Nestor venit.

Equus in stabulō est. *Equī* in stabulīs sunt.

Equus pulcher est. *Equī pulchrī* sunt.

Discipula docta est.

Discipulae doctae sunt.

Templum venerābile est.

Templa venerābilia sunt.

VOCĀTĪVUS

Būcephale, venī hūc! *Marīa*, venī hūc!

Puerī, pigrī estis ! *Puellae*, garrulae estis!

Antōnī, Marce, Lūca, Victor, Fēlīx, venīte!

Tū quoque *mī filī!*

ACCŪSĀTĪVUS

Equum videō, et *servōs* in villa.

Vīsne *aquam* bibere?

- Mālō *potiōnem* Arabicam bibere,

et *crustula* comedere.

Īmus ad *villam*, ītis ad *stabulum*.

Equus est prope *villam*.

Semper lītigāmus propter *nūgās*.

GENETĪVUS

Equum *Alexandrī* videō.

Cujus equum vidēs? - *Alexandrī*.

Ad scholam *amīcōrum meōrum* eō.

Mē pudet *stultitiae tuae!*

Verba tua *parvī* faciō!

Discipulī *Christophorī* garrulī, pigrī

improbīque sunt.

DATĪVUS

Alexander foenum *Būcephalō* dat.

Servus foenum *equīs* dat.

Exercitātiōnēs *discipulō* dō.

Exercitātiōnēs *discipulae* dō.

Alexander *Rosae* epistulam mittit.

Lingua Latīna difficilis *nōbīs* est.

Ut rex lēgēs dat *cīvibus*, magister

Christophorus poenās dat *discipulīs*

improbīs.

Studeō *linguae Latīnae*.

ABLĀTĪVUS

In *cubiculō suō* Alexander sedet apud

mensam.

Calamō epistulam scrībit.

Sine *calamō* scrībere nōn potest.

Tōtō corde Rosam amat.

⦿ Scriptum prīmum

Clāmat an canit?

*Tīmōn in raedam longam **conscendit**. Gallīnam sēcum **fert** in caveā. Tum vehiculum abit. Gallīna autem **pīpāre** incipit magnā vōce. Statim **vector** Tīmōnem increpat.*

VECTOR : Nōnne pudet tē? Nōnne **miseret tē gallīnae? Terret eam vehiculum!** Gallīnās in raedā longā ferre nōn licet !

TĪMŌN : Tūne mē docēs **lēgem** urbis? Quisnam es, ō domine convector? Gallīna mea fēlīx est! Gaudet igitur et canit.

VECTOR : Nihil dīcis. Clāmat enim. Mē quidem **miseret ejus. Fame labōrat** et sitit! **Frīget** quoque in caveā! Misera est et sordida.

TĪMŌN : Satis dē gallīnā meā. **Nobilissima** est. Nōmen eī Alba. Quid autem dē **palliō** tuō? Num licet in raedā longā esse tam sordidō cum palliō? **Tuī mē miseret!**

VECTOR : Nūgās! Minimē sordidum est. Splendet enim!

TĪMŌN : Age, surge! Palliī **maculam** tibi ostendere volō!

VECTOR : Mēcum lītigāre vīs? Venī modo! Lēgem urbis tē docēre volō...

TĪMŌN : Tē doceō **meō mōre!**

*Itaque **pugnāre** incipiunt. Cadit autem cavea et effugit gallīna. In vehiculō volitāre et vectōrēs perturbāre incipit. Raeda longa vērō propter clāmōrem turbae dēcēdit viā et magnō cum strepitū intrat in **gallīnārium** prope viam situm. Tum vector ē raedā effugere vult jānuamque aperit. Statim autem **gallīnāriī** gallīnae omnēs in raedam involant et Tīmōnis cum gallīnā volitāre incipiunt. Vectōrēs propter numerum gallīnārum jam dēspērant*

VECTOR : Vae nōbīs! Gallīnae nōs invādunt! Ēheū, citō fugite!

VECTRIX : Afferte auxilium! Jam perīmus!

TĪMŌN : Quae est gallīna mea? Venī hūc, Alba mea! Cavea tē exspectat!

✏ Exercitātiō prīma :
religa initium ad sententiae fīnem

1.	Tūne mē docēs ...	... gallīnae
2.	Vīs lītigāre ...	... tē
3.	Afferte ...	... gallīnās
4.	Nōnne miseret tē ...	... lēgēs urbis ?
5.	Mē miseret ...	... tuī
6.	Gallīnam fert ...	... fame
7.	Nōnne pudet ...	... mēcum
8.	Nōn licet in raedā longā ferre ...	... auxilium
9.	Gallīna labōrat ...	... sēcum
10.	Aperit ...	... magnā vōce
11.	Gallīna pipāre incipit	... jānuam

📖 Dēclīnātiōnes prīma, secunda, tertia

	Prīma	Secunda	Tertia
Nōminātīvus	- a	- us/- um (neut.)	...
Vocātīvus	- a	- e / -um	...
Accūsātīvus	- am	- um	- em
Genetīvus	- ae	- ī	- is
Datīvus	- ae	- ō	- ī
Ablātīvus	- ā	- ō	- e (- ī)
Nōminātīvus	- ae	- ī / - a	- ēs / - a (- ia) (neut.)
Vocātīvus	- ae	- ī / - a	- ēs / - a (- ia) (neut.)
Accūsātīvus	- ās	- ōs	- ēs
Genetīvus	- ārum	- ōrum	- um / - ium
Datīvus	- īs	- īs	- ibus
Ablātīvus	- īs	- īs	- ibus

Exercitātiō secunda :
invenīte dēclīnātiōnem nōminum

Prīma, secunda, tertia?

1. **nōmen**, -inis, n. ....

2. **imperātor**, -ōris, m. ....

3. **animal**, -ālis, n. ....

4. **ostium**, -iī, n. ....

5. **gallīna**, -ae, f. ....

6. **numerus**, -ī, m. ....

7. **vehiculum**, -ī, n. ....

8. **lex**, lēgis, f. ....

9. **urbs**, urbis, f. ....

10. **famis**, -is, f. ....

11. **mos**, mōris, m. ....

12. **jānua**, -ae, f. ....

Exercitātiō tertia

Exemplī grātiā : prōpōnō verbum "crustulum".
- Ecce crustulum (nōminātīvus)
- Videō crustulum (accūsātīvus)
- Nesciō nōmen crustulī (genetīvus)
- Studeō crustulō (datīvus)
- Careō crustulō (ablātīvus)

1. puer
2. vestīmenta
3. lupus
4. dux
5. ancillae
6. discipula
7. homō
8. gladiātōrēs
9. mūsēum
10. schola
11. librī
12. tabernae
13. arbor
14. nāvis
15. prōnōmen
16. trāmina
17. insulae
18. spectāculum
19. ambulātiō
20. dux

Potestis cum hīs verbīs aliās sententiās formāre.

 Notā bene

Prīma dēclīnātiō adjectīvōrum venit ex prīma secundāque dēclīnātiōne nōminum. Secunda autem ex tertiā dēclīnātiōne nōminum venit.

PRĪMA	Magnus, magna, magnum Pulcher, pulchra, pulchrum
SECUNDA	Turpis, turpis, turpe Dīves, dīves, dīves *genetīvus cāsus : dīvitis*

CAVĒ: in secundā dēclīnātiōne, adjectīva ut dīves, prūdens, ... mūtant rādicem.

Dīves -> dīvitis.

> *Haec fēmina **dīves** est. **Dīvitis** fēminae ornāmenta videō.*

Prūdens -> prūdentis.

> *Haec fēmina **prūdens** est. **Prūdentis** fēminae sapientiam amō.*

fēlīx -> fēlīcis.

> *Haec fēmina **fēlīx** est. **Fēlīcis** fēminae fortunam admīror.*

✏️ Exercitātiō quarta : inclīnā

Exemplum : **pulchram discipulam** *videō* *[pulchra discipula]*

1. .... legō   [bonus liber]

2. .... increpō.   [improbus puer]

3. .... salūtō.   [gravis cīvis]

4. .... spectō.   [venerābile templum]

5. .... laudō.   [clārus consul]

6. .... amō.   [magnum mare]

✏️ Exercitātiō quinta : inclīnā

Exemplum :   *Mē miseret **gallīnae parvae***   *[gallīna parva]*

1. .... mē miseret   [discipulī Christophorī]

2. .... oblīviscor.   [lectiōnēs]

3. .... domus est   [dīves cīvis]

4. .... mē pudet.   [hominēs avārī]

5. .... ānulus est.   [magnum pretium].

6. .... homō est   [vīle pretium]

✏️ Exercitātiō sexta : inclīnā

Exemplum :   ***Hōrā octāvā** cēnāmus.*   *[hōra octāva]*

1. .... fēmina est   [summa pulchritūdō]

2. .... Martis tēcum cēnābō.   [diēs]

3. .... valdē careō.   [pecūnia]

4. .... epistulam scrībō.   [ruber calamus]

5. .... hostēs occīdō.   [gladius acūtus]

6. .... mihi opus est!   [amor vērus]

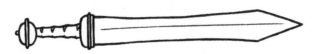

✏ Exercitātiō septima : respondē

Exemplī grātiā : Ecce aqua calida. Quid bibis ? > Bibō aquam calidam.

Ecce amīca nostra.

- Quam vidēs ?   ....
- Cujus liber est iste ? ....
- Cui cārī sumus ?   ....

Vidēs canem pulchrum.

- Cui cibum dās ?   ....
- Cum quō lūdīs ?   ....
- Quis nōbīscum adest ? ....

Ecce puer tristis.

- Cum quō condolēmus ? ....
- Quem vidēmus ?   ....
- Cujus lacrimae sunt ? ....

Sunt gladiātōrēs nōtī.

- Quibus invidēmus ? ....
- Quōrum arma sunt ? ....
- Quōs vocās ?   ....

Invideō magistrīs potentibus.

- Quī sunt ?   ....
- Quōs occīdere volunt servī ? ....
- Quōrum villae sunt ? ....

Mihi est cubiculum amplum.

- Quid habēs ? ....
- Quō caret ? ....
- Quō īs ? ....
- Cujus jānua est ? ....

Vident villās ornātās.

- Quārum hortī sunt ? ....
- Quae sunt in istā viā ? ....
- Ubi habitant ? ....

Multī sunt flōrēs rubrī.

- Quid dat mātrī suae ? ....
- Quōrum odor est ? ....
- Quibus studēs ? ....

Habeō instrūmenta idōnea.

- Quibus caret ? ....
- Quae accipis ? ....
- Quōrum nōmina dīcis ? ....

Ecce lūdibria stulta.

- Quid habet puer ? ....
- Cum quibus lūdit ? ....
- Quōrum pretium est ? ....

Amat genus hūmānum.

- Quid est ? ....
- Cujus pars es ? ....
- Cui student philosophī ? ....

⦿ Scriptum secundum

Quīnam sedent hīc?

*Rosa et Veronica in **hamaxostichō** quaerunt sēdēs suās. Victōrem et Nīcolāum vident.*
Iī autem sedent in sēdibus eārum, ut putant.

ROSA ET VERONICA :	Salvēte, vultisne nōbīs reddere sēdēs nostrās?
VICTOR ET NĪCOLĀUS :	Nōs hīc sedēmus, ut vidētis. Vōs, quaerite sēdēs alibī.
	Nōlīte nōbīs molestae esse.
ROSA ET VERONICA :	Insolentēs! In sēdibus nostrīs manēre vultis?
VICTOR ET NĪCOLĀUS :	Num vōbīs sunt sēdēs? Aperīte oculōs! Quīnam sedent hīc?
ROSA ET VERONICA :	Vestrī nōs pudet. Tenēre sēdēs condiscipulārum vestrārum
	et sedēre in iīs māvultis quam reddere eās amīcīs?
VICTOR :	Audīte omnēs! Nunc enim dē amīcitiā verba facimus!
VERONICA :	Satis, Victor. Cūr ea dīcis?
VICTOR :	Dā veniam, domina. Quae igitur verba vīs facere?
VERONICA :	Jam tacē. Vōs enim vērī amīcī nōn estis, ut patet.

Tum Rosa plōrāre incipit. Propter clāmōrem advolat hamaxostichī custōs.

CUSTŌS :	Quid est hoc? Mittite nūgās et ostendite tesserās, quaesō.
ROSA :	Accipe tesserās, domine.

Veronica autem, dum custōs tesserās inspicit, puerōs ē sēdibus eōrum jam ēicit. Tum cōnsīdit et
rīdet.

VERONICA :	Ecce, domine, ostende iīs nūgātōribus sēdēs eōrum.
	Ego enim fessa sum. Quiescere volō, dum Rōmam
	pergimus.
CUSTŌS :	Ignosce, domina, sed Rōmam nōn īmus.
	Rōmā enim venimus! – Surge igitur et redde amīcīs tuīs
	sēdēs eōrum!

✏ Exercitātiō octāva : inclīnā verba

ROSA : Difficile est in scholā singulīs diēbus adesse. Exeō domō et ambulō in .... [magnae viae], sed ....[longus, a, um] est iter, et .... [pedēs] dolent in .... [calceī pulchrī meī]. Deinde ineō in .... [turpis schola], sedeō in .... [turpis sella]. .... [pulchra coma mea] inordināta est propter .... [ventus] et aperiō .... [bulga splendida mea], et sūmō .... [speculum meum]. Christophorus clāmat .... [vox magna]. Ille dīcit: "Rosa, tantum dē .... [coma et ungues (-ium, m.pl.)] loqueris", sed rectē nōn dīcit. Ego enim cūrō .... [calceī et stola]. Christophorus tantum Latīnē loquitur, et nihil intellegō. .... [lingua Latīna] enim difficilis est.

PHILIPPUS : Difficile est in scholā singulīs diēbus adesse. Semper tardus .... [domus] exeō, et longē ambulō in .... [magnae viae], et spectō in .... [forum -ī n.] .... [sellae], ... [mensae], ... [pulchra capita] .... [discipulī -> gen. cas.] .... [discipulae], et .... [hōra] memor nōn sum, et tardus adveniō in scholām .... [lingua Latīna]. Clāmat igitur Christophorus .... [magna vox] et valdē īrātus est. Magister dīcit : « Ō Philippe, ... [vagus] es ! in .... [lūna] habitās ! » Ille nōn rectē dīcit. Ego in .... [parva casa] habitō, nōn procul ab ....[villa] .... [Alexander]. Multum per .... [fenestra] spectō, et .... [hōra] oblītus sum, et māter īrāta est, et .... [magna vox] clāmat.

ALEXANDER : Difficile est in .... [schola] .... [singulī diēs] adesse. Exeō .... [domus] et spectō in .... [hortī] .... [puellae pulchrae], et eae .... [datīvus cāsus] loquor, sed mē nōn audiunt. .... [omnēs discipulae] ambulant, et ego .... [pulchrae et dīvites discipulae] sequor, sed eae currunt, et mihi nōn loquuntur. Deinde currō ad .... [schola] et exercitātiōnēs nōn faciō. Itaque īrascitur Christophorus et dīcit : « Tantum somniās dē .... [equī] et dē .... [pecūnia]. Domus mea prope domum .... [Rosa] est, et semper .... [ea] exspectō .... [duae hōrae], in hortō, sed Rosa nunquam venit.

NĪCOLĀUS : *Ūtere hīs verbīs nōminibus adjectīvīsque, ac scriptum dē Nīcolaō ēlabōrā !*

eō ad caupōnam – mensa caupōnis – bibō – ēbrius sum – jaciō lagoenam et pōcula ad ... [hominēs sedentēs] – currō in ... [viae] – eō ad ... [schola] – jaciō librōs ad ... [condiscipulī] – Christophorus custōdēs pūblicōs vocat – mē jaciunt custōdēs in ... [carcer].

....

....

....

....

....

....

....

....

....

....

📖 Dē formātiōne adverbiōrum

Sīc formantur adverbia ex adjectīvīs :

- Adjectīvī prīmae dēclīnātiōnis in -ē dēsinunt :

Exemplī grātiā :
- doctus, a, um > doctē (Doctē docet discipulōs suōs)
- cautus, a, um > cautē (Cautē studet)
- piger, a, um > pigrē (Pigrē jacet in lectō suō)
- līber, era, erum > līberē (Canis līberē ambulat)

CAVĒ : bonus, a, um > benĕ (Benĕ videō)

- Adjectīva secundae dēclīnātiōnis in -(i)ter dēsinunt :

Exemplī grātiā :
- infēlīx, īcis > infēlīciter (Infēlīciter Helena hodiē abest)
- fortis, is > fortiter (Mīlitēs fortiter pugnant)
- potens, entis > potenter (Potenter in scaenā cantat)
- difficilis, is > difficulter (Difficulter linguās discō)

CAVĒ : facilis, is > facilĕ (Facile possum id facere)
-tristis, is > tristĕ (Triste tacet in scholā)

✏️ Exercitātiō nōna : mūtā sententiās

Exemplum :   *Fortis mīles pugnat.*   >   *Mīles fortiter pugnat.*

1.   Puer doctus studet in cubiculō.   >   ....

2.   Canit pulchrō modō.   >   ....

3.   Urbānus vir juxta nōs sedet.   >   ....

4.   Optimō modō crustula parat.   >   ....

5.   Rex Alexander tristis mortuus est.   >   ....

6.   Discipulus insolens respondet.   >   ....

7.   Librum difficilem legit.   >   ....

8.   Num vērō modō id vidēre cupīs ?   >   ....

Exercitātiō decima : scrībe epistulam

1. Salūtātiō.	2. Quid dīcere et agere vīs	3. Valē dīcere

Exemplī grātiā :

Christophorus discipulīs suīs salūtem dīcit.

Ut scītis, in insulā tropicālī propter vacātiōnēs maneō. Hīc sōl quotīdiē splendet, atque mare calidum est. Hodiē autem in aquā nōn natō, quia fessus sum. Mālō ergō in lītore jacēre et in tabernīs cibōs optimōs comedere. Vōs autem, cautē studēte linguae Latīnae. Lectiōnēs enim novās vōbīs parō. Quid vōbīs novī ? Valētisne ? Scrībite mihi, sī mē amātis. Valēte omnēs optimē.

 Lūdus : quid cupīs ?

Ēlabōrāte dialogum hōc modō :

"- Avē ! Quid quaeris ?
- Cupiō vīnum emere.
- Quot lagoenās vīs ?
- Quattuor vel quinque. Hodiē decem amīcōs ad cēnam invītō.
- Cujus generis vīnum ?
- Vīnum album mālō.
- Ecce quinque lagoenās optimī vīnī albī. Num ita libet ?
- Libet, grātiās. Ecce tibi pecūnia.
- Grātiās tibi, domine. Valē !"

Eme igitur :
- Tesserās in theātrō.
- Tesserās āeroplanī ad Novum Eboracum.
- Librum carminum Virgiliī Latīnē...

 Adagia

AD AUGUSTA PER ANGUSTA

LUPUS IN FĀBULĀ

CORVUS ALBUS

ESTNE ROMAE?

◉ Scriptum prīmum

Christophorus fugit

Christophorus hīc est. Magister est, in scholā docet. Hic Gallus est. Lūtētiae nātus est, sed Lūtētiae nōn habitat. Estne nunc in Galliā ? In Galliā nōn est : in nāve est. Unde venit ? Ē scholā venit. Quō it ? Ad insulam in Ōceanō it. Insulam petere vult.

Phoebē philosopha est. Unde oriunda est ? Germāna est. Haec Berolinī habitat, et Berolinī nāta est. Sed nunc Berolinī nōn est ; nāve iter facit. Americam petit, ad Americam it.

CHRISTOPHORUS :	Unde venis ?
PHOEBĒ :	Ē Germāniā veniō. Berolinō veniō. Unde venīs tū ?
CHRISTOPHORUS :	Ē Galliā. Lūtētiā veniō.
PHOEBĒ :	Lūtētiae habitās ?
CHRISTOPHORUS :	Lūtētiae nōn habitō, sed Lūtētiae nātus sum. Quō īs ?
PHOEBĒ :	Quō eō ? In Americam iter faciō. Novum Eboracum petō. Illīc est conventus philosophiae. Tū quō īs ?
CHRISTOPHORUS :	In insulam. Insulam ubi nēmō habitat petō.
PHOEBĒ :	Quid ? In insulā manēre vīs, in insulā sōlus vīvere vīs ?
CHRISTOPHORUS :	Certē.
PHOEBĒ :	Cūr ? Quā dē causā ?
CHRISTOPHORUS :	Linguae Latīnae magister sum.
PHOEBĒ :	Ōh. Intellegō.

✏️ Vērum an falsum?

1. Christophorus ē Galliā venit   V / R
2. Phoebē insulam petit   V / R
3. Christophorus Lūtētiae habitat.   V / R
4. Phoebē Berolinī nāta est.   V / R
5. Phoebē Berolinī habitat.   V / R
6. Phoebē in Americam it officiī causā.   V / R

UNDE ?	UBI ?	QUŌ ?
Ē Galliā veniō	In Galliā habitō	Ad / In Galliām eō
Ex Aegyptō veniō	In Aegyptō habitō	Ad / In Aegyptum eō
Rōmā veniō	Rōmae habitō	Rōmam eō
Berolinō veniō	Berolinī habitō	Berolinum eō.
Athēnīs veniō	Athēnīs habitō	Athēnās eō.

Europae charta

Lūtētia

Londinium

Matrītum

Rōma

Berolinum

❓ Interrogātiōnēs

Ubi es ?
Ubi nātus (nāta) es ?
Ubi habitās ?
Unde venīs ?
Unde oriundus (oriunda) es ?
Quā in patriā vīvis ?
Quā in urbe vīvis ?
Quō īs ?

@ Scriptum secundum

Ubi terrārum est?

Nestor irātus per viās currit. Victōrem videt et exclāmat.

NESTOR : Victor, consiste! Ubi est Nīcolāus? Age, dīc! Scīsne an nōn?

VICTOR : Salvus sīs, Nestor. Quid dīcis? Quid fit? Quā dē causā illum vituperāre vīs?

NESTOR : Fūr est, trifūr! **Hāc ratiōne** eum **castīgāre** volō: nōn sōlum verbīs, sed etiam verberibus!

VICTOR : Quidquid id est, bonō animō estō, Nestor. Nōn licet verberāre puerōs...

NESTOR : **Ubi terrārum** est Nīcolāus? Jam trēs diēs eum quaerō.

VICTOR : Abest, ut vidēs. Alibī est. Ignosce mihi...

NESTOR : Alibī? Tū bene scīs! Dīc modo! Estne Rōmae? Estne Mediolānī? Estne Cūmīs?

VICTOR : Minimē, **illīs in urbibus** nōn est. In Ītaliā enim nōn est.

NESTOR : Itane? Apud Barbarōs est? – Lūtētiae est! Immo, Berolīnī! An fortassē Tarracōne?

VICTOR : Vehementer errās, Nestor. Nōn enim est in Galliā **nēve** in Germāniā **nēve** in Hispāniā. Nec apud Rōmānōs nec apud Barbarōs est.

NESTOR : Ecce, in Graeciā est! Athēnīs est? Fūr fugere potest, nōn autem effugere.

VICTOR : **Utique** Athēnīs est! Citō Athēnās pete!

NESTOR : Grātiās tibi, Victor. Quam celerrimē in Graeciam abīre volō.

Itaque discēdit Nestor. Victor autem intrat aedēs.

VICTOR : Heūs, Nīcolāe. Respondē mihi. Vīsne **expetere mercem?**

NĪCOLĀUS : Victor, ubi est vīnum? Rēs bene sē habet? Nōlō **Nestorī in suspiciōnem** venīre...

VICTOR : Nōlī labōrāre. Ille enim iter per Graeciam facit, ut audiō.

NĪCOLĀUS : Itane? **Extra jocum?**

VICTOR : Nihil refert. Tibi quidem licet **forās** exīre aequō animō. Hīc habēs lagoenam.

NĪCOLĀUS : Grātiās tibi. Jūcundum est tēcum habēre commercium.

✏ Exercitātiō prīma : respondē

1. Quō Nestor currit ? Nestor .... currit.

2. Quō Victor vult Nestorem citō petere ? Victor vult Nestorem citō .... petere.

3. Quō Nestor vult celerrimē abīre ? Nestor vult celerrimē .... abīre.

4. Quō autem Victor intrat ? Victor autem intrat ....

5. Quō enim Nestor iter facit ? Nestor enim iter .... facit.

6. Quō quidem licet Nīcolāō exīre ? Nīcolāō quidem licet .... exīre.

✏ Exercitātiō secunda : respondē

1. Quid Nestor rogat Victorem ? Nestor rogat Victorem : " .... Nīcolāus ? "

2. Ubi Nestor suspicātur Nīcolāum esse ? Nestor suspicātur : " Estne .... ? Estne .... ? Estne .... ? "

3. Ubi Victor dīcit Nīcolāum nōn esse ? Victor dīcit Nīcolāum nōn esse .... in ...., neque in ....

4. Ubi Nestor iterum suspicātur Nīcolāum esse ? Nestor iterum suspicātur Nīcolāum esse .... aut .... aut ....

5. Ubi Victor dīcit Nīcolāum nōn esse ? Victor dīcit Nīcolāum nōn esse ... . nēve ... . nēve ... .

6. Ubi Victor suspicātur utique Nīcolāum esse ? Victor suspicātur utique Nīcolāum A........... esse.

7. Quid Nīcolāus rogat Victōrem ? Nīcolāus rogat Victōrem : " .... vīnum ? ".

8. Ubi Nīcolāus lagoenam habet ? Nīcolāus lagoenam .... habet.

✏ Exercitātiō tertia : respondē

1. Unde venit pluvia ? Pluvia venit ē caelō.
2. Unde nascitur lux ? Ē sōl... nascitur lux.
3. Unde veniunt nāvēs ? Nāvēs ē mar... veniunt.
4. Unde nascuntur lacrimae ? Lacrimae nascuntur ex ocul... .
5. Unde incipit Amor ? Amor ē cord... incipit.
6. Victor videt Nestorem currentem per viās. Deinde Victor consistit. Ergō, unde venit Nestor ? Nestor venit ē ....
7. Victor et Nestor colloquuntur. Deinde Victor intrat aedēs. Ergō, unde abit Victor ? Victor abit ā colloqui... cum Nestore.
8. Victor et Nīcolāus in aedibus sunt. Deinde Nīcolāus discedit. Ergō, unde venit Nīcolāus ? Nīcolāus venit ex ....
9. Unde exit sanguis ? Ē corpor... exit sanguis.
10. Unde crescit frūmentum ? Frūmentum ē terr... ....
11. Unde veniunt Gallī ? .... ē Galli... ....
12. Unde oriuntur Occidens atque Oriens ? .... atque .... oriuntur ... orb... terrārum.
13. Unde prūnus Armeniaca oritur ? Prūnus .... oritur ... ex Armeni... .

📖 Ablātīvus an accūsātīvus ?

	ACCŪSĀTĪVUS	ABLĀTĪVUS
DĒ LOCŌ	• **Quō īs ?** -Eō ad scholam, eō in Ītaliam, eō ad Paulī parentēs, eō Rōmam...	• **Ubi es ?** - Sum in scholā, sum in Ītalia, sum apud Paulī parentēs... • **Unde venīs ?** -Veniō ex Ītalia, abeō ab hortō, exeō ē scholā...
DĒ TEMPORE	• Soleō *octō hōrās* dormīre. (*Quamdiū?*) • Quot *annōs* nātus es ? • Tertium *annum* jam regnat. (*Quamdūdum?*)	• Spectāculum *hōrā octāvā* incipit. (*Quandō?*)

✎ Exercitātiō quarta : mūtā sententiās

Exemplum :   *Eō ad scholam.*   >   *Sum in scholā.*

1. Festīnō ad hortum pūblicum.   >   Ambulō ....

2. Currit ad urbem magnam.   >   Est ....

3. Sumus apud Helenam.   >   Īmus ....

4. Quō tendunt ?   >   .... sunt ?

5. Lupī multī sunt in silvā.   >   Paucī lupī .... exeunt.

6. Abī ad mātrem tuam !   >   Sum ....

7. Venit ex Americā.   >   Vīvit ....

8. Abit ā cubiculō suō.   >   Aditne .... ?

✎ Exercitātiō quinta : respondē

1. Quot annōs nātus es ?

2. Quandō surgis dē lectō ? (Quotā hōrā?)

3. Quamdiū dormīs ? (exemplum : septem hōrās dormiō)

4. Quandō prandes ?

5. Quandō cēnās ?

6. Quandō pensa diurna facis ?

7. Quamdūdum officium tuum geris ? (exemplum : duōs annōs jam officium meum gerō / tertium annum jam officium meum gerō).

8. Quamdūdum in urbe tuā habitās ?

📖 Dē cāsū locātīvō

Nōmina quaedam locātīvum habent. Sunt praecipuē nōmina urbium, sed etiam nōmina communia. Cāsus locātīvus indicat locum ubi sumus. Quaestiōnī "ubi ?" respondet.

Exemplī grātiā :

Rōma > Rōmae sumus.

CAVĒ : Latīnē nōn oportet dīcere "In Rōmā sumus". Mendum est !

Quōmodo formātur ?

	NŌMINĀTĪVUS	LOCĀTĪVUS
NŌMINA PRĪMAE DĒCLĪNĀTIŌNIS	RŌMA ATHĒNAE	RŌMAE ATHĒNĪS
NŌMINA SECUNDAE DĒCLĪNĀTIŌNIS	LUGDŪNUM	LUGDŪNĪ
NŌMINA TERTIAE DĒCLĪNĀTIŌNIS	CARTHĀGŌ	CARTHĀGINE

Praeter nōmina urbium, sunt etiam haec :

-domī : sum domī, id est in domō meā.

-humī : humus est terra. Humī est, id est nōn in altō locō.

-mīlitiae : mīlitiae labōrat, id est mīles est.

-rūrī : Rūrī habitat, id est rūs incolit, nōn urbem.

✏️ Exercitātiō sexta : mūtā sententiās

Exemplum : Eō Rōmam.   >   *Rōmae sum.*

1. Eō Lūtētiam.   >   ....

2. Lugdūnum petis.   >   ....

3. Hodiē Venetiās īmus.   >   ....

4. Īte Berolīnum !   >   ....

5. Annibal Carthāginem adit. >   ....

6. Abīte Mediolānum.   >   ....

7. Paulus domum it.   >   ....

8. Philosophum rūs adit.   >   ....

Dē dēclīnātiōne pronōminum persōnālium

	Prīma persōna singulāre	Secunda persōna singulāre	Prīma persōna plūrāle	Secunda persōna plūrāle	Reflexivum singulāre	Reflexivum plūrāle
Nōminātīvus	EGO	TŪ	NŌS	VŌS	-	-
Accūsātīvus	MĒ	TĒ	NŌS	VŌS	SĒ	SĒ
Datīvus	MIHI	TIBI	NŌBĬS	VŌBĬS	SIBI	SIBI
Ablātīvus	MĒ	TĒ	NŌBĬS	VŌBĬS	SĒ	SĒ

✏ Exercitātiō septima :
quaere verba quae dēsunt

Exemplum :   *Petrus venit*   >   *Sibi crustulum emit.*

1. Amō mūsicam.   >   Mūsica .... dēlectat. .... jūcunda est.

2. Ambulant in hortō.   >   Canem suum ad .... vocant.

3. Flōrēs irrigāmus.   >   Flōribus .... opus est. .... beātōs faciunt.

4. Dās Paulō vīnum.   >   .... grātiās agit, et .... invītat ad cēnam.

5. Īmus ad parentēs.   >   .... librum dant, ... valdē dēlectat.

6. Hodiē Nīcolāum invītō. >   Ad .... venit, nam apud .... bene .... habet.

7. Ecce ancilla nostra.   >   Prō .... vestīmenta ēlabōrat. .... ūtilis est.

8. Quid vīs ?   >   Ad .... venīre possum. Quid .... emere possum ?

9. Victor nūgās dīcit.   >   Quid .... vult ? Num .... videt, dum ista dīcit ?

10. Eō Rōmam.   >   Urbs .... cordī est. Nōnne .... quoque eam

    multum amās?

11. Estis filiī meī.   >   ...... dīligō, sine .... vīvere nōn possum.

12. Amant tēlevisiōnem.   >   .... theātrum mālumus, ... magis dēlectat.

13. Ubi habitās ?   >   .... rogō, quia plūra dē .... scīre cupimus.

14. Ubi est Petrus ?   >   .... adsum. Cūr .... quaeritis ? Quid ....

    vultis ?

 Dē dēclīnātiōne prōnōminis :
IS, EA, ID

Singulāris :	MASCULĪNUM SINGULĀRE	FĒMINĪNUM SINGULĀRE	NEUTRUM SINGULĀRE
Nōminātīvus	IS	EA	ID
Accūsātīvus	EUM	EAM	ID
Genetīvus	EJUS	EJUS	EJUS
Datīvus	EĪ	EĪ	EĪ
Ablātīvus	EŌ	EĀ	EŌ

Plūrālis :	MASCULĪNUM SINGULĀRE	FĒMINĪNUM SINGULĀRE	NEUTRUM SINGULĀRE
Nōminātīvus	EĪ	EAE	EA
Accūsātīvus	EŌS	EĀS	EA
Genetīvus	EŌRUM	EĀRUM	EŌRUM
Datīvus	EĪS	EĪS	EĪS
Ablātīvus	EĪS	EĪS	EĪS

259

✏ Exercitātiō octāva :
quaere verba quae dēsunt

Exemplum : *Ecce Laura.* > *Vidēsne eam ?*

1. Videō canēs. > Rūmōrem .... audiō.
.... autem nōn videō.

2. Ubi est māter ? > Rogā patrem dē ....
.... nōn videō.

3. Quaerō Paulum. > Et ego .... quaerō.
Librum .... habeō, ... dare volō.

4. Vīsitō templum. > In .... ambulō, statuās .... spectō, ... cautē
studeō, ...que in librō meō dēscrībō.

5. In villā habitat. > .... amat, quia .... est hortus pulcher. Prō ....
autem et ornamentīs .... multum solvit.

6. Ecce Philippus. > ...... est Philippus. Christophorus ...... linguam
Latīnam docet.

7. Amīcae adveniunt. > .... exspectāmus.
.... multa narrāre oportet.

8. Discipulī adsunt. > Magister .... docet
et ab .... silentium rogat.

9. Crustula parat. > Odor .... bonus est ! Jam .... comedere cupiō.
Sine ...... nōn fit bona cēna.

10. Lectiōnēs incipiunt. > .... nōbīs valdē opus est ! .... nōn multum
amāmus, sed ...... nōbīs ūtiles sunt.

11. Tēlescopium habet. > ...... est magnum instrumentum astronomicum.
In .... lūnam optimē videt. Quid autem est
pretium .... ?

𝒢 Dē dēclīnātiōne prōnōminis interrogātīvī :
magister rogat, discipulī respondent

A. Quis es ?
Quid est ?

B. Cui loqueris? Quibus loqueris?

C. Quem audīs? Quam audīs? Quōs audīs? Quās audīs?

D. Quem timēs? Quid timēs? Quam timēs?
Quem amās? Quam amās? Quid amās? Quae amās?
Quam putās? Quid putās? Quae putās?
Quid vidēs ? Quid vīs ? Quid audīs ? Quid tangis ?
Quem vidēs ? Quōs vidēs ?
Quam vidēs ? Quōs vidēs ?

E. Cujus calamus est ? Quōrum mensa est ? Quārum mensa est ?
Cujus frāter es? Cujus discipulus es?
Quōrum magister sum? Quārum magister sum?

F. Quōcum ambulās? Dē quō loqueris? Sine quō, sine quā vīvere nōn potes?
Cui librum dās? A quō librum accipis?

G. Quō carēs? Quibus carēs? Cui vītam tuam dās?

Quam amās?

Lūdus prīmus

Nunc discipulī interrogātiōnēs fingunt, ex imprōvīsō. Oportet chartulās parāre in quibus scripta sunt prōnōmina :

QUIS / QUĪ / QUEM / QUAM / QUID / QUAE (f.) / QUAE (*n. pl.*) / CUI / CUJUS / QUŌRUM / QUĀRUM / QUŌ / QUĀ / QUIBUS (*dat.*) / QUIBUS (*abl.*).

Omnēs acervum chartulārum habent ante sē. Lūsor minor nātū incipit, et chartulam vertit in mediā mensā. Interrogātiōnem fingere dēbet.

> Sī interrogātiō recta est, chartam pōnit in mediā mensā.
> Sī interrogātiō ejus falsa seu barbarica est, omnēs chartulās in mediā mensā positās accipere dēbent !
> Prīmus quī rectē, bene vel facētē respondet chartulam ūnam quoque rēicere potest.

Quī nullās chartulās habet victor lūdī est.

Ex. : Cui flāva coma est ? - Sophiae est.

Exercitātiō nōna :
quaere verba quae dēsunt

Exemplum :   *Quis adest, amīce ?*   >   *Quem vidēs, amīce ?*

1. Quī Barbarōs pugnant ? > .... pugnant Barbarī ?
2. Video eam in hortō. > ..... in hortō vidēs ?
3. Esne tū puer in imāgine ? > ...... vidēmus in imāgine ?
4. Accipimus flōrēs ex eīs. > .... dant flōrēs ?
5. Nōmen eōrum pulchrum est. > Dē .... dīcis ?
6. Cubiculum ejus est. > .... cubiculum est ?
7. Studet historiae cum Paulō. > .... studēs tū ? Cum .... ?
8. Vult occīdere ancillam suam. > .... occīdere vult ?
9. Mihi jūcundum est. > .... tē dēlectat ?
10. Eum valdē dēlectat mūsica. > .... amat ? Num classicam ?
11. Carētis pecuniā. > .... opus est pecuniā ?
12. Amāmus statuās Graecās. > .... statuae dēlectant ?
13. Carent vestīmentīs calidīs. > .... carent ?
14. Nōnne amās eam ? > ...... amat puella ?
15. Decem fīliōs habet Marīa. > .... sunt decem fīliī ?
16. Templa vīsitāmus hodiē. > In .... ambulāre libet ?

⚅ Lūdus secundus

Quīque discipulī rem capiunt (vel chartulam in quā rēs dēlīneāta est).
Rēs sunt : corōna, gladius, baculum, rosa, speculum, nummus, sceptrum, laurī corōna, …

Alter discipulus in mediō venit rem suam ferens ; alter discipulus dīcit « **tē … esse putō** »
exempla :
Tē rēgem esse putō ! (quia tū corōnam habēs).
Tē Caesarem esse putō ! (quia tū laurī corōnam habēs)
Tē viātōrem / senem / peregrīnum esse putō ! (quia tū baculum habēs)

⚅ Lūdus tertius

In mensā sunt duo acervī chartulārum :
in prīmō acervō, nōminis chartulae sunt ;
in alterō acervō, mandātī chartulae.

Lūsor ex acervīs chartulam capit quam vertit pōnitque in mensā.
Ille sententiam facere dēbet, quō in initiō verbum « **oportet** » est.

Exemplum : **elephantum dēlīneā! + Marcus = Oportet Marcum elephantum dēlīneāre**
(vel : Marcum elephantum dēlīneāre oportet). Tum Marcus pārēre dēbet, et elephantum
dēlīneāre.

Sī lūsor nōmen suum capit, ille dīcit : **Oportet mē elephantum dēlīneāre.**
(vel : Mē elephantum dēlīneāre oportet). Tum ille elephantum dēlīneat.

MANDĀTA :
Ad pariētem curre et statim ad sellam revenī
Duōs nummōs condiscipulō tuō vīcīnō dā.
Ululā ut lupus.
Susurrā ut ventus
Magistrum bene laudā.

Etc.

🎲 Lūdus quartus

PARS PRĪMA :

In nōminis acervō nunc sunt nōmina :

Jūlius Caesar, Hannibal, Rōmulus, Lūcius Jūnius Brūtus, Tarquinius Superbus, Nerō, Marcus Jūnius Brūtus, Tiberius Cornēlius Gracchus, Scīpiō Aemiliānus

In mandātōrum acervō sunt haec :

Alpēs transīre
Caesarem interficere
Rōmam condere
Rem pūblicam condere
Carthāginem destruere
Ante Rōmae incendium cantāre.
Rubicōnem transīre.
Pauperibus agrōs dare.

Quīque discipulī nōminis chartulam capiunt ; discipulus aliquis chartulam « mandātī » capit, et dīcit, exemplī grātiā : « **Mē Alpēs transīre oportet !** »

Discipulī possunt dīcere : « **Tē Hannibalem esse putō !** »

PARS SECUNDA :

Nunc : discipulus mandātī chartulam capit, et mōre mīmōrum fingit !
Aliī discipulī persōnam invenīre dēbent, et dīcunt : « Tē Hannibalem esse putō ! »
Discipulus respondet : mē Hannibalem esse putās ? - Rectē dīcis, Hannibal sum / Pravē dīcis, Hannibal nōn sum.

✏️ Exercitātiō decima :
putō tē bene discere.

Exempla : Nōnne tū bene discis ? > Ego putō tē bene discere.
Nōnne Veronica studiōsa est? -> Ego putō Veronicam studiōsam esse.

1. Nōnne Philippus sērō advenit?
2. Nōnne difficilis lingua Latīna est?
3. Nōnne Nīcolāus parentēs suōs libenter audit ?
4. Nōnne Christophorus magnā vōce clāmat?
5. Nōnne singulīs diēbus mūsicam audīs?
6. Nōnne Nestor Nīcolāum verberāre vult?
7. Nōnne lupus Philippum terret?
8. Nōnne Rosa in speculō sē videt?

@ Scriptum tertium

Nisi jam mortuus est, …

Philippus et Veronica Alexandrum forās ēvocant. Ad jānuam stant et maximā vōce clāmant.

VERONICA : Alexander! Age, ostium aperī, quaesumus! Ubi est Būcephalus?

PHILIPPUS : Adestne? Valetne? Audī nōs, Alexander! Festīnā! Num **surdus** es?

Tandem aliquandō Alexander appāret.

ALEXANDER : Salvī sītis, amīcī. Quid accidit?

PHILIPPUS : Nescīs? Būcephalus magnō in perīculō est, ut dīcunt.

VERONICA : Ita. Omnēs **equum tuum in perīculō capitis** esse dīcunt!

ALEXANDER : Quid dīcitis de Būcephalō? Putō **eum in stabulō esse** cēterīs cum equīs.

VERONICA : Nūgās! **Abesse** enim **eum** dīcunt! **Eum in spēluncā lātrōnis captum esse** ferunt. **Niveīs in montibus eum frīgēre** putant.

PHILIPPUS : Scīmus igitur **rem male sē habēre,** Alexander. Nisi jam mortuus est, oportet **nōs Būcephalō adesse eumque sine morā ē perīculō ēripere!**

Tum subitō exaudiunt hinnītum. Alexander sē vertit et rīdet.

ALEXANDER : Būcephale, scīsne **nōs dē tē sermōnem habēre?** Vīsne nōbīscum dēplōrāre mortem tuam?

*Philippus et Veronica subitō obmutescunt. **Larvam** enim **sē vidēre** putant. Tacent. Perpallidī fiunt. Tum equus iterum hinnit. Alexandrī amīcī statim exclāmant et magnō cum clāmōre fugam petunt.*

🅖 Accūsātīvus cum infīnitīvō

"Accūsātīvus cum INFĪNITĪVŌ" sive "sententia infinitīva" pars sermōnis est quae habet SUBJECTUM ACCŪSĀTĪVUM et VERBUM INFĪNĪTĪVUM ; ostendit sermōnem oblīquum.

Exemplī grātiā :

SERMŌ RECTUS	SERMŌ OBLĪQUUS
Est tōtō diē in hortō suō et vacat.	*Sciō* EUM tōtō diē in hortō suō ESSE et VACĀRE
Canēs pulchrī sunt.	*Arbitrātur* CANĒS pulchrōs ESSE
Legō tōtum librum.	*Dīcit* SĒ tōtum librum LEGERE.

🎲 Lūdus quintus :
lege, rogā et age hās dēfīnītiōnēs !

* Quid inest in mālō purō ? Nihil ! Quid inest in mālō putrefactō ? Lumbrīcī !

* Quid significat rogitāre ? Rogitāre est rogāre et rogāre et adhūc rogāre, in modō familiārī.

* Quid est fūr ? Homō quī capit ornāmenta in tabernā sine pecūniā... est fūr et fūr it in carcerem !

* Quae sunt nūgae ? Nūgae sunt facētiae, id est rēs jūcundae, rēs quae movent rīsum in faciē. In exercitū mīlitēs dīcunt inter sē multās facētiās, multās nūgās, et rīdent et fiunt jocōsī et paulum laetiōrēs...

* Quid sibi vult « quīn » ? « Quīn » significat « quidnī », id est « quid nōn », id est « cūr nōn », id est « quā dē causā nōn ».

* Quid est larva ? Larva est anima mortua corporis cujusdam. Larva est alba, ut nivēs in montibus, ut hieme. Larva quoque est perlūcida, id est lux transit trans larvam. Larva volat trans āerem. Larva terrenda est. Sī puerī vident larvam, lacrimant ob pavōrem !

* Quid est intemperiēs ? Intemperiēs est īra. Intemperiēs est mōmentum ubi nōn potes tē temperāre. Sī quis fūrātur pecūniam tuam, nōn potes tē temperāre, intemperiem habēs, īrās habēs !

* Quid est insānia ? Insānia est morbus quī capit ratiōnem tuam ! Sī es insānus, ergō insānia cēpit ratiōnem tuam, nōn jam habēs ratiōnem. Et nescīs hoc... quia insānus es ! Insānus jam nihil scit. Insānī nōn perīculōsī vīvunt nōbīscum quotīdiē. Insānī perīculōsī manent in domō ubi nōn possunt male facere.

* Quid significat « haud » ? « Haud » significat « nōn ».

✎ Exercitātiō undecima :
mūtā sententiās

Exemplum : Paulus doctus est.　　　>　　　*Dīcō Paulum doctum esse.*

1. Operistitium facimus. > ....
2. Bonum vīnum bibō. > ....
3. Abit ex scholā. > ....
4. Germāni urbānī sunt. > ....
5. Hominēs dīvitēs beātī nōn sunt. > ....
6. Impedīmenta addūcit. > ....
7. Amīcōs suōs amat. > ....
8. Graeciam tōtam lustrant. > ....
9. Amō mūsicam. > ....
10. Vult ad piscīnam īre. > ....
11. Bella horribilia semper sunt. > ....
12. Barbarī Rōmam dēlent. > ....
13. Cerevīsia nōs dēlectat. > ....
14. Multa vidērunt. > Dīcunt sē ....
15. Saepe tēcum īmus. > ....
16. Advenit trāmine hōrae nōnae. > ....
17. Puella mē dīligit. > ....

ⓐ▶ Scriptum quartum :
(Juxtā Plautum, Aululāria, IV,4)

Titus Maccius Plautus (CCL-CLXXXIV ante Christum) est scriptor cōmoediārum Latīnus. In hāc scaenā, senex, nōmine Eucliō, Strobilum servum suum vituperat, nam eum fūrem habet.

EUCLIŌ : Ī, forās, forās, lumbrīce !

STROBILUS : Quae tē mala crux agitat ? Quid tibi mēcum est commerciī, senex ? Quā mē causā verberās ?

EUCLIŌ : Verberābilissime, etiam rogitās, nōn fūr, sed trifūr ?

STROBILUS : Quid vīs tibi ?

EUCLIŌ : Pōne hoc, sīs: nōn ego nunc nūgās agō.

STROBILUS : Quīn tū dīcis quidquid est, suō nōmine ?

EUCLIŌ : Ostende hūc manūs.

STROBILUS : Ēn tibi.

EUCLIŌ : Ostende !

STROBILUS : Ecce eās.

EUCLIŌ : Videō. Age, ostende etiam tertiam.

STROBILUS : Larvae hunc atque intemperiēs insāniaeque agitant senem. Facisne injūriam mihi annōn ?

EUCLIŌ : Quia nōn pendēs, maximam. Agedum, excutedum pallium !

STROBILUS : Ēn tibi.

EUCLIŌ : Nunc laevam ostende. Jam inquirere mittō. Redde hūc !

STROBILUS : Quid ?

EUCLIŌ : Ah, nūgās agis. Certē habēs.

STROBILUS : Habeō ego ? Quid habeō ?

EUCLIŌ : Nōn dīcō ? Audīre expetis ? Id meum quidquid habēs, redde !

STROBILUS : Insānīs !

EUCLIŌ : (Hic nihil habet.) Abī, quō libet.

STROBILUS : Haud male agit grātiās...

« Verberābilissimus », jocus est, significat hominem, cum valdē oportet eum verberāre.
« Trifūr » jocus est, dēsignat fūrem maximum.
« sīs » id est sī vīs ; « annōn », id est an nōn ; « maximam », id est maximam injūriam faciō.
« Agedum », id est, age igitur ; « excutedum », id est excute igitur, vel celeriter.

✏️ Exercitātiō duodecima : respondē

1. In initiō, quō mittere vult Strobilum Eucliō ?

2. Cūr nōn potest Strobilus exīre ?

3. Strobilī sententiā, num bene sē habet Eucliō ?

4. Quid vidēre vult Eucliō ? Quot rogat manūs ?

5. Quid excutit Strobilus ? Inestne aliquid ?

6. Tuā sententiā, quid vult accipere Eucliō ?

7. Estne Strobilus fūr annōn ?

8. Tuā sententiā, insānitne senex ?

❓ Adjectīva interrogātīva :
interrogātiōnēs

Quī discipulus est?

Quem discipulum vidēs?

Cui discipulō loquor?

Quōcum discipulō ambulō?

Cujus discipulī haec rēs est?

Quae discipula est?

Quam discipulam audīs?

Cui discipulae pilam jaciō?

Quācum discipulā ambulō?

Cujus discipulae hic calamus est?

Quod pōculum est meum?

Quod pōculum bibere vīs?

Quō pōculō bibis?

Quī librī sunt ?

Quōs librōs amās ?

Quibus amīcīs epistulam mittis ?

Sine quibus librīs vīvere nōn potes ?

Quōrum discipulōrum mensa haec est ?

Quae discipulae sunt hīc ?

Quās discipulās vidēs ?

Quārum discipulārum mensa est ?

Quae pōcula sunt vestra ?

Etc.

✏ Exercitātiō decima tertia :
respondē

Quī vir est ? (quod nōmen eī est?)

....

Quae puella est ?

....

Quam puellam vir īrātus spectāt ?

....

Quī liber in mensā est ?

....

Cui virō puella loquitur ?

....

Quod bracchium puella tollit ?

....

Cūr īrātus est vir ?

....

Quid puella dīcit ?

....

Quōs discipulōs vidēs ?

....

Quī discipulus sērō advenit ?

....

Quod animal vidēs ?

....

Quī vir magnā vōce clāmat ?

....

Quī discipulus ante magistrum stat ?

....

✏ Exercitātiō decima quarta : invenī verba quae dēsunt

1. Habeō librum istum. -......... librum dīcis ? .... scriptōris ? .... liber est ?

2. In .... urbe habitās ? .... urbem māvīs ? .... urbis theātrum māvīs ?

3. .... instrūmenta habēs ? Sine .... instrūmentīs labōrāre nōn potes ?

4. .... genus mūsicae māvīs ? .... generis est ista ?
   .... generī mūsicae studēs ?

5. Ad ..... amīcum festīnās ? .... amīco vīnum dare vīs ?
   Sine ..... amīco vīvere nōn potes ?

6. .... animālia timōrem suscipiunt ? .... animālia nōn amās ?
   Cum .... animālibus habitāre tolerās ?

7. .... discipulī cautē student ? .... discipulōs castīgāre vīs ? ....
   discipulōrum nōmina adhuc ignōrās ? Ē .... discipulīs semper nūgās audīs ?

8. .... flōrēs amās ? .... flōrēs tē dēlectant ? .... flōrum odōrem dīligis ?

9. Ad .... tabernās īre solēs ? In .... tabernīs bene comedis ?
   .... tabernae nōtae sunt ?

10. .... puellīs invidēs ? Dē .... puellīs ista dīcis ?
    .... puellās invītāre cupis ?

11. .... imperātor mīlitēs dūcit ? .... imperātōris villa ista est ? ....
    imperātōrem cupiunt Barbarī occīdere ? .... imperātōrī student historicī ?

12. .... documentum spectās ? .... documentī imāginēs sunt ?
    In .... documentō responsum invenīre possum ?

❓ Adjectīva indicātīva : interrogātiōnēs

A.
Ubi liber est? Ubi fēlēs est? Ubi pirum est?
Ubi pōculum est? Ubi flōs est? Ubi gladius
est? Ubi saccus est? Ubi lagoena est? Etc.

> Hīc. (sī juxtā mē est)
> Istīc. (sī juxtā tē est)
> Illīc. (sī remōtum est aut juxtā aliquem).

B.
Magister : hīc sum. Petrus illīc est.
Jōhannes, venī hūc ! ... Jōhannes hīc est.
Ubi est Petrus ?
- Illīc.
Ubi est Jōhannes ? - Hīc est, juxtā mē. Ubi
est Jōhannes, Flāvia ?
Flāvia > Istīc est, magister, juxtā tē !

Petre, venī hūc, Jōhanne, abī illūc.
Ubi nunc est Jōhannes ? Ubi est Petrus ?

C.
Ubi pila alba est? > Hīc. (In mensā mea).
Ubi pila rubra est? > Istīc. (In mensā tua).
Ubi pila flāva est? > Illīc.

D.
Haec pila (mea) alba est; ista (tua) rubra est;
illa flāva est.
Hic liber magnus est; iste liber parvus est;
ille liber ingens est.
Haec lagoena...
Hoc pōculum... istud ... illud ...
Hoc pirum...
Haec sella...
Haec fēlēs...
Hic calamus...
Hic gladius...
Haec oculāria... ista ... illa ...
Hī calamī... istī ... illī ...
Hī flōrēs...
Hī nummī...
Etc.

Quō colōre hic liber est? Quō colōre iste
liber est? (nōlī digitō ostendere!)
Quō colōre hoc mālum est?
Quō colōre istud mālum est?
Quō colōre haec charta est?
Quō colōre ista charta est?
Etc.

🍵 Mandāta

A.
Dā mihi istam lagoenam (in mensā tuā).
Ī illūc et cape illam lagoenam, deinde revenī
hūc, mihi tandem illam lagoenam dā.
Etc.

B.
Cape hunc calamum et hunc librum;
cape istum gladium et istud baculum.
Cape hoc mālum ; pōne hoc istīc.
Cape istum flōrem – istum pōne hīc.

C.
Aperī istam fenestram.
Nunc, venī hūc et aperī hanc fenestram.

D.
Jace istam pilam hūc.
Jace istam pilam illūc.

📖 Dē dēclīnātiōne adjectīvorum indicātīvorum

Singulāris :	MASCULĪNUM SINGULĀRE	FĒMINĪNUM SINGULĀRE	NEUTRUM SINGULĀRE
Nōminātīvus	ISTE	ISTA	ISTUD
Accūsātīvus	ISTUM	ISTAM	ISTUD
Genetīvus	ISTĪUS	ISTĪUS	ISTĪUS
Datīvus	ISTĪ	ISTĪ	ISTĪ
Ablātīvus	ISTŌ	ISTĀ	ISTŌ

Plūrālis :	MASCULĪNUM SINGULĀRE	FĒMINĪNUM SINGULĀRE	NEUTRUM SINGULĀRE
Nōminātīvus	ISTĪ	ISTAE	ISTA
Accūsātīvus	ISTŌS	ISTĀS	ISTA
Genetīvus	ISTŌRUM	ISTĀRUM	ISTŌRUM
Datīvus	ISTĪS	ISTĪS	ISTĪS
Ablātīvus	ISTĪS	ISTĪS	ISTĪS

Singulāris :	MASCULĪNUM SINGULĀRE	FĒMINĪNUM SINGULĀRE	NEUTRUM SINGULĀRE
Nōminātīvus	HIC	HAEC	HOC
Accūsātīvus	HUNC	HANC	HOC
Genetīvus	HUJUS	HUJUS	HUJUS
Datīvus	HUIC	HUIC	HUIC
Ablātīvus	HŌC	HĀC	HŌC

Plūrālis :	MASCULĪNUM SINGULĀRE	FĒMINĪNUM SINGULĀRE	NEUTRUM SINGULĀRE
Nōminātīvus	HĪ	HAE	HAEC
Accūsātīvus	HŌS	HĀS	HAEC
Genetīvus	HŌRUM	HĀRUM	HŌRUM
Datīvus	HĪS	HĪS	HĪS
Ablātīvus	HĪS	HĪS	HĪS

📖 Dē ūsū eōrum

« **Ille, illa, illud** » eōdem modō ac « iste, ista, istud » dēclīnātur, sed rem dēsīgnat remōtiōrem. Prōnōmen « hic, haec, hoc » dēsīgnat rēs vīcīnās.

	HIC, HAEC, HOC	ISTE, ISTA, ISTUD	ILLE, ILLA, ILLUD
Adjectīva :	Hic puer juxtā mē est.	Iste puer piger est, vidē eum, dormit in scholā.	Ille puer in Americā habitat.
Ubi est ?	**HĪC** Paulus est hīc, in scholā, juxtā mē.	**ISTĪC** Paulus est istīc, cum amīcīs suīs sedet.	**ILLĪC** Paulus est illīc, in forō. Eum nōn videō.
Quō tendit ?	**HŪC** Paulus hūc venit, in villam nostram.	**ISTŪC** Paulus istūc it, ubi sunt crustula.	**ILLŪC** Paulus illūc iter facit, quia Germāniam vīsitāre vult.
Unde venit ?	**HINC** Paule, exī hinc, mihi molestus es !	**ISTINC** Paulus istinc exit : ista enim est villa ejus.	**ILLINC** Paulus illinc venit : nātus est in Americā.

In sententiā, adjectīva "hic, haec, hoc" et "ille, illa, illud" dēsīgnant variōs hominēs, secundum locum, quem in sententiā tenent :

Exemplī grātiā :
Petrus raedam habet, Paulus autem raedā caret : ille gaudet, hic nōn.

Ille = Petrus (quia remōtior in sententiā est)
Hic = Paulus (quia proprior est in sententiā)

Exercitātiō decima quinta :
quaere verba quae dēsunt

1. Hanc imāginem multum amō. .... imāgō mē valdē dēlectat. Pulchritūdō ....
   imāginis mē movet. In .... imāgine vidēmus urbem nostram.

2. Istum puerum tolerāre jam nōn possum. .... puer fūr est. Dē .... puerō
   nōlī talia dīcere ! Pater .... puerī dux meus est !

3. Hoc pallium meum est. Sine .... palliō exīre nōlō. .... pallium redde mihi.

4. Nōlō istās nūgās audīre. .... nūgae semper in tēlevisiōne sunt.

5. Hic annus laetus est. .... annō volō iter Rōmam facere. Initium .... annī
   faustum est. Vīsne .... annum cum vīnō celebrāre ?

6. Illī magistrī doctī sunt. Invideō .... magistrīs : multa enim sciunt. Responsa
   .... magistrōrum semper docta sunt. Vidēsne .... magistrōs ?

7. Hī senes avārī sunt. .... senēs nōn amō. .... senum pecūniam habēre
   cupiō. Dē .... senibus multī hominēs verba faciunt.

8. Hās villās spectās ? .... villae sunt nōtōrum histriōnum. In .... villīs
   habitant hominēs dīvitēs. Nōnne hortī .... villārum pulchrī sunt ?

9. Vidēsne haec templa ? Nōmina .... templōrum ignōrō. In .... templīs
   sunt multae statuae. Quae sunt .... templa ?

10. Istud animal aegrōtat. Nōlī cum .... animālī intrāre ! Odor .... animālis nōn
    mē dēlectat. Nōlī .... animal occīdere !

11. Ecce filius vīcīnōrum. In hortō lūdīt frāter ejus. Dissimilēs sunt : hic enim libenter
    studet, ... autem stultus est. Quis est igitur .... puer quī ad nōs venit ?
    -.......... puer est filius meus.

🎲 Lūdus : agite partēs

Prīmus discipulus Eucliōnis partem agit, alter Strobilī :

EUCLIŌ : "Ī, forās, forās, lumbrīce !
STROBILUS : -*Quae* tē mala crux agitat ? Quid tibi mēcum est commerciī, senex ?

Quā mē causā verberās ?"
Nunc oportet alium finem invenīre....

Epigramma Martiālis (V, 43)

Marcus Valerius Martiālis (XLII-CI annō Dominī) est poēta Rōmānus. Laecānia et Thāis sunt nōmina muliērum Rōmānārum.

Thāis habet nigrōs, niveōs Laecānia dentēs.
Quae ratiō est ? Emptōs haec habet, illa suōs.

📜 Adagia

ABĪ AD MALAM CRUCEM

PURGĀ URBEM

INJŪRIĀRUM REMEDIUM EST OBLĪVIŌ

> **Vae tibi Nīcolāe !**
> **Ubi est cornū tuum ?**

OPORTET CORNŪ REPERĪRE!

🎲 Lūdus manūs (1)

1. Quid est ? **Manus** est.
2. Quae manus est ? - **Manus** dextera, manus sinistra.
3. Quālis manus est ? - **Manus** longa, parva.
4. Manum aperī – **Manum** dexteram, **manum** sinistram aperī. Nunc claude **manum**. Tolle **manum**. Dēpōne **manum**. *Etc.*
5. Cujus digitus est ? Digitus **manūs** est. Unguis **manūs**. Līnea **manūs**. Quālis līnea vītae est ? Līnea vītae longissima est ! Quae lineae **manūs** sunt ? Līnea vītae, līnea fēlīcitātis, līnea cordis et līnea capitis.
6. **Manū** mē salūtā. **Manū** condiscipulum salūtā, quaesō.
7. Quot digitī **manuī** sunt ? Quinque digitī **manuī** sunt. Tū, **manuī** meae loquere !

Quarta dēclīnātiō:
fēminīnum & masculīnum genus

CĀSUS	SINGULĀRIS
NŌMINĀTĪVUS	Ecce MANUS mea.
VOCĀTĪVUS	Ō MANUS scelerāta !
ACCŪSĀTĪVUS	Video MANUM tuam.
GENETĪVUS	Ecce forma MANŪS ejus.
DATĪVUS	Studeō MANUĪ pictōris.
ABLĀTĪVUS	Tibi opus est MANŪ ūnā.

Lūdus exercitūs

Dux exercituī imperat (exercitus ducī pāret).

- Ego exercituī imperō ! Exercitus, mihi pāre ! Bene ! Jussus meus est ! Jussū meō, pārēte ! Manū mē salūtāte ! « Avē imperātor ! », bene est.
Tollite manum ! Dēpōnite manum. Aperīte manum ! Claudite manum. Bene. Opus est discipulīs linguam Latīnam exercēre !

Vōs estis dexterum cornū ! Dexterum cornū exercitūs estis !
Vōs estis sinistrum cornū ! Sinistrum cornū exercitūs estis !
Pars exercitūs sinistra vel dextera « cornū » dicitur. Quot sunt cornua, stultī ? Duo sunt cornua ! Cornū sinistrum et cornū dexterum !

Tū, mūsice : cornū tuum est. Cornū tuum cape ! Cornū cane ! Cornū sonā ! Cornū mīlitēs vocā !
Exercitus ! Sonitū cornūs ambulāte ! Sonitū cornūs consistite ! Cornūs sonitū pugnāte !
Cornū audīs, ō piger ? Vīsne manum meam in faciē tuā ?

Vidētisne tabulam ? Quid in tabulā legitis, dextrum cornū ?
Quid in tabulā legitis, sinistrum cornū ?
QUARTA DĒCLĪNĀTIŌ ! Bene !

Nunc, mīles mūsice, cane receptuī ! Quid est receptus ? Nōn nōvistis receptum ?
Receptus hoc est : fugite, omnēs !!!

Mandāta scrībere possumus in chartulīs ; ūnus ē discipulīs dux fit et mandāta legit.

Quarta dēclīnātiō:
neutrum genus

CĀSUS	SINGULĀRIS
NŌMINĀTĪVUS	Ecce CORNŪ taurī.
VOCĀTĪVUS	Ō CORNŪ potens !
ACCŪSĀTĪVUS	Videō CORNŪ taurī.
GENETĪVUS	Spectā formam CORNŪS.
DATĪVUS	Studeō CORNUĪ huic antīquō.
ABLĀTĪVUS	Opus est CORNŪ.

Lūdus : lege, rogā, respondē, et age dēfīnītiōnēs!

* Quid est diēs ? Diēs est tempus ubi sōl lūcet in caelō, diēs nōn est nox et nox nōn est diēs, post diem est nox !

* Quid est merīdiēs ? Merīdiēs est momentum ubi sōl lucet in mediō caelō, in summō caelō, merīdiēs est medius diēs ! Merīdiē tū comedis prandium tuum in scholā...

* Quid est speciēs ? Speciēs est prīma rēs quam vidēs in aliīs. Sī magistra tua ambulat procul in viā tuā, prīmum nōn audīs eam, prīmum vidēs eam, agnoscis speciem ejus, imāginem ejus, aspectum ejus, dīcāmus, ... et speciem ejus bene cognoscis quia magistra tua... sevēra est ! Tū habēs speciem ejus in mente, sine dubiō !

🖐 Mandāta: Pygmaliōn

Magister	Tū es Pygmaliōn. Quis es ?
Discipulus	Pygmaliōn sum.
Magister	Affer marmorem. Quae ista rēs est ?
Discipulus	Haec rēs *marmor* est.
Magister	Quae est ?
Discipulus	Māteriēs est.
Magister	Cape māteriem tuam (saxum, marmorem...). Māteriēs est. Quid est ?
Discipulus	Māteriēs.
Magister	Quid capis ?
Discipulus	Māteriem.
Magister	Nunc cape *caelum* et sculpe !
Magister	Quandō Pygmaliōn sculpit ? Tōtum diem sculpit. Quandō sculpis ?
Discipulus	Tōtum diem.
Magister	Inspice speciem imāginis. Inspicisne speciem ? Quid inspicis ?
Discipulus	Speciem inspiciō.
Magister	Quid est ?
Discipulus	Speciēs.
Magister	Nunc sculpe faciem. Quid sculpis ?
Discipulus	Faciem.
Magister	Quid est ?
Discipulus	Faciēs.
Magister	Ō quam pulcherrima est faciēs! Nunc amor faciēī et speciēī tē tenet ! Quis tē tenet ?
Discipulus	Amor faciēī et speciēī !

🔖 Dē quinta dēclīnātiōne singulārī

CĀSUS	SINGULĀRIS
NŌMINĀTĪVUS	RĒS mea est.
VOCĀTĪVUS	Ō cōmica RĒS !
ACCŪSĀTĪVUS	REM totam narrō.
GENETĪVUS	REĪ finem ignōrō.
DATĪVUS	REĪ huic studeō.
ABLĀTĪVUS	Hāc RĒ opus est.

✏️ Exercitātiō prīma : respondē !

Sculptor fictam imāginem, vel columnam, sculpit.

* Quid spērat sculptor ? Sculptor habet sp... pulchram fictam imāginem sculpere.
* Quō ūtitur sculptor ? Māteri... saxī, vel petrae, ūtitur sculptor.
* Quandō sculptor sculpit ? Singulīs di... sculptor perficit fictam imāginem suam.
* Quidnam sculptor inspicit ? Sculptor inspicit speci... columnae.
* Quā dē causā mīrātur sculptor ? Sculptor mīrātur ob pulchritūdinem faci... fictae imāginis.
* Quid sculptor cognoscit ? Sculptor optimē cognoscit r... dē arte acūtē sculpendī.
* Quamdiū sculptor sculpit ? Sculptura vīta sculptōris est, tōtum di... sculptor sculpit !

Notā bene

Quinta dēclīnātiō pertinet ad nōmina fēminīna et masculīna. Verbum tamen "diēs" interdum masculīnum, interdum fēminīnum est. Genus ejus pendet ab ūsū :

-Hodiē est diēs longa. (Diem praecīsam dēsīgnat)
-Tōtō diē labōrō (hīc, diēs est spatium temporis)

ⓐ Scriptum prīmum

Dē fābulae actū

*Omnēs discipulī **merīdiē** in scholā sunt. **Vespere** enim fābulam dare volunt. Hic **diēs** est maximī mōmentī! Jam scaena in scholae atriō structa est. Itaque Veronica condiscipulōs fābulam docet:*

VERONICA : Omnēs dīligenter, quaesō, **attendite**. – Jam tacēte! Iterum fābulam agere volumus. Prīmum fit chorī **introitus**. Tum autem, Alexander, tū rēgem agis, nōnne ita est? In principiō sedēs in soliō. Philippus **magistrātum** agit. In scaenam **prōdit** rēgemque adit.

PHILIPPUS : Itane? Alexander jam ante **adventum** meum in scaenā sedet?

VERONICA : Certē! Quem adīre vīs, nisi Alexandrum? Rēgem igitur implōrās. Nōn enim vīs in exsilium īre. Venēnum rēgī ostendis et tē mortem dēsīderāre dīcis. Tum repente omnēs **sonitum cornūs** audīmus et Nīcolāus rēgis **domum intrat**. Ephēbus pulcher est et **cornū** in **manū** tenet.

NĪCOLĀUS: [*clāmat:*] Taratantara!

VERONICA : Nīcolāe, ubi est **cornū** tuum?

NĪCOLĀUS: Nihil refert. Ē **cornū** enim neque bibere soleō.

VERONICA : Vae tibi! Tacē et quaere cornū tuum! – Ephēbus igitur est rēgis fīlius ac **magistrātūs** amīcus. Ergō rēx fīliī suī **reditū** gaudet. Fīlius autem **magistrātuī** adesse vult et rēgis misericordiam implōrat. Rēx Philippō veniam dat et amīcī laetī **domō** exeunt. Deinde Alexander regīnam **domum** invocat.

ROSA: Ego regīnam agō! Regīna sum. Ecce stola alba! Candida est!

VERONICA : **Prīmā speciē** quidem pulcherrima es, Rosa. In animō autem habēs Alexandrum occīdere, ut bene scīmus. Iterum fit **cornūs sonitus...**

NĪCOLĀUS: [*clāmat:*] Taratantara!

VERONICA : Satis, Nīcolāe! Oportet tē **cornū** reperīre. – Nīcolāus et Philippus igitur advolant rēgemque ē perīculō ēripiunt. Deinde omnēs maximō clāmōre atque **plausū** scaenam relinquunt.

ALEXANDER : Satis. Jam intellegimus. Incipere volumus.

VERONICA : Bene est. Agite!

Exercitātiō secunda : sententiās finge!

	Alexander rēgem agit.	*Veronica dīcit Alexandrum rēgem agere.*
	Alexander jam in scaenā sedet.	
	Cornū amō.	
	Ego regīna sum.	
	Nōs omnia intellegimus. Nōs incipere volumus.	

Exercitātiō tertia :
quaere verba quae dēsunt

concentus -ūs m. - cantus -ūs m. - diēs -ēī f./m. - faciēs -ēī f. - sinus -ūs m. - manus -ūs f. - rēs -eī f.

1. Hodiē ad .... īmus, quia pulchram mūsicam audīre cupiō. In theātrō

canunt .... Itālicum.

2. Sōl splendet, ... pulchra est. Tōtō .... igitur in silvā ambulāre possumus.

3. Nōn inveniō clāvēs meās : nōn sunt in .... meō.

4. Spectā istam puellam : nōnne habet pulchram .... ?

5. Hodiē est .... festus .... pūblicae nostrae. Nostine hymnum, quī .... patriae est ?

🎲 Lūdus manūs (2)

1. Quae sunt ? **Manūs** sunt.
2. Quālēs manūs sunt ? - **Manūs** longae, parvae...
3. **Manūs** aperī – Nunc claude **manūs**. Tolle **manūs**. Dēpōne **manūs**. Etc.
4. Quārum digitī sunt ? Digitī **manuum** sunt. Unguēs **manuum**.
5. **Manibus** mē salūtā. **Manibus** ambulā, quaesō. **Manibus** loquere !
6. Quot digitī **manibus** sunt ? Decem digitī **manibus** sunt.

💬 Interrogātiōnēs

1. Quot diēs sunt in hebdomadā ?
2. Quot diēs sunt in mense ?
3. Quot diēs sunt in annō ?

4. Quot manūs sunt hominī ?
5. Quot digitī sunt manibus hominis ?

6. Quot cornua habet taurus ?
7. Quot cornua habent duo tauri et trēs vaccae ?

📖 Dē quartā dēclīnātiōne nōminum :
plūrāle

Dēclīnātiō nōminum masculīnōrum fēminīnōrumque :

CĀSUS	PLŪRĀLIS
NŌMINĀTĪVUS	Ecce MANŪS meae.
VOCĀTĪVUS	Ō MANŪS scelerātae !
ACCŪSĀTĪVUS	Videō MANŪS tuās.
GENETĪVUS	Spectā formam MANUUM ejus.
DATĪVUS	Studeō MANIBUS pictōris.
ABLĀTĪVUS	Tibi opus est MANIBUS tuīs.

Dēclīnātio nōminum neutrōrum :

CĀSUS	PLŪRĀLIS
NŌMINĀTĪVUS	Ecce CORNUA taurī.
VOCĀTĪVUS	Ō CORNUA potentia !
ACCŪSĀTĪVUS	Videō CORNUA taurī.
GENETĪVUS	Spectā formam CORNUUM.
DATĪVUS	Studeō CORNIBUS animālis.
ABLĀTĪVUS	Opus est CORNIBUS.

Ecce manus mea.

@ Scriptum secundum

Dē fābulae actū (altera pars)

Vespere nōn sōlum discipulī in scholam conveniunt, sed etiam parentēs ac amīcī. Omnēs bonō animō sunt. Nam jam multōs diēs spectāculum exspectant. Cōnsīdunt igitur et fit chorī introitus. Spectātōrēs mūsicōrum cantūs auscultant et valdē gaudent.

Deinde fābula cum plausibus clāmōribusque incipit. Alexander rēgem agit et in soliō sedet. Tum Veronica Philippum in scaenam mittit. Philippus rēgem adit et exclāmat:

PHILIPPUS : Ō domine rēx, dā veniam! Nōlō in exsilium īre! Ecce venēnum! Mālō
mortem obīre!

Philippus manūs porrigit. In manibus autem duo tenet cornua! Hoc videt Nīcolāus. Īrātus igitur in scaenam currit et Philippum increpāre incipit.

NĪCOLĀUS : Philippe! Quid facis, stulte? Fābulam perdis! Haec cornua mihi sunt!

PHILIPPUS : Et tū, ō rēgis filī, dā veniam! Amīce, vīsne mihi adesse in rēbus adversīs?

NĪCOLĀUS : Tandem mitte hās nūgās et dā mihi cornua sine morā!

Tum spectātōrēs rīdēre incipiunt. Veronica audit rīsūs fitque perpallida fābulae magistra. Surgit autem Alexander.

ALEXANDER : Quid facitis? In scaenā sumus! Nōnne vidētis spectātōrēs? Nōn pudet
vōs?

PHILIPPUS : Ō domine rex, iterum tē obsecrō, dā veniam! Fīlius tuus dēsīderat
meum venēnum!

ALEXANDER : Philippe, tacē, quaesō! Cornuum alterum tenē, alterum autem dā
Nīcolāō!

Repente Nīcolāus cornū capit, Philippum ad terram affligit, clāmat: Taratantara! Spectātōrēs igitur cachinnāre incipiunt. Veronica autem plōrāre incipit. Tum Rosa in scaenam currit.

ROSA :	Satis! Jam plōrat fābulae magistra !
NĪCOLĀUS :	Discēde, domina! Rēgem hodiē nōn occīdis!

Itaque Rosam quoque ad terram affligit. Alexander igitur īrātus exclāmat:

ALEXANDER : Rosam sine, impudens!

Nīcolāum verberāre incipit et ad terram tandem affligit. Sōlus stat in scaenā. Fābulae autem magistra lūmen extinguit et ad terram cadit. Nam animus eam relinquit.
Tum autem fiunt plausūs clāmōrēsque in theatrō et omnēs clāmant: Euge! Euge! Repetite! Repetite!

✏ Exercitātiō quarta : mūtā sententiās

Exemplum : Videō manum tuam.	> *Videō manūs tuās.*
1. Habet librum in manū suā	> ....
2. Cupimus concentum audīre.	> ....
3. In concentū decet plaudere.	> ....
4. Extraterrēnī cornua magna habent.	> ....
5. Omnia sēcum habet in sinū.	> ....
6. In tālī cāsū tacēre decet.	> ....
7. Studeō cantuī classicō.	> ....
8. In cantibus Graecīs istīs chorus est.	> ....
9. Concentūs pūblicī ejus pulchrī sunt.	> ....
10. Servant pecūniam suam in sinibus suīs.	> ....
11. Cantus avium audiō.	> ....
12. Histriō in manibus stat, vidē.	> ....
13. Taurus cornū suō alia animālia occīdere potest.	> ....
14. Habēsne programma proximī concentūs?	> ....
15. Vidēsne colōrem manuum tuārum ?	> ....
16. Sinus ejus parvus est.	> ....

📖 Dē quartā dēclīnātiōne nōminum : plūrāle

CĀSUS	PLŪRĀLIS
NŌMINĀTĪVUS	Sunt RĒS meae.
VOCĀTĪVUS	Ō cōmicae RĒS!
ACCŪSĀTĪVUS	RĒS tuās bene serva.
GENETĪVUS	Dē naturā RĒRUM scrībit.
DATĪVUS	Studeō RĒBUS maximī momentī.
ABLĀTĪVUS	Opus est multīs RĒBUS.

✏️ Exercitātiō quinta : mūtā sententiās

Exemplum : Dā eī rem istam. > *Dā eī rēs istās.*

1. Videō timōrem in faciē eōrum. > ....

2. Nōbīs optant diem fēlīcem. > ....

3. Ex quā māteriē faciunt istās statuās ? > ....

4. Ubi tālēs rēs invenitis ? > ....

5. In diēbus bellī nōn decet timēre. > ....

6. Studeō faciēī istārum statuārum. > ....

7. Id audit a prīmō diē. > ....

8. Omnī diē in scholā adsumus. > ....

9. Quam tristis est haec diēs ! > ....

10. Faciēs eōrum pulchrae sunt. > ....

11. Narrā mihi fīnem istōrum diērum. > ....

12. Color hujus māteriēī eum dēlectat. > ....

Exercitātiō sexta :
quaere verba quae dēsunt

concentus -ūs m. - cantus -ūs m. - diēs -eī f./m. - faciēs -ēī f. - sinus -ūs m. - manus -ūs f. - rēs -eī f.

1. Singulīs .... sculptor perficit fictam imāginem suam.

2. Quid nōn jam numerat sculptor ? Sculptor nōn jam numerat numerum .... quō sculpit : sculptūra enim vīta sculptōris est, tōtum di... sculptor sculpit !

3. Post quattuor .... meditātiōnis, mūsicī parātī sunt.

4. Hodiē est .... nātālis Marcī. Pater ejus dōna in .... suīs tenet. Vidē ! Omnibus familiāribus laetae .... sunt. Ō faustam .... !

5. Multās .... habēs in bulgā tuā! Quanta .... copia!

Lūdus : lege, rogā, respondē, age cum condiscipulīs tuīs !

* Quid est domus ? Dom... est aedificium ubi familia habitat.

* Post scholam, quō redīs, tū ? Post scholam, redeō dom... .

* Sī inspicis speciem aedificiī familiae tuae, quid vidēs ? Videō speciem dom... .

* Sī invenīs pulchram pilam in viā post scholam, quō affers hanc pilam ? Sī inveniō pulchram pilam in viā post scholam, afferō hanc pilam dom... .

* Sī stās in dom... tuā, ubi stās ? Sī stō in dom... meā, ego sum domī !

* Quae sunt in viā ? In viā sunt dom... multae et pulchrae.

* Quid spectās in viā cum condiscipulīs tuīs ? Spectō in viā dom... multās et pulchrās cum condiscipulīs meīs.

* Quid mīrāris ? Mīror pulchritūdinem dom... eōrum.

* Quō affers pilās relictās in viā ? Afferō pilās relictās in viā in dom... pulchrās amīcōrum meōrum.

* Ubi sunt nunc condiscipulī tuī ? Condiscipulī meī sunt nunc in dom... eōrum.

 Dēclīnātiō nōminis irrēgulāris "domus"

CĀSUS	SINGULĀRIS	PLŪRĀLIS
NŌMINĀTĪVUS	DOMUS	DOMŪS
VOCĀTĪVUS	DOMUS	DOMŪS
ACCŪSĀTĪVUS	DOMUM	DOMŪS / DOMŌS
GENETĪVUS	DOMŪS	DOMŌRUM / DOMUUM
DATĪVUS	DOMUĬ	DOMIBUS
ABLĀTĪVUS	DOMŌ	DOMIBUS

Epigramma Martiālis

Epigramme de Martial (I,38)

Quem recitās meus est, ō Fidentīne, libellus,
sed male cum recitās, incipit esse tuus.

Adagia

MANŪS IN SINŪ HABĒRE

MANUM DĒ TABULĀ !

FACIĒS TUŌS COMPUTAT ANNŌS

CARPE DIEM

IN CAUDĀ VENĒNUM

Lectiō decima septima

NIHIL MIHI DĒERIT

❓ Interrogātiōnēs

A. Magister loquitur :

Estne Bernardus domī nunc ?
Nōn est : domī **erit** hōrā nōnā.

Estne diēs festus hodiē ?
Nōn est : diēs festus crās **erit**.

Suntne fēriae nunc ?
Nōn sunt. Fēriae proximā septimānā
erunt.

Adestne Franciscus ?
Franciscus nunc nōn adest : mox **aderit**.

Adsuntne amīcī ?
Nōn adsunt nunc : mox **aderunt**.

Potesne tempore futūrō ūtī?
Nōn potes nunc : in fine lectiōnis
tempore futūrō ūtī **poteris**.

Potesne Cicerōnem legere nunc ?
Nōn potes nunc. Mox Cicerōnem legere
poteris.

**B. Magister interrogat, discipulī
respondent.**

M. : Quid in futūrō tempore vīs esse ?
- Medicus esse volō.
> Medicus **eris**. Omnēs : medicus **erit**.

C. Ubi **erit** Alexander crās ?
Ubi **eris** crās ?
Ubi **eris** proximā septimānā ?
Ubi **eris** proximō annō ?
Ubi **eris** diē Sōlis (diē domenicō) ?
Ubi **eris** per fēriās ?
Ubi **eris** per aestātem ? Per hiemem ?

**D. Quid in futūrō tempore eris ? / Quid
in futūrō tempore eritis ?**

*magister / agricola / tabernārius / caupō
/ coquus / advocātus / tabellārius / faber /
scriptor / poēta / jūdex / argentārius / …*

A. Volō esse medicus. Medicus erō.
B. Quid eris ?
A. Medicus erō.
B. Quid erit ille ?
C. Medicus erit ille.
Etc.

A. Num medicus eris ?
B. Minimē. Medicus nōn erō.
C. (ad A) Quid tibi dīxī ? Medicus nōn
erit.
Etc.

@ Scriptum prīmum

Nihil mihi deerit

CHRISTOPHORUS : Quid in futūrō tempore esse vultis?

VERONICA : Ego magistra **erō**. Scientia mea discipulīs **prōderit!**

ALEXANDER : Ō nimis miserōs discipulōs ! Longē ā scholā **aberō.**

PHILIPPUS : Tribūnus erō.

ROSA : Sī tū tribūnus **eris**, et Nestor certē **nōbilis erit** et Būcephalus rex
erit....

NĪCOLĀUS : Advocātus in **tribūnālī erō** et ēbriīs **aderō.**

ALEXANDER : Ego autem dīves jam sum. Aurum argentumque et equī pretiōsī
mihi jam sunt. Nihil mihi **deerit.**

VERONICA : Ego ūnā cum marītō beata erō. Villam amoenam **aedificāre**
volō, ubi beatī **erimus.** Pulcherrimī līberī nōbīs **erunt!**

VICTOR : Num beātī **eritis?** Tū fortassē beāta **eris.** Tēcum autem nec
marītus nec līberī beatī **erunt.**

📖 Dē futūrō verbī "esse"

PERSŌNAE	PRAESENS	FUTŪRUM
EGO	SUM	ERŌ
TŪ	ES	ERIS
DISCIPULUS	EST	ERIT
NŌS	SUMUS	ERIMUS
VŌS	ESTIS	ERITIS
DISCIPULĪ	SUNT	ERUNT

Alia verba cum verbō « esse » ēlabōrāta sīc conjugantur :
- POSSE : POT- + erō, eris.... : poterō, poteris....
- ADESSE : AD- + erō, eris... : aderō, aderis...
- ABESSE : AB- + erō, eris.... : aberō, aberis...
- PRŌDESSE : PRŌD- + erō, eris.... : prōderō, prōderis...
- DEESSE : DĒ- + erō, eris... : deerō, deeris...
- SUPERESSE : SUPER- + erō, eris... : supererō, supereris....

✏️ Exercitātiō prīma : mūtā sententiās

Exemplum :   Crās laetī erimus.   > *Crās laetus erō.*

1. Frāter meus erit architectus.   > ....

2. Discipulī doctī erunt post lectiōnēs.   > ....

3. Annō proximō erimus in Galliā.   > ....

4. In hortō erō.   > ....

5. Quam pulchra eris !   > ....

6. Crās dīvitēs eritis.   > ....

7. Nōn poterō venīre.   > ....

8. Magister hōc vespere nōn aderit.   > ....

9. Amīcī tibi dēerunt.   > ....

10. Quā dē causa aberitis ?   > ....

11. Crās aderimus, nōlī timēre.   > ....

12. Poterisne ad tabernam nōbīscum īre ?   > ....

✏️ Exercitātiō secunda :
invenī verba quae dēsunt.

Annō proximō nōs omnēs līberī .... quia nōn jam nōbīs .... lectiōnēs in scholā.
.... ergō agere, quae volumus.

Illī .... quoque labōrāre. Paulus .... librōs scrībere, sīcut vult. Nīcolāus
in ūniversitāte studēre .... et post studia medicus .... Sīc hominibus
....

Amīcī, quae .... officia vestra ? Quid .... ?

-Advocatī, cantōrēs vel medicī .... Tū, ...ne magistra, sīcut saepe dīcis ?

Ego diurnārius .... quia sīc .... pūblicum dē rēbus maximī mōmentī
monēre.

✏️ Exercitātiō tertia : responde !

1. Quid Veronica erit ? Cūr tale officium sibi ēligit ?
2. Rosae sententiā, eritne tribūnus officium Philippī ?
3. Quod erit officium Nīcolaī ? Cūr ?
4. Cūr officium gerere Alexandrō nōn prōderit?
5. Quam vītam Veronica agere vult?
6. Victōris sententiā, eritne Veronicae vīta beāta?

❓ Interrogātiōnēs

A. Īre, abīre, redīre, transire

1. Quandō Ludovīca domum redībit ?
2. Quandō hinc **abībis** ?
3. Quō Benjaminus **ībit** hōra nōnā post merīdiem ?
4. Quō **ībis** post scholam ?

Etc… Quō **ībis** ? Quō **ībitis** ?

B. Dē caelō & caelī temperiē

Eruntne calōrēs crās māne ?
Vidēbimusne sōlem crās ?
Aestuābimusne crās post merīdiem ?
Algēbimusne crās vesperī ?
Eritne pluvia crās māne ?
Lūcēbitne sōl crās post merīdiem ?
Ambulābimusne crās ?
(an **manēbimus** domī – pluviae causā?)
Habēbitne Alexandra vestēs calidās ?
(an parvam stolam?)
Flābitne ventus crās ?

◉ Scriptum secundum

In insulam longinquam abībimus!

Anas rudis et saeva gallīnam pulchram et
pauperem in cubiculum inclūdit nec sinit eam exīre.
Gallīna igitur serva anatis fit. Misera est et eī servit.
Anas enim cottīdiē eam fatīgat dīversīs modīs.
Hodiē autem anas abest. Gallus juvenis ad fenestram gallīnae venit et eī per fenestram dīcit:

GALLUS : Ō pulchra gallīna, venī mēcum. In insulam longinquam abībimus. Ibi ego rex erō et tū regīna eris. Tē semper amābō. Domum pulcherrimam tibi aedificābō. Cottīdiē tibi cantābō. Quam fēlīcēs erimus!

Jam autem anas revenit. Gallum audit et consistit. Itaque latet et verba gallī gallīnaeque auscultat.

GALLĪNA : Ō galle, anatem rogābis, sed verba eī grāta nōn erunt. Saevissima enim est. Nunquam mē abīre sinet. Tē dērīdēbit tibique respondēbit hoc fierī nōn posse.

GALLUS : Ō pulchra gallīna, venī modo. Anatem saevam nōn rogābimus.

GALLĪNA : Anas īrāta erit nōbīsque suscensēbit. Tunc castīgābit mē verbīs verberibusque et mē domō exīre prohibēbit. Hominēs hujus cīvitātis mē nunquam līberābunt omnēsque dērīdēbunt mē. Tū certē tacēbis et silēbis, ego vērō plōrābō et dēspērābō.

GALLUS : Ō pulcherrima gallīna, tandem venī mēcum! Anatem taetram nōs dērīdēbimus. Anas redībit, sed nōs jam nōn vidēbit. Nam longē hinc aberimus. Nōs igitur exsultābimus. Fortūnātī beātīque erimus. Nam semper amōre gaudēbimus.

Tum appāret Anas.

ANAS : Nec unquam in insulam abībitis neque mē dērīdēbitis neque exsultābitis, ō stultī! Immō vērō plōrābitis et in carcere clāmābitis, sed nēmō unquam vōbīs adesse poterit.

GALLUS : Ecce domina dūra! Dā mihi servam tuam. Mēcum enim fēlīx erit.

ANAS : Galle superbe et arrogans, quid apud gallīnam tē jactās? Volucris loquax! Ego spernō tē! Nē natāre quidem potes! Vōce pessimā cantās et mediā nocte hominēs ē somnō excitās et in stercore dormīs et ...

Gallus autem, dum anas eum vōce gravissimā increpat, gladium jam stringit et anatem occīdit. Deinde quam celerrimē effugit gallīnamque in cubiculō relinquit. Pulchra vērō gallīna diēs noctēsque plōrat. Postrēmō misera et dēserta in carcere animam efflat.

Notā bene

ET + NUNQUAM > NEC UNQUAM

Exemplī grātiā :
Nunquam tēlevisiōnem post cēnam spectō, nec unquam dormiō ante mediam noctem.

Dē futūrō verbōrum prīmae secundaeque conjugātiōnis, verbīque "īre"

PERSŌNAE	AMĀRE	VIDĒRE	ĪRE
EGO	AMĀBŌ	VIDĒBŌ	ĪBŌ
TŪ	AMĀBIS	VIDĒBIS	ĪBIS
DISCIPULUS	AMĀBIT	VIDĒBIT	ĪBIT
NŌS	AMĀBIMUS	VIDĒBIMUS	ĪBIMUS
VŌS	AMĀBITIS	VIDĒBITIS	ĪBITIS
DISCIPULĪ	AMĀBUNT	VIDĒBUNT	ĪBUNT

✏️ Exercitātiō quarta : mūtā sententiās

Exemplum : Amō crustula.   > *Amābō crustula.*

1. Dant eī flōrēs.   > ....
2. Īmus ad theātrum.   > ....
3. Valdē gaudēs.   > ....
4. Videt scholam tuam.   > ....
5. Jacent sub sōle.   > ....
6. Parō decem crustula.   > ....
7. Dat canī cibōs.   > ....
8. Invidētisne vīcīnīs vestrīs ?   > ....
9. Pāreō imperātōrī Rōmānō.   > ....
10. Amātis filium vestrum.   > ....
11. Eō ad forum.   > ....
12. Labōrāmus in hortō zōologicō.   > ....
13. Habēmus pulchra vestīmenta.   > ....
14. Dēlectās magistrum tuīs verbīs.   > ....
15. Eunt ad parentēs Jūliae.   > ....
16. Abit ad mūseum urbis.   > ....

✏️ Exercitātiō quinta :
invenī verba quae dēsunt

1. Hodiē amīcī .... diem nātālem Rosae. .... vīgintī convīvae.
2. Amīcī, quid Rosae dōnō .... ? Ego .... eī librum et flōrēs, sed parentēs ejus eī pecūniam .... Nīcolāus tesserās eī ....
3. Quis cibōs .... ?
   -Ego et māter omnia ....
   -Certē omnia vōs optimē .... ; omnēs convīvās .... crustulīs vestrīs.
4. Et tū, ...ne ad Rosam ?
   -Certē .... Omnēs amīcī meī quoque .... ad eam.
5. Valdē .... Rosa dōnīs amīcōrum. Convīvae .... propter nūgās Victōris.

❓ Interrogātiōnēs

A. MAGISTER LEGIT :

Surget dē lectō, jentāculum sūmet, Arabicam calidam bibet, Cicerōnis librum « dē Rēpūblicā » leget, exībit domō, raedam longam expectābit, Eclogās Virgiliānās leget ; raeda longa adveniet, in quā Veronica Lucānī Pharsāliam leget. Scholam adpetet : Christophorum (quī magnā vōce clāmābit) audiet ; Victōrem (quī nūgās dicet) spernet et Philippum (quī sērō adveniet). Rosam (quī in speculō sē spectābit) vidēbit, Alexandrumque (quī Rosae loquetur). Veronica plōrābit.

Quid Veronica aget crās māne?

B. MAGISTER INTERROGAT :
Jōsēphe, quid agēs crās māne ?

Jōsēphus : Surgam, jentāculum sūmam, …

(omnibus:)
Quid Jōsēphus aget crās māne ?
…

B. MAGISTER OMNĒS INTERROGAT
A., quid aget hōrā septimā ?
B, quid agēs hōrā octāvā ?
C., quid agēs hōrā nōnā ?
Etc.

C. MAGISTER VERBA DAT, DISCIPULĪ SENTENTIĀS ĒLABŌRANT

Magister : Domum redīre – hōrā sextā
Discipulus : Domum redībis hōrā sextā.
Magister : Marius – scholam venīre crās.
Discipulus : Marius scholam veniet crās.
Magister : Diē Jovis – pluit
Discipulus : Diē Jovis pluet.

Magister : Marcus – bibliothēcam petere / Sophia – viam transīre / Philippus et Alexander – per silvam errāre / Nīcolāus – vīnum bibere / etc.

D. VERBA DIFFICILIA

1. **Nōvisti**ne tempus futūrum ?
   Nondum hoc bene **nōvī** ; sed **nōrō** in fine lectiōnis.
   Rectē dīcis, id **nōveris**.

2. Latīnē fluenter **loqueris** ?
   Latīnē fluenter nōn **loquor**, sed difficulter.
   Latīnē nōn bene **loqueris**, sed mox optimē **loquēris**.
   Rectē dīcis, mox bene **loquar**.

3. **Meministī** omnēs dēclīnātiōnēs ?
   Omnēs nōn **meminī**, sed mox omnēs **meminerō**.
   Rectē dīcis, eās **memineris**.

Scriptum tertium

Praemium tē exspectābit

Discipulī in scholae ātriō sermōnem habent.

VICTOR : Philippe, sī ad lūdī magistrum ībis eīque **dīcēs** foetōrem ōris eī esse, praemium tē exspectābit. Tē enim ad prandium sūculentum vocābimus. **Comedēs** et **bibēs** et argentum **accipiēs**.

PHILIPPUS : Vōs mēcum **veniētis** et haec lūdī magistrō **dīcētis**? Nōnne haec verba in malam partem accipiēt mihique suscensēbit?

ALEXANDER : Nēquāquam, Philippe. Nōs nihil eī **dīcēmus**. Tū sōlus eum adībis eīque **dīcēs**. Tibi sōlī igitur lūdī magister grātiās **aget**.

PHILIPPUS : Num hoc **faciētis**? Quantum argentī mihi dābitis?

ROSA : Hīc habēs jam decem nummōs. Posteā plūrēs **accipiēs**. Abī modo in cubiculum ejus.

Haesitans Philippus abit.

VICTOR : Quam crēdulus est Philippus! Sī amīcī eī suādent, libenter eīs pāret. Quid autem **dīcet** lūdī magister ?

NĪCOLĀUS : Prīmum **audiet**. Tum vērō Philippum ē scholā **expellet**!

ROSA : Certē! Philippus et lūdī magister ē cubiculō current. Alter alterum **fugiet** māximō clāmōre!

Paulō post Philippus revenit ūnā cum lūdī magistrō. Bonō animō sunt et sermōnem inter sē habent. Cēterī autem discipulī audiunt lūdī magistrum clārā vōce dīcere.

LŪDĪ MAGISTER : Grātiās tibi agō, Philippe. Nēmō unquam haec mihi dīxit. Oportēbit scholam nostram verba tua honōrāre.

Tum Philippus amīcōs videt et exclāmat.

PHILIPPUS : Grātiās vōbīs agō prō decem nummīs! Hodiē autem nōn vōbīscum prandēbō, sed cum scholae dominō.

𝒢 Dē futūrō verbōrum tertiae quartaeque conjugātiōnis

PERSŌNAE	AGERE	FACERE	AUDĪRE	VELLE
EGO	AGAM	FACIAM	AUDIAM	VOLAM
TŪ	AGĒS	FACIĒS	AUDIĒS	VOLĒS
DISCIPULUS	AGET	FACIET	AUDIET	VOLET
NŌS	AGĒMUS	FACIĒMUS	AUDIĒMUS	VOLĒMUS
VŌS	AGĒTIS	FACIĒTIS	AUDIĒTIS	VOLĒTIS
DISCIPULĪ	AGENT	FACIENT	AUDIENT	VOLENT

Et sīc :
- Mālō > Malam, malēs, malet, malēmus, malētis, malent.
- Nōlō > Nolam, nolēs, nolet, nolēmus, nolētis, nolent.

✏ Exercitātiō sexta :
invenī verba quae dēsunt

Philippe, sī ad magistrum .... et illī 'foetōrem ōris esse' ...., praemium tē exspectābit.

Ō Philippe, tibi prandium .... : bona vīna ...., bonōs cibōs ....

Argentum quoque ....

Tēcum nōn ...., tū sōlus ad magistrum .... Hīc, tibi jam sunt decem nummōs ; posteā plūrēs ....

Quam credulus est Philippus ! Sī tālia verba magistrō ...., certē ē schola eum .... !

Salvē, amīcī ! Hodiē nōn vōbīscum ...., sed cum magistrō !

✏ Exercitātiō septima : mūtā sententiās

Exemplum :   Veniō ad festīvitātem.   >   *Veniam ad festīvitātem.*

1. Audīmus optimam cantātrīcem.   >   ....

2. Quam partem agis ?   >   ....

3. Quiescō in hortō.   >   ....

4. Omnia celeriter facimus.   >   ....

5. Conveniunt in mūseō.   >   ....

6. Num rectē sīc faciō ?   >   ....

7. Scrībimus lectiōnem quamdam.   >   ....

8. Vīsne mēcum īre ?   >   ....

9. Veniō ad cēnam, exspectāte mē !   >   ....

10. Quid facitis in culīna ?   >   ....

11. Bibunt multum vīnum.   >   ....

12. Ad theātrum īre nōlunt.   >   ....

13. Quid discitis ? Num mathēmaticam ?   >   ....

14. Ubi hāc nocte dormītis ?   >   ....

15. Facitne iter ad Ītaliam ?   >   ....

16. Scīsne locum conventūs ?   >   ....

17. Invenitne tesserās ?   >   ....

18. In hortō ambulāre volumus.   >   ....

19. Accipiunt novam raedam.   >   ....

20. Hīc manēre mālumus.   >   ....

21. Legit in bibliothēca suā.   >   ....

22. Volō vestīmenta emere.   >   ....

23. Accipis pecūniam ā rēge.   >   ....

24. Vult vīsitāre hoc mūseum.   >   ....

✎ Exercitātiō octāva : respondē !

1. Quid Philippum oportēbit magistrō dīcere ?
2. Sī id dicet Philippus, quid accipiet ?
3. Num amīcī cum Philippō venient ? Cūr ?
4. Num magister in malam partem Philippī verba accipit ?
5. Quōcum Philippus prandēbit ?

✎ Exercitātiō nōna :
invenī verba quae dēsunt

• Quid hōc vespere ...., Paulus et tū ?

• Nōs ad tabernam ...., ubi, sī omnia bene sē ...., sūculentōs cibōs .... atque bonum vīnum ....

• Quotā hōrā .... ad lectum ? -Ego hōrā undecimā ....

• Quid .... Helena et parentēs ejus crās ? -Tōtō diē ...., quia fessī sunt.

• Quid .... Jōhannes in proximō concentū ? -Sī rogābis eum, tibi ....

• Histriōnēs meditatiōnēs hōc vespere .... quia crās spectāculum ....

📖 Dē concordantiā temporum

Sententia relātīva	Sententia principālis
SĪ post cēnam ad mē veniēs,	ego valdē fēlīx erō.
SĪ mihi superest tempus post cēnam,	soleō in cubiculō meō legere.

In sententiīs, quae ā conjunctiōnibus "sī" vel "cum", "dum" (et aliīs hujus generis) incipiunt:

• sī tempus relātīvae erit praesens, tempus principālis prōpositiōnis praesens erit.

• sī tempus relātīvae erit futūrum, tempus principālis prōpositiōnis futūrum erit.

✏ Exercitātiō decima : mūtā sententiās

Exemplum : Sī venis, laetus sum.   >   *Sī veniēs, laetus erō.*

1. Dum studēs, illī dormiunt.   > ....

2. Cum eum videt, eum agnoscit.   > ....

3. Cum concentum parāmus, canimus.   > ....

4. Sī eunt ad scholam, labōrant.   > ....

5. Cum id facitis, bene rīdeō.   > ....

6. ....   > Cum eam vidēbō, plōrābō.

7. ....   > Dum omnēs aderunt, bibēmus.

8. ....   > Sī bene dormiēs, bene vīvēs.

9. ....   > Cum mē vidēbit, mihi grātiās aget.

10. ....   > Sī volētis, poteritis.

📜 Adagia

HODIĒ NULLUS, CRĀS MAXIMUS

MENS SĀNA IN CORPORE SĀNŌ

UBI FUISTĪ ?

💬 Interrogātiōnēs

(Ad discipulum, ad discipulam)

Ubi es hodiē ?

> *In scholā, in ūniversitāte sum.*

Ubi sum ?

> *Tū quoque in scholā es !*

(Ad omnēs)

Ubi est condiscipulus noster ?

Ubi sumus ?

Ubi sum ?

Hodiē in scholā sum ; herī in bibliothēcā **fuī**. Nunc in bibliothēcā nōn sum.
Diē Domenicā in balneō **fuī**. Sabbatō in silvā fuī. Etc.

(Ad discipulum, ad discipulam)

	- hodiē māne ?
	- herī?
Ubi **fuistī** ...	- diē Lūnae, Martis, ... ?
	- ultimō mense (praecedente mense) ?
	- mense Januārī ?
	- ultimō annō (praecedente annō) ?

(Ad omnēs)

Ubi fuit condiscipulus noster ?

Ubi fuī ?

Ubi fuimus ?

@ Scriptum prīmum

Dē curriculīs equōrum

Būcephalus sermōnem cum cēterīs equīs habet. In stabulō sē jactat.

BŪCEPHALUS : Diē sabbatī in hippodromō curriculum **fuit.** Ubi **fuistis** ? Nōn **affuistis** ?

EQUĪ : Minimē. Hīc **fuimus** neque curriculō **affuimus.**

BŪCEPHALUS : Nescītis igitur vōs cum victōre sermōnem habēre. Victor enim sum, sīcut semper **fuī.**

EQUĪ : Euge, Būcephale! Nēmō tam celeriter currit quam tū.

BŪCEPHALUS : Rectē dīcitis. Nec Alexander mihi multum prōdest. Equitāre enim nescit. Mē igitur laudāte, nec Alexandrum! Ante hebdomadam quoque **bis** vincere **potuī.**

EQUĪ : Bis vincere **potuistī** ? Tam **strēnuus** es, Būcephale? Alexander certē bonus eques est. Nōnne tibi **prōfuit**?

BŪCEPHALUS : Nēquāquam **prōfuit.** Mihi sōlī omnis glōria est!

EQUĪ : Et Alexandrō?

BŪCEPHALUS : Quid dē Alexandrō? Sī vīs vincere, oportet tē occāsiōnī nōn dēesse.

EQUĪ : Alexander igitur umquam occāsiōnī **dēfuit**?

BŪCEPHALUS : Persaepe dēfuit! Ego autem ferē semper victōriam servāre **potuī.**

Tum Alexander et Veronica in stabulum intrant. Equī silent. Alexander autem claudicat.

VERONICA : Cūr claudicās, Alexander?

ALEXANDER : Diē sabbatī **fuit** curriculum. Būcephalus super obstāculum salīre nōn **potuit** et cecidī. Jam nōn pullus est Būcephalus noster. Jam ter aliī victōrēs **fuērunt.** Jam jamque mihi opus erit equō novō...

![G] Quid est tempus perfectum ?

Tempus perfectum actiōnem indicat, quae in tempore praeteritō acta est, atque fīnīta nunc est.

Exemplī grātiā :
Nōtus fuit. (Nunc nōtus nōn est).

![G] Dē perfectō verbī "esse"

PERSŌNAE	PRAESENS	PERFECTUM
EGO	SUM	FUĪ
TŪ	ES	FUISTĪ
DISCIPULUS	EST	FUIT
NŌS	SUMUS	FUIMUS
VŌS	ESTIS	FUISTIS
DISCIPULĪ	SUNT	FUĒRUNT

Alia verba cum verbō « esse » ēlabōrāta sīc conjugantur :

- POSSE : POT- + uī, uistī.... : potuī, potuistī.... (post litteram « t » nōn manet littera « f »)
- ADESSE : AD- + fuī, fuistī... : adfuī, adfuistī...
- ABESSE : AB- + fuī, fuistī.... : abfuī, abfuistī...
- PRŌDESSE : PRŌ- + fuī, fuistī.... : prōfuī, prōfuistī
- DEESSE : DĒ- + fuī, fuistī... : dēfuī, dēfuistī...
- SUPERESSE : SUPER- + fuī, fuistī... : superfuī, superfuistī...

✏ Exercitātiō prīma : mūtā sententiās

Exemplum :   Potest sōlus domum redīre.   >   *Potuit sōlus domum redīre.*

1. Nōn possunt eum sānāre.   >   ....

2. Absum ā festīvitāte.   >   ....

3. Pulchrum spectāculum est.   >   ....

4. Prōsumus generī hūmānō.   >   ....

5. Jam in hortō sumus.   >   ....

6. Estisne cīvēs Rōmānī ?   >   ....

7. Potesne istam linguam intellegere ?   >   ....

8. Nihil deest, laetī sumus.   >   ....

9. Esne satis cauta ?   >   ....

10. Adsunt discipulī tuī.   >   ....

11. Potesne eum vidēre, an abest ?   >   ....

12. Mihi auxiliō esse potestis.   >   ....

13. Nōn possum hās litterās legere.   >   ....

14. Nōbīs dēsunt amīcī nostrī   >   ....

15. Prōdestne vīnum salūtī ?   >   ....

16. Nōn possum tibi crustula dare, nam dēsunt. >   ....

✏ Exercitātiō secunda :
invenī verba quae dēsunt

1. Herī apud Jūliam .... festīvitās. Multī .... convīvae. Multa dōna eī
    ....

2. Quid .... ?
    -Saltāvimus. .... usque ad satietātem bibere. Quam jūcundum .... !

3. Helena autem post aliquot pōcula vīnī ēbria ...., nec .... domum
    sōla redīre. Sed .... apud Jūliam dormīre.

4. Numquam ēbrius ego .... Nōn enim amō vīnum. Numquam
    .... pōculum vīnī bibere. Omnēs autem amīcī meī ēbriī ....
    nōn laudō.

5. Et tū, ... laeta ? -............... valdē ! Nōnne .... laeta festīvitās ?

👏 ❓ Mandāta & interrogātiōnēs

A. Magister intrat... Spectāte, discipulī ! **Intrō !**

> Quid fēcī ? **Intrāvī !** Nōn exīvī, sed **intrāvī.**

Salvēte omnēs ! Vōs salūtō ! « Salvēte ! »

> Quid fēcī ? **Vōs salūtāvī !**

Ambulō. Quid faciō ? Ambulō.

> Quid fēcī ? **Ambulāvī.**

Vocō Saturnīnum : « Saturnīne ! »

> Quid fēcī ? Saturnīnum **vocāvī.**

Saturnīne, quam doctus et prūdens et studiōsus discipulus es ! Tē laudō !

> Quid fēcī ? Saturnīnum **laudāvī.**

B. Clēmens, exī !

> Quid fēcīt ? Respondēte !

- **Exīvit !**

Clēmens, Tatiānam salūtā ! (« Salvē Tatiāna ! »)

> Quid fēcit ? Respondēte !

- Eam **salūtāvit !**

Clēmens, ad mensam ambulā.

> Quid fēcit ? Respondēte !

- **Ambulāvit !**

Clēmens, Īrēnam vocā. (« Īrēna ! »)

> Quid fēcit ? Respondēte !

- **Vocāvit !**

Clēmens, Carolīnam laudā. (« Ō Carolīna, quam docta, et prūdens, et studiōsa es ! »)

> Quid fēcit ? Respondēte !

- Carolīnam **laudāvit.**

⊚ Scriptum secundum

Dē morbī remediō

*Paucīs ante diēbus Philippus domum intrāvit mātremque **vocāvit**.*

PHILIPPUS : Ō mē miserum! Māter, ubi es? Caput dolet! Tam vehementer numquam
anteā **doluit**. Pereō!

*Māter fīlium **audīvit** et statim advolāvit.*

MĀTER : Mī fīli, perpallidus es! Valēsne?

PHILIPPUS : Māter, tam citō **advolāvistī**. Calamum et ātrāmentum affer! Oportet mē
testāmentum conscrībere. Omnia uxōrī et filiae dābō...

MĀTER : Dēsine, Philippe. Certē febrīs. Jam dēlīrās. Venī, oportet tē in lectō
quiescere. Patet tē vehementer labōrāre...

*Parentēs igitur medicum **vocāvērunt**. Is citō **advolāvit**. Parentēs statim eī cubiculum aegrōtī
monstrāvērunt, ubi medicus Philippum **consīderāvit** et **interrogāvit**.*

MEDICUS : Bene **dormīvistī**?

PHILIPPUS : Nēquāquam dormīvī! Vigilō et pereō! Tū autem quis es? Nōnne tū
Cerberus es? Triceps es! Tua tria capita videō!

PARENTĒS : Ignosce, jam tē **praemonuimus** dē morbō ejus.

MEDICUS : Ita, certē **praemonuistis**. Ipse autem morbum inspicere voluī.

PARENTĒS : Quid ergō? Quid dē eō **jūdicāvistī?**

MEDICUS :   Morbus ejus gravis est, nōn autem insānābilis. Ecce remedium novum! Nōmen eī est Panacēa. Ipse in culīnā id **parāvī**. Fīlius vester hoc medicāmentum sūmet et valēbit!

*Sīc medicus remedium **laudāvit** et Philippō **praebuit**. Is autem statim **obdormīvit**.*

PATER :   Venēnārī! Fīlium meum venēnō **necāvistī**!

MEDICUS :   Dēsine, domine. Hoc nōn potest fierī. Fīliō optimum medicāmentum **praebuī**. Ecce ego quoque bibō.

*Itaque medicus quoque remedium **gustāvit**.*

MEDICUS :   Quid ergō? Mens sāna in corpore sānō, ut dīcimus. Numquam tantum Bau! **valuī**. Bau! Bau! Quid? Bau! Quid mihi accidit? Bau! Bau!

*Remedium vōcem medicī in vōcem canis **mūtāvit**. Tum autem Philippus oculōs aperuit.*
Parentēs igitur exclāmāvērunt.

PATER :   Mi fīlī, jam putāvimus tē mortuum esse!*

MĀTER :   Philippe, ut valēs? Venī hūc...

MEDICUS :   Bau! Bau!

*Jam māter fīlium **in complexū tenuit**. Is autem **exclāmāvit** magnā vōce.*

PHILIPPUS :   Quis est Philippus? Quid **putāvistis?** Jam sine mē, fēmina. Ego sum Herculēs et ego audiō canem lātrāre!

MEDICUS :   Bau! Bau!

PHILIPPUS :   Ecce bestia! Nōlīte timēre! Herculēs vōs servābit!

MEDICUS :   Bau! Bau!

PHILIPPUS :   Hodiē Cerberum ad dominum ejus redūcam! Venī modo, mala bestia!

*Itaque Philippus ē lectō **prōsiluit** et medicum **petīvit**. Is autem cum lātrātū statim **fugae se mandāvit**.**

Putāvimus : « tū mortuus es ! »
Fugae se mandāre : fugere (fugiō)

🔖 Dē perfectō verbōrum prīmae conjugātiōnis

PERSŌNAE	PRAESENS	PERFECTUM
EGO	AMŌ	AMĀVĪ
TŪ	AMĀS	AMĀVISTĪ
DISCIPULUS	AMAT	AMĀVIT
NŌS	AMĀMUS	AMĀVIMUS
VŌS	AMĀTIS	AMĀVISTIS
DISCIPULĪ	AMANT	AMĀVĒRUNT

CAVĒ ! Verba quaedam irregulāria sunt !

Exemplī grātiā :
Dō, dās, dare > DEDĪ : Quid dedērunt convīvae Jūliae herī ?

✏️ Exercitātiō tertia : mūtā sententiās

Exemplum : Avēs cantant.   >   *Avēs cantāvērunt.*

1. Tōtō diē labōrō. > ....
2. Parant convīvium magnum. > ....
3. Omnia bona vestra uxōribus dātis. > ....
4. Pugnātis contrā Barbarōs. > ....
5. Celebrāmus Jūliae diem nātālem. > ....
6. Cantat in ecclēsiā cathedrālī. > ....
7. Purgō vestīmenta mea. > ....
8. Dās panem vīcīnīs. > ....
9. Decem amīcōs invītant. > ....
10. Mīlitēs arma sua nēminī dant. > ....
11. Ambulās in hortō villae. > ....
12. Quid narrant ? Quid eīs dat Paulus ? > ....
13. Puerō studiōsō crustulum dō. > ....
14. Concentus eum dēlectat. > ....
15. Narrāsne lupī fābulam ? > ....
16. Līberāmus omnēs servōs. > ....

Exercitātiō quarta :
invenī verba quae dēsunt

1. Saturnī diē amīcī diem .... Jūliae .... Diē Sōlis autem Helena Nīcolāusque ....
2. Nīcolāus capite .... Fuit eī diēs ....
3. Helena post cēnam .... Māter Helenae medicāmenta ...., et Helenam .... Nunc enim ....
4. Philippus fessus est, quia Jūliae domum post festīvitātem .... Amīcīs dīcit : "Facile nōn .... Operam strenuē .... Multum ...."
5. Jōhannes Sōlis diē in hortō pūblicō .... In porticū cantōrēs concentum .... Cantūs Ītalicōs ....
6. Jūlia laeta est, quia amīcī eī multa dōna .... Sōlis diē festīvitātem parentibus suīs ....

Exercitātiō quinta : respondē

Ubi fuistī hāc hebdomadā ? Exemplum :

- Lūnae diē, fuī in bibliothēcā.
- Martis diē, fuī in theātrō, mūseum vīsitāvī, amīcae diem nātālem celebrāvī ....

Epigramma Martiālis (v, 33)

Quadrantem Crispus tabulīs, Faustīne, suprēmīs
  Nōn dedit uxōrī. Cui dedit ergō ? Sibi.

Crispus fuit homō dīves. Faustīnus est amīcus poētae. Quadrans est parvus nummus. Suprēmae tabulae sunt testāmentum, quō mortuī bona sua familiāribus dant. "Sibi pecūniam dedit", id est nihil ex pecūniā ejus superest uxōrī.

 # Adagia

FUĬ ET EGO QUONDAM (JUVENIS)

BIS DAT QUĬ CITŌ DAT

DŌNA ACCĒPĪ

? Interrogātiōnēs

A. Quid fēcit?

1.	Surge !	Quid fēcit ?	- Surrexit.
2.	Consīde !	Quid fēcit ?	- Consēdit
3.	Ambulā !	Quid fēcit ?	- Ambulāvit.
4.	Consiste !	Quid fēcit ?	- Constitit.
5.	Venī !	Quid fēcit ?	- Vēnit
6.	Abī !	Quid fēcit ?	- Abiit.
7.	Salī !	Quid fēcit ?	- Saluit.
8.	Curre !	Quid fēcit ?	- Cucurrit.
9.	Verte !	Quid fēcit ?	- Vertit.
10.	Cape !	Quid fēcit ?	- Cēpit.
11.	Aperī !	Quid fēcit ?	- Aperuit.
12.	Claude !	Quid fēcit ?	- Clausit.
13.	Dā !	Quid fēcit ?	- Dedit.
14.	Dēlīneā !	Quid fēcit ?	- Dēlīneāvit.
15.	Scrībe !	Quid fēcit ?	- Scripsit.
16.	Spectā !	Quid fēcit ?	- Spectāvit.
17.	Lege !	Quid fēcit ?	- Lēgit.
18.	Dēlē !	Quid fēcit ?	- Dēlēvit.

B. Herī ? Hodiē ?

1. Scrībisne epistulam hodiē ?
   Nōn scrībō hodiē, sed herī epistulam scripsī. **Scripsī herī.**

2. Comedis apud Fabricium hodiē ?
   Nōn, **comēdī** apud eum herī.

3. Accipis parentēs tuōs hodiē ?
   Nōn, eōs **accēpī** herī.

4. Pensa diurna facis hodiē ?
   Nōn, ea **fēcī** herī.

5. Multum cerevīsiae bibis hodiē ?
   Nōn, herī **bibī**.

6. Quiētem capis hodiē ?
   Nōn, herī quiētem **cēpī**.

7. Responsa invenīs hodiē ?
   Nōn, herī ea **invenī**.

8. Febrim habēs hodiē ?
   Nōn, herī **habuī**.

9. Raedam novam emis hodiē ?
   Nōn, **ēmī** herī.

10. Apud Claudiam venīs hodiē ?
    Nōn, apud eam **vēnī** herī.

C. Quid fecisti ?

1. Diē Mercuriī novum librum **ēmistī**?
   Nōn – Diē Martis librum **ēmī**.

2. Hodiē carnem būbulam **comēdistī**?
   Nōn – Hodiē piscem **comēdī**.

3. Hebdomade superiōre parentēs **accēpistī**?

4. Herī decem pōcula vīnī **bibistī** ?

5. Parentibus **scripsistī** ?

6. Iter in Africā **fēcistī** ?

D. Gladiātōrum pugna

Ēlige gladium. Māvīs istum gladium? Cape gladium. Tū quoque. Capite gladiōs. Dīc: "moritūrī tē salūtant." Dīcite. Quid dīcis? Quid dīcitis? Ostende gladium. Ostendite gladiōs. Vidēsne gladium? Vidētisne? Pugnāte. Vince. Curre.

> Quid **ēlēgistī** ?
> **Ēlēgī** gladium.
> Quid **ēlēgit** ?
> **Ēlēgit** gladium.

> Quem gladium **māluistī** ?
> Hunc **māluī**.
> Quem gladium **māluit** ?
> Illum **māluit**.

> Quid **cēpistī** ? Quid **cēpit** ?

> Quid **cēpistis** ?
> Gladiōs **cēpimus**.
> Quid **cēpērunt** ?
> Gladiōs **cēpērunt**.

> Quid dīxistī ? Quid **dīxit** ? Quid **dīxistis** ? Quid **dīxērunt** ?

> Quid **ostendistī** ? Quid **ostendit** ? Quid **ostendistis** ? Quid **ostendērunt** ?

> Quid **vīdistī** ? Quid **vīdit** ? Quid **vīdistis** ? Quid **vīdērunt** ?

> Quid **fēcērunt** ?
> **Pugnāvērunt.**
> Quis **vīcit** ?
> Thraex **vīcit.**

@ Scriptum prīmum

Dōnum Victōris

Philippus et Alexander in tabernā sunt.
Cavea in mensā posita est. In caveā est volucris multicolor.

PHILIPPUS : Herī diem nātālem meum celebrāvimus. Victor ad cēnam **vēnit**. **Comēdit** et **bibit** nōbīscum. Post cēnam dōna **accēpī**. Ecce dōnum Victōris! Quam pulchra est volucris mea. Nōmen eī est Philēmō. Omnibus eam ostendere volō. Ecce Philēmō! Pulcherrima omnium volucrium !

Omnēs in tabernā sē ad Philippum convertunt et Philēmōnem spectant. Nonnullī dīcunt:
"Euge, Philippe!" et "Quam mīra est volucris tua!" Alexander autem dubitat.

ALEXANDER : [*sibi*] Num Victor dōna dat ? Hoc fierī nōn potest. Quid in animō habuit?

PHILIPPUS : Victor est bonus amīcus. Herī mihi omnia narrāvit. Sciō eum māximīs labōribus hanc volucrem **ēmisse**.

VOX : [*tēlephōnī similis*] Tintin ! Tintin ! – Tintin ! Tintin !

PHILIPPUS : Ignosce, Alexander. – Quid accidit ? Heūs ? – Nēmō **respondit**.

ALEXANDER : Quidnam Victor noster narrāvit, Philippe ?

PHILIPPUS : Sē diū per urbem errāvisse narrāvit. Posteā autem peregrīnum mercātōrem **invēnit**. Victor mihi narrāvit eum per Indiam iter **fēcisse** et ibi pulcherrimās volucrēs **cēpisse**. Volucrem igitur ā mercātōre **ēmit**, ut mihi narrāvit.

ALEXANDER : Ergō Victor tibi, Philippe, hanc pretiōsam volucrem dōnāvit ? Nōnne ...

VOX: [*Victōris similis*] Philippus, Philippus, Philippus stultus est !

PHILIPPUS : Hem!

ALEXANDER : Euge! Quālis est haec volucris ? Iterum dīc, Philēmō !

VOX : [*Victōris similis*] Philippus, Philippus, Philippus stultus est !

Iterum omnēs sē ad mensam Philippī et Alexandrī convertunt.

PHILIPPUS : Tandem tacē, volucris loquax ! Satis ! – Quidnam rīdētis ?

VOX : [*Victōris similis*] Philippus, Philippus, Philippus stultissimus est !

Omnēs cachinnāre incipiunt. Philippus igitur ērubescit et surgit. Caveam capit et jānuam petit.

ALEXANDER : Philippe, quid accidit? Num fugis ? Victōrem adī et eī grātiās age ! Bonus amīcus tibi est. Nam **psittacum accēpistī** bene doctum !

VOX : [*Victōris similis, ē longinquō*] Philippus, Philippus, Philippus stultus est! Philippus, Philippus, Philippus ...

✏ Exercitātiō prīma :
invenī verba quae dēsunt

Quid accidit diē nātālī Philippī ?

(accipere, bibere, celebrāre, comedere, dōnāre, venīre)

Philippus et amīcī diem nātālem .... Victor ad cēnam ....

.... et .... cum eīs. Philippus post cēnam dōna ....

Victor volucrem pulcherrimam Philippō ....

Quid Victor fēcit ?

(capere, emere, errāre, facere, invenīre, narrāre)

Victor diū per urbem ...., dōnum quaerens. Deinde mercātōrem

peregrīnum .... Ille mercātor iter per Indiam ...., ubi

volucrēs .... Victor volucrem ab illō .... Haec omnia Philippō

....

𝒢 Dē tempore perfectō verbōrum tertiae conjugātiōnis

PERSŌNAE	LEGERE	FACERE
EGO	LĒGĪ	FĒCĪ
TŪ	LĒGISTĪ	FĒCISTĪ
DISCIPULUS	LĒGIT	FĒCIT
NŌS	LĒGIMUS	FĒCIMUS
VŌS	LĒGISTIS	FĒCISTIS
DISCIPULĪ	LĒGĒRUNT	FĒCĒRUNT

CAVĒ ! Oportet discere formās verbōrum tertiae conjugātiōnis, quae rēgulārēs nōn sunt.

Exercitātiō secunda :
invenī formas tertiae conjugātiōnis

Implē tabulam verbīs istīs, auxiliō exemplōrum.

Volō, vīs, velle - Vīvō, is, ere - Vincō, is, ere - Solvō, is, ere - Scrībō, is, ere - Pōnō, is, ere - Perdō, is, ere - Ostendō, is, ere - Nōlī, nōn vīs, nolle - Mittō, is, ere - Mālō, māvīs, malle - Lūdō, is, ere - Laedō, is, ere - Intellegō, is, ere - Emō, is, ere - Ēligō, is, ere - Dūcō, is, ere - Dō, dās, dare - Discō, is, ere - Dīcō, dicis, dīcere - Currō, is, ere - Cēdō, is, ere - Capiō, is, ere - Canō, canis, ere - Bibō, is, ere - Agō, is, ere - Accidō, is, ere

Perfectum	Exemplum	Praesens & Infinītīvus
Accidī	Rēs terribilis accidit, venīte celeriter !	....
Ēgī	Quid herī ēgistī ?	....
Bibī	Cerevīsiam bibī optimam !	....
Cecinī	In theātrō lyricō tragoediam cecinērunt.	....
Cēpī	Cēpistīne librum meum ? Eum nōn inveniō.	....
Cessī	Nervae Trājānus successit annō XCVIII.	....
Cucurrī	Cucurrit usque ad domum vīcīnōrum.	....
Dīxī	Dīxī tē surdum esse!	....
Dedī	Quid dedistī Jūliae herī ?	....
Didicī	Quid didicistī in scholā ?	....
Dūxī	Dūxistis puerōs ad bibliothēcam.	....
Ēlēgī	Ēlēgimus domum nostram inter multās.	....
Ēmī	Ēmistī novam raedam ?	....
Intellexī	Omnia, quae dīxistī, facile intellexī.	....
Laesī	Verbīs suīs stultīs mē laesit.	....
Lūsī	Cum amīcīs tōtō vespere lūsīt.	....
Mīsī	Mīsī epistulam Paulō.	....
Māluī	Māluī nihil facere quam male facere	....
Nōluī	Nōluī pūblicē canere.	....
Ostendī	Gladiātōrēs arma sua ostendērunt.	....
Perdidī	Helena perdidit clāvēs cellae.	....
Posuī	Pallium meum in culīnā posuī.	....
Scripsī	Scripsimus librum dē vītā Augustī.	....
Solvī	Parentēs meī prō omnibus in tabernā solvērunt.	....
Vīcī	Rōmānī Barbarōs vīcērunt.	....
Vīxī	Miser tantum duōs mensēs vīxit.	....
Voluī	Voluit ad theātrum īre.	....

❓ Interrogātiōnēs

Quidam discipulus, aut magister, surdus
est, et semper interrogat : « **quid dīxistī ?** ». *Quisque discipulus sententiam dīcit :*

> Bene dormīvī !
> Quid dīxistī ?
> Dīco mē bene **dormīvisse**.

> Novō Eboracō veniō.
> Quid dīxistī ?
> Dīcō mē Novō Eboracō **vēnisse**.

Paenulam ēmī !
Librum doctum lēgī !
Herī in theātrō multum rīsī !
Sorōrem tuam vīdī !
Epistulam avunculō Americānō mīsī !
Clavichordium cecinī.
Amīcō meō Augustīnō scrīpsī.

Īnfīnītīvus modus

Praesens	Praeteritus
Amāre	Amāvisse
Habēre	Habuisse
Venīre	Vēnisse
Facere	Fēcisse

✏️ Exercitātiō tertia :
accūsātīvus cum īnfīnītīvō

1. **Philippus narrat sē** cum amīcīs diem nātālem **celebrāvisse ; narrat Victōrem**
apud eōs **vēnisse**, cum eīs **comēdisse** et **bibisse**. Deinde **Philippus narrat sē** dōna
accēpisse ; et **Victōrem** eī pulchram volucrem **dōnāvisse**.

2. **Victor narrat ...** *(errāvisse, invēnisse, fēcisse, cēpisse, ēmisse).*

   ....
   ....
   ....

3. **Alexander narrat ...**

   ....
   ....
   ....
   ....

❓ Interrogātiōnēs

Festīvitās erat apud Alexandrum. Nīcolāus multas nūgās ēgit, sed eārum nōn meminit.
Alexandrum eī omnia revocat.

NĪCOLĀUS (*tēlephōnō ūtens*) : Heūs !

ALEXANDER: Nīcolāe ?

NĪCOLĀUS :   Heū! Caput dolet! Quid tibi, Alexander ?

ALEXANDER: Vīsne mihi aliquid dīcere ?

NĪCOLĀUS: Heū! Fessus et aegrōtus sum! Quid tibi dīcere possum ?

ALEXANDER: Nōn vīs veniam petere, prō omnibus injūriīs tuīs ?

NĪCOLĀUS :   Injūriae ? Quae injūriae ?

ALEXANDER: Nōn **meministī?** Herī festīvitās apud villam meam fuit, cum amīcīs
                  nostrīs. Tū nimis **bibistī...**

NĪCOLĀUS: **Bibī ?** Ego? Nōn **meminī.** Quid **accidit** ?

ALEXANDER: ...

Complē colloquium verbīs – Is quī Alexandrum agit ūtī potest istīs verbīs:

scripsistī (in pariētibus, in equō...)		māluistī		perdidistī...
	cēpistī (vās, fēlem, ...)	laesistī	dīxistī	dūxistī...
cecinistī	ostendisti	cucurristī		dedistī (osculum...)
		jussistī	posuistī	voluistī

Nīcolāum quī agit, is respondere dēbet, prīmā persōnā ūtens.

🔖 Dē tempore perfectō: verbum ĪRE

PERSŌNAE	ĪRE	ĪVISSE
EGO	EŌ	ĪVĪ / IĬ
TŪ	ĪS	ĪVISTĪ / IISTĪ
DISCIPULUS	IT	ĪVIT / IIT
NŌS	ĪMUS	ĪVIMUS / IIMUS
VŌS	ĪTIS	ĪVISTIS / IISTIS
DISCIPULĬ	EUNT	ĪVĒRUNT / IĒRUNT

Verba cum ĪRE ēlabōrāta sīc conjugantur :

- Abiī, abiistī, abiit, abiimus, abiistis, abiērunt : *Quō abiērunt ? Eōs nōn videō.*

- Adiī, adiistī... : *Adiimus ad hortum zōologicum et illīc animālia multa vīdimus.*

- Exiī, iistī... : *Quotā hōrā ex scholā exiistis ?*

- Periī, periistī... : *Mortuus est imperātor, infēlīciter periit in pugnā.*

- Obiī, obiistī... : *Avus amīcī meī herī mortem obiit, heū ! Vītam infēlīcem habuit...*

- Rediī, rediistī... : *Herī sērō domum rediī, quia cum amīcīs diū mansī.*

✏ Exercitātiō quarta :
implē vacua spatia hīs verbīs

ivi – fuī – rediī – audīvī – invītāvī – censuī – dēlectāvī – fīnīvī – habuī – dormīvī.

Cavē : tū rectā persōnā ūtī dēbēs !

ĪVIMUS AD CONCENTUM

PAULUS : Avēte amīcī ! Num bene dormīvistis ?

FABRICIUS : Bene, sed haud longē ....

PAULUS : Quam ob rem ?

JŌHANNES : Herī .... ad concentum, quī .... valdē longus. Sērō
domum ....

PAULUS : Quid vōs .... ?

JŌHANNES : Mūsicam symphōnicam hodiernam nōs ....

PAULUS : Euge, rārī sunt amātōrēs hujus mūsicae ! Multī hominēs mūsicam nostrae
aetātis ōdērunt.

CAECILIUS : Ego hanc mūsicam parum nōvī, sed libenter herī .... ad
concentum, cum Jōhannes et Fabricius mē ....

PAULUS : Quid ergō dē mūsicā .... ?

CAECILIUS : In hāc mūsicā inest spīritus saeculī nostrī, id est mīra conjunctiō artis et
scientiae, pulchritūdinis et dēformitātis ; regnat autem animī intensiō
usque ad insāniam. Concentus ergō nōn .... facilis, sed mē
....

JŌHANNES : Rectē dīcis, Caecilī, nōn .... mūsica facilis, ... autem
concentum summae pulchritūdinis.

PAULUS : Quotā hōrā .... concentus ?

FABRICIUS : Undecimā hōrā ...., sed post concentum amīcī nōs
..............., et .... ad tabernam.

Notā bene

Sunt verba, quae tantum tempore perfectō exstant. Prō **praesente** autem valent.

- Meminī : Meministīne nōminis ejus ?
  -Heū, nōn meminī, malam memoriam habeō.
- Nōvī : Nōvimus locum, ubi māter vīnum cēlat.
  -Scītisne vērē locum ? Euge !
- Ōdī : Hostēs eum ōdērunt, eum occīdere valdē cupiunt.

✏ Exercitātiō quinta : mūtā sententiās

Exemplum :   Imperātor urbem dēlet.   >   *Imperātor urbem dēlēvit.*

1. In cubiculō suō dormit.   >   ....

2. Audiō rūmōrem mīrum.   >   ....

3. Abīmus ad scholam.   >   ....

4. Exeunt ex templō.   >   ....

5. In mūseō manēmus.   >   ....

6. Magnum canem habētis.   >   ....

7. Festīvitātēs hōrā decimā fīniunt.   >   ....

8. Vidēsne novam raedam meam ?   >   ....

9. Discipulī in hortō jacent.   >   ....

10. Sileō, cum modōs mūsicōs audiō.   >   ....

11. Tacēmus in ecclēsiā.   >   ....

12. Num venītis ad Helenam ?   >   ....

13. Historiae Rōmānae studēs.   >   ....

14. Caput dolet.   >   ....

15. In sēde nostrā sedēmus.   >   ....

16. Sōl tōtō diē splendet.   >   ....

17. Ad forum eō.   >   ....

18. Eunt eādem viā, quā nōs īmus.   >   ....

19. Spectāculum bonum vidētis.   >   ....

20. Ūnum filium habent.   >   ....

Exercitātiō sexta : respondēre

1. Ad theātrum īvistī praeteritō mense ? ....
2. Mātrī tuae epistulam scrīpsistī hebdomade praeteritā ? ....
3. Arabicam bibistī hodiē ? ....
4. Āleā lūsīstī praeteritō mense? ....
5. Paenulam dēposuistī ? ....
6. Lectiōnēs dē tempore praeteritō intellēxistī? ....

Exercitātiō septima : sententiās fac

Herī – hebdomade praeteritā – annō praeteritō – annō bis millēsimō (MM)	multum labōrāvisse – crustulum comēdisse – fēriās ēgisse – ambulāvisse – amīcōs convēnisse – corpus exercuisse – ōtium habuisse

Exempla :
- Herī ambulāvī.
- Herī nōn ambulāvī ego ; multum enim labōrāvī.

Exercitātiō octāva : sententiās fac

Philippus	in silvā	Gallōs	vīcit
Nīcolāus	in scholā	lupum	errāvit
Rosa	in bibliothēcā	īre ad Rosam	timuit
Veronica	duōs mensēs	cerevīsiam	nōluit
Caesar	trēs hōrās	vīnum rubrum	bibit
	in caupōnā	linguam Latīnam	māluit
		domum	didicit
		plūrimōs librōs	rediit
			lēgit

Exercitātiō nōna : sententiās fac

SCRIPSISSE	PERDIDISSE	POSUISSE	BIBISSE
MĪSISSE	LŪSĪSSE	DEDISSE	INTELLEXISSE
ĒMISSE	ĒLĒGISSE	DIDICISSE	DĪXISSE

- Epistulam herī mātrī meae scrīpsī.
- Multa pōcula vīnī herī bibī.
- ...

 # Exercitātiō decima : scrībere

Scrībite: Quid ēgit Alexander herī ?

🎲 Lūdus : partēs agere

Narrātor :

> "Nīcolāus in viā Victōrem videt et accēdit. Victor Nīcolāō dīcit sē in tabernam
> īre. Ad tabernam igitur ūnā cum eō ascendit. Cōnsīdit vīnumque poscunt. Tum
> Philippus advenit. Iterum jubent ministrōs vīnum ferre. Statim pōcula et lagoenās
> vīnī plēnās afferunt. Deinde autem ministrī pōcula replent. Paulō post propter
> vīnum mensam ascendit et pōcula in tabernārium jactāre incipit. Tum inde fugere
> vult, sed effugere nōn potest. Custōdēs enim veniunt. Nīcolāum capiunt et in
> carcerem coniciunt. Nunc autem dēspērat."

A. Dum narrātor narrat, « histriōnēs » (ē discipulīs lectī) scaenam agunt.

B. Deinde : quī Nīcolāum ēgit, is fābulam mātrī suae narrat :

chartulīs ūtī possumus, in quibus scripta sunt :

*vīdī, accessī, dīxit, ascendī, cōnsēdimus, poposcimus, advēnit, jussimus, attulērunt,
replēvērunt, ascendī, coepī, vēnērunt, cēpērunt, conjecērunt.*

C. Tandem discipulī et discipulae omnēs praeteritō tempore haec narrant :

Nīcolāus Victōrem **vīdit** et **accessit**, ...

D. Possumus tunc id iterum agere, sine chartulīs, etc.

@ Scriptum secundum

Opus est Nīcolaō pecūniā

Per tēlephōnum Nīcolāus auxilium ā mātre petit.

NĪCOLĀUS : Heūs, māter?

MARTHA : Nīcolāe, ubi es?

NĪCOLĀUS : Nihil refert, māter. Audīsne?

MARTHA : Audiō tē, mī filī. Quid fit?

NĪCOLĀUS : Nihil fit, māter. Opus autem mihi est pecūniā. Lātrō in viā, crēde mihi, omnia mea rapuit et abstulit!

MARTHA : Nīcolāe, quid fēcistī? Nōlī, quaesō, mihi mendācia dīcere. Bene enim tē nōvī.

NĪCOLĀUS : Dā veniam, māter! Ego innocens sum!

MARTHA : Itane vērō? – Mī filī, quid mē patrī tuō dīcere oportēbit ? Cēterum, quō nōs pecūniam mittere oportēbit ? Fortassē autem sīcut pecūnia ē sacculō tuō effūgit, ita sponte suā ad tē revolābit. Jam enim nōbīs omnibus patet pecūniam ālās habēre...

NĪCOLĀUS : Bene est, māter. Vērum tibi dīcam. Herī ē deversōriō hōrā quasi decimā exiī. In viā Victōrem vīdī et accessī. Ille mihi dīxit sē in tabernam īre. Ad tabernam igitur ūnā cum eō ascendī. Consēdimus vīnumque poposcimus. Tum Philippus advēnit. Iterum jussimus ministrōs vīnum ferre. Statim pōcula et lagoenas vīnī plēnās attulērunt. Deinde autem ministrī pōcula replēvērunt. Paulō post propter vīnum mensam ascendī et pōcula in tabernārium jactāre coepī. Tum inde fugere voluī, sed effugere nōn potuī. Custōdēs enim vēnērunt. Mē cēpērunt et in carcerem conjēcērunt. Nunc autem despērō. Mortem obīre mālō quam in carcere manēre. Ōdī vītam meam!

✏ Exercitātiō undecima :
mūtā sententiās

Exemplum :   Nōlī venīre.   >   *Nōluī venīre.*

1. Paulus rectē dīcit.   >   ....

2. Quid facis, nūgātor ?   >   ....

3. Ubi vīvunt Petrus et uxor ejus ?   >   ....

4. Magister discipulōs in mūsēum dūcit.   >   ....

5. Canitisne in hōc concentū ?   >   ....

6. Laetē bibimus.   >   ....

7. Nōn vultis Lūtētiam īre.   >   ....

8. Volunt nōbīscum cēnāre.   >   ....

9. Dīcunt multa vāna verba.   >   ....

10. Mittis epistulam frātrī tuō.   >   ....

11. Imperātōrēs Barbarōs vincunt.   >   ....

12. Hodiē crustulum faciō.   >   Herī ....

13. Lūdunt cum cane suō.   >   ....

14. Māvīs hōrā octāvā venīre.   >   ....

15. Emitis trēs lagoenās vīnī.   >   ....

16. Prōpōnunt pōculum vīnī amīcō suō.   >   ....

17. Fābulam dē vītā Caesaris scrībō.   >   ....

18. Discit linguam Germānicam.   >   ....

19. Multōs librōs legunt.   >   ....

20. Accipimus longam epistulam a Paulō.   >   ....

21. Succēdis patrī tuō in societāte.   >   ....

22. Flōrēs histriōnibus mittunt.   >   ....

23. Epigramma scrībit.   >   ....

24. Solvit cēnam.   >   ....

◉▶ Scriptum tertium

Dē imperātōre Trājānō (Eutropius)

Trājānus regnāvit inter annōs XCVIII et CXVII post Christum nātum. Flāvius Eutropius historicus vītam ejus narrāvit in librō octāvō Breviāriī historiae Rōmānae, quod saeculō quartō scripsit.

Successit Nervae Ulpius Trājānus Crīnītus, nātus in Hispāniā, familiā antīquā magis quam clārā : nam pater ejus prīmum consul *fuit*. (...) Inūsitātae cīvilitātis et fortitūdinis *fuit*. Rōmānī imperiī fīnēs longē lātēque *diffūdit*. Urbēs trans Rhēnum in Germāniā *reparāvit*. (...) Dāciam *subēgit*. (...) Armeniam *recēpit*. Albānīs rēgem *dedit*. Ibērōrum rēgem, (...) et Arabum in fidem *recēpit*. Seleucīam (...) et Babylōnem *vīcit* ac *tenuit* usque ad Indiae fīnēs, et Mare Rubrum *accessit*, atque ibi trēs provinciās *fēcit*, Armeniam, Assyriam, Mesopotamiam, cum hīs gentibus quae Madēnam attingunt. Arabiam posteā in formam provinciae *redēgit*. In Marī Rubrō classem *instituit*. Glōriam tamen mīlitārem cīvīlitāte et moderātiōne *superāvit* : Rōmae et per prōvincias aequālem sē omnibus *exhibuit*. Amīcōs *frequentāvit*, (...) saepe in vehiculīs eōrum *sēdit* ; nullum senātōrum *laesit*, nihil injustum fiscī causā *ēgit*. Līberālis in cunctōs, pūblicē prīvātimque *dītāvit* omnēs et honōribus *auxit*. (...) Multās immūnitātēs cīvitātibus *tribuit*. Nihil nōn tranquillum et placidum *ēgit*. (...) Ob hoc per orbem terrārum Deō proximus, nihil nōn venerātiōnis *meruit*, et vīvus, et mortuus. (...)

Hispānia, Dācia, Armenia, Seleucīa, Assyria, Mesopotamia, Arabia, Indiaque sunt regiōnēs terrae. Albānī, Ibērī, Arabēsque sunt incolae Albāniae, Ibēriae, Arabiaeque.
Rhēnus est flūmen (inter Galliam et Germāniam).

Exercitātiō duodecima :
invenī verba quae dēsunt

1. Trājānus imperātōrī Nervae .... optimus imperātor. Multōs

   populōs in bellō .... atque multās prōvinciās ....

2. Fīnēs imperiī Rōmānī .... usque ad Indiam. Mare Rubrum .... et

   illīc classem ....

3. Omnibus aequālem sē .... ; nēminem injustē ....

4. Venerātiōnem magnam .... ; eum enim multum .... cīvēs Rōmānī.

5. Paucī imperātōrēs ita justī sē .... ; immō multī injustī ....

6. Ō Trājāne, rēgem Arabum in fidem ...., et Arabiam in formam prōvinciae

   .... !

Exercitātiō decima tertia :
respondē

1. Quis successit imperātōrī Nervae ? ....

2. Estne nātus in nōtā familiā ? Quid fuit pater ejus ? ....

   ....

3. Quid dē indole ejus : fuitne homō bonus ? Cūr ? Quās virtūtēs exhibuit ? ....

   ....

4. Quās regiōnēs subēgit ? ....

5. Fuitne līberālis ? Cūr ? ....

   ....

6. Quid dedit multīs urbibus imperiī ? ....

7. Quōs laesit ? ....

Exercitātiō decima quarta :
locōs vacuōs replē

	ANNŌ PRAETERITŌ...	NUNC...	ANNŌ PROXIMŌ...
Exemplum:	... *discipulus ejus fuī.*	... *discipulus ejus sum.*	... *discipulus ejus erō.*
1.	concentūs nōs delectāvērunt.	....	....
2.	....	....	veniam ad tē.
3.	bonum vīnum bibimus.	....	....
4.	....	vīvit Rōmae.	....
5.	....	estis dīvitēs.	....
6.	perdidistis clāvēs.	....	....
7.	....	....	tēlevisiōnem spectābunt.
8.	....	bene rīdēmus.	....
9.	in ūniversitāte studuistis.	....	....
10.	....	in chorō canit.	....
11.	....	....	nōlēs abīre.
12.	....	....	legēs librum meum.
13.	vīcimus Barbarōs.	....	....
14.	potuistī venīre.	....	....
15.	....	....	imperātōrem vidēbimus.
16.	....	raedam emimus.	....
17.	....	....	multa habēbunt.
18.	....	vīcīnī nostrī abeunt.	....
19.	flōrēs mihi dedit.	....	....
20.	....	....	ībunt Rōmam.

Epigraphia

Epigraphia est doctrīna, quā possumus antīquās inscriptiōnēs legere. Ecce inscriptiōnem tumulī cujusdam Rōmānī (annō CVI° post Christum nātum) ; **epitaphium** est.

D . M

MINICIAE

MARCELLAE

FUNDANI . F

V . A . XII . M . XI . D . VII

(CIL VI 16631)

Dēsunt litterae spatiī causā. Sīc scriptum restituere possumus :

DIĪS MĀNIBUS

MINICIAE

MARCELLAE

FUNDĀNI FĪLIAE

VIXIT ANNŌS XII MĒNSĒS XI DIĒS VII

« **Diī Mānēs** » sunt animae parentum mortuōrum. Rōmānī crēdēbant animam immortālem esse.

Hīc est aliud epitaphium :

QVOD EDI BIBI MECVM HABEO QVOD RELIQVI PERDIDI

(CIL 6, 18131)

✏ Exercitātiō decima quinta :
respondē

1. **In prīmō epitaphiō** : cui illud epitaphium scriptum est?
2. **Cujus filia** est Minicia Marcella?
3. **Quot** annōs illa vixit?
4. **In epitaphiō alterō** : Hōc modō explānāre possumus : *"Quod ēdī et bibī, mēcum habeō ; quod relīquī, perdidī."* **Quis loquitur?**

NOTĀ:

- Tū epistulam Plīniī legere potes, nōn sine auxiliō, 5.16, quae hīs verbīs incipit: *"Tristissimus haec tibi scrībō, Fundānī nostrī filiā minōre defūnctā..."* , sī plūs discere vīs dē puellā illā.
- Quid est "C.I.L."? - Est Theodoris Mommsen **"Corpus Inscriptiōnum Latīnārum"** (saec. XIX°) ubi omnēs inscriptiōnēs Latīnē scriptās invenīre potes.

🏛 Adagia

ŌDĪ PROFĀNUM VULGUS ET ARCEŌ (Horātius)

VĒNĪ VĪDĪ VĪCĪ (Jūlius Caesar)

OLEUM PERDIDĪ

VIXIT

SĪ VĪS AMĀRĪ...

 Mandāta

Magister	Aemilia, Petrum vocā.
Aemilia	Petre!
Magister	Aemilia Petrum vocat ; **Petrus vocātur.**
	Francisce, Jōhannem vocā.
Jōhannes	Jōhannēs!
Magister	Franciscus Jōhannem vocat. **Jōhannēs vocātur.**

Amandam vocā – Amanda vocātur ; Philippum vocā – Philippus vocātur ; etc.

Magister	Lūcā, librum tenē.
	Lūcās librum tenet ; **Liber tenētur.**
	Lūcā, librum movē! Librum dissimulā!
	- Liber movētur. Liber dissimulātur.
	Mensam, fēlem, gladium, pilam, calamum, saccum, rosam – tenē, movē, dissimulā.

- Mensa, fēlēs, gladius, pila, calamus, saccus, rosa...
- tenētur, movētur, dissimulātur.

? Interrogātiōnēs

Magister	Salvē, ego **Stephanus vocor** ! Mē Stephanum vocant omnēs, mihi nōmen Stephanus est, Stephanus sum, **Stephanus vocor!**
	Tū, quō nōmine **vocāris?**
Paulus	**Paulus vocor.**
Magister	Omnēs! **Hic Paulus vocātur.** Dīcite iterum!
Discipulī	Salvēte, nōs **Stephanus et Paulus vocāmur** ! Quō nōmine **vocāminī** ?
Discipulae	Salvēte, nōs Caecilia et Claudia **vocāmur** !
Magister	Omnēs! **Hae Caecilia et Claudia vocantur!** Dīcite iterum!
Magister	Et tū, quō nōmine **vīs vocārī** ?
Discipulus	Ego Catilīna **vocārī volō** !

@ Scriptum prīmum

Sī vīs amārī...

Nīcolāus et Alexander in tabernā sedent.

ALEXANDER : Ō mē miserum! Nulla mē amat.

NĪCOLĀUS : Alexander, nōlī plōrāre! Nulla tē amat nullamque amās. Nec **amārīs** nec amās. Līber es! Nōnne lībertāte tuā gaudēre vīs?

ALEXANDER : Nīcolāe, quid dīcis? Num caecus es? Rosam amō!

NĪCOLĀUS : Etiamne? Sed Rosa ab omnibus ferē **amātur**. Sī vīs **amārī**, aliam amā!

ALEXANDER : Ēheū! Aliam neque amāvī neque amō neque umquam amābō! Audīsne?

NĪCOLĀUS : Heūs, quid clāmās? Etiam ā coquō in culīnā **audīrīs**, ut existimō. Nunc autem audī mē. Neque ego **amor**. Hodiē enim difficile est puellīs placēre.

ALEXANDER : Cūr nōn **amāmur** ā pulchrīs puellīs? Nōs miserōs! ...

Tribus ferē hōrīs post eundem sermōnem habent.

NĪCOLĀUS : Rectē dīcis, cārissime. Puerī omnēs **amantur** praeter Nīcolāum et Alexandrum...

ALEXANDER : Ēn consilium: rosās Rosae feram! Vidēbit eās et amābit mē!

NĪCOLĀUS : Euge! Nunc dēnique aliquid dīcis! Bonum consilium dedistī. Certē **amāberis**! Sī flōrēs **praebentur**, puellae semper amōre ardēre incipiunt. Hoc omnēs **sciunt**.

ALEXANDER : Sānē! Sed ecce alterum consilium: licet nōs etiam carmina cānere puellīs!

NĪCOLĀUS : Optimē dīxistī! Carmina enim, sī **audiuntur**, amōrem puellārum commovēre solent. Nōn **irrīdēbimur**, sed **amābimur**!

Ecce autem repente Veronica appāret et eōs increpāre incipit.

VERONICA : Quidnam est hoc? Pudet mē hujus spectāculī! Omnia enim audīvī! Nec flōrēs vestrī **praebēbuntur** nec carmina vestra **audientur**! Dūrī estis ac Barbarī! Vōs semper **irrīdēbiminī** nec umquam **amābiminī**!

✎ Exercitātiō prīma : verba religā

Alexander •	• amantur, praeter Alexandrum et Nīcolāum
Alexander clāmat et •	• sī amārī vīs
Alexander Rosam •	• amāris
Alexander, tū clāmās, et •	• amat
Tibi est consilium: amā •	• amātur
Cūr nōs •	• amō.
Aliquid tibi dīcere volō: Rosam •	• in culīna audīris!
Puerī omnēs •	• in culīnā audītur
Rosa •	• nōn amāmur?
Tū •	• nōn amātur

✎ Exercitātiō secunda : respondē

1. Cūr Alexander tristis est?

2. Amāturne Alexander?

3. Amāturne Nīcolāus?

4. Quam Alexander amat?

5. Num Nīcolāus caecus est?

6. Ā quibus Rosa amātur?

7. Audīturne Alexander ā coquō?

8. Cūr nōn amantur ā puellīs?

9. Quid feret Alexander? Cui?

10. Quid putat Nīcolāus dē hōc consiliō?

11. Quae consilia alia capiunt?

12. Cujus Veronicam pudet?

13. Cūr Veronica eōs increpat?

𝒢 Dē passīvō

Verba vōce passīvā sīc coniugantur :

PERSŌNAE	AMĀRE	DĒLĒRE
EGO	AMOR	DĒLEOR
TŪ	AMĀRIS	DĒLĒRIS
DISCIPULUS	AMĀTUR	DĒLĒTUR
NŌS	AMĀMUR	DĒLĒMUR
VŌS	AMĀMINĪ	DĒLĒMINĪ
DISCIPULĪ	AMANTUR	DĒLENTUR
INFĪNĪTĪVUS	AMĀRĪ	DĒLĒRĪ

 # Mandāta & interrogātiōnēs

Prōnōmen relātīvum – singulāre

Magister	Marī, salūtā discipulum **quī** sedet. Quem salūtās?
Marius	Discipulum **quī** sedet salūtō.
Magister	(> *omnēs*) Quem salūtat?
Omnēs	Discipulum **quī** sedet salūtat.

Magister	Marī, salūtā discipulum **quī** stat. Quem salūtās?
	Quaere discipulum **quī** latet.
	Prehende discipulum **quī** fugit.
	Ostende discipulum **quī** nōn audit.
	Expergēfac discipulum **quī** dormit.
	Etc.

Magister	Viola, salūtā discipulam **quae** sedet. ... Quam salūtās?
Viola	Discipulam **quae** sedet salūtō.
Magister	(> *omnēs*) Quam salūtat?
Omnēs	Discipulam **quae** sedet salūtat.

Magister	Salūtā discipulam **quae** stat.
	Salūtā discipulam **quae** dormit.
	Ostende discipulam **quae** tristis est.
	Pulsā discipulam **quae** tē dērīdet.
	Etc.

Magister	Victorīna, ede mālum **quod** viride est.
	Ostende templum **quod** Graecum est.
	Ostende templum **quod** Rōmānum est.
	Claude ostium **quod** apertum est.
	Etc.

Magister	Henrīce, vidēsne calamum **quem** teneō?
Henrīcus	Videō, magister. Calamum **quem** tenēs videō.
Magister	(> *omnēs*) Quid videt?
Omnēs	Calamum **quem** tenēs videt.

Magister	Statne discipulus **quem** audīs?
	Sedetne discipula **quam** vidēs?
	Adestne discipula **quam** Victōria dēlīneāt?
	Etc.

Magister	Guillelme, ostende discipulum **cui** nōmen est Franciscus. Quem ostendis ?
Guillelmus	Franciscum. Discipulum **cui** nōmen Franciscus est ostendō.
Magister	(> *omnēs*) Quem ostendis ?
Omnēs	Discipulum **cui** nōmen Franciscus est ostendit.
Magister	Michaēl, salūtā discipulam cui sunt oculāria. *Etc.*
Magister	Beātrix, ubi sedet discipulus **cujus** bracae nigrae sunt ?
Beātrix	Discipulus **cujus** bracae nigrae sunt sedet prope fenestram.
Magister	(> *omnēs*) Ubi sedet ille discipulus **cujus** bracae nigrae sunt ?
Omnēs	Discipulus **cujus** bracae nigrae sunt sedet prope fenestram.
Magister	Angele, quōmodo vocātur discipulus cujus mensa prope fenestram collocātur? *Etc.*
Magister	Prospere, quis est haec discipula **cum quā** ambulō?
Prosperus	Ista discipula, **cum quā** ambulās, Placida est.
Magister	(> *omnēs*) Quis est discipula **cum quā** ambulō?
Omnēs	Ista discipula, **cum quā** ambulās, Placida est.
Magister	Prūdentī, ostende discipulum **dē quō** loquor. Veronica, ostende discipulam **a quā** calamum accēpī. Juste, cape calamum **quō** scrīpsī.

Prōnōmen relātīvum – plūrāle

Magister	Marī et Marce, salūtāte discipulōs **quī** sedent. Quōs salūtātis? *Etc.*
Magister	Viola et Justīna, salūtāte discipulās **quae** sedent. ... Quās salūtātis? *Etc.*
Magister	Victōria et Isaura, edite mālum et pirum **quae** viridia sunt. *Etc.*
Magister	Henrīce et Honōrāta, vidētisne calamōs **quōs** teneō? *Etc.*
Magister	Stantne discipulae **quās** vidēs? *Etc.*
Magister	Guillelme et Clēmens, ostendite discipulōs **quibus** nōmina sunt Franciscus et Leō. *Etc.*
Magister	Beātrix et Leontīna, quōmodo vocantur discipulī **quōrum** mensa juxtā ostium collocātur ? *Etc.*
Magister	Prospere et Laura, quae sunt hae discipulae **quibuscum** ambulō? *Etc.*

✏ Exercitātiō tertia : mūtā sententiās

Exemplum :   Ferus vidētur.   >   *Ferī videntur.*

1. Fēlīx sum quia ab uxōre amor.   >   ....

2. Quid arbitrāris dē hōc librō ?   >   ....

3. Ubi versātur ?   >   ....

4. Pudōre retinēris.   >   ....

5. Lūdīs ēlectronicīs dēlectātur.   >   ....

6. Vocor Laurentius.   >   ....

7. Vidēris tristis esse.   >   ....

8. Tōta urbs dēlētur.   >   ....

9. Lacrimīs ejus moveor.   >   ....

10. Magnae turrēs dēlentur.   >   ....

11. Hae viae "sēmitae" vocantur.   >   ....

12. In dēversōriō versāminī.   >   ....

13. Pītuītā tenēmur.   >   ....

14. Quid verēminī ?   >   ....

15. Dēlectāmur bonō vīnō.   >   ....

16. Librī hīc bene servantur.   >   ....

17. Tragoediā movēmur.   >   ....

18. Barbarī valdē timentur.   >   ....

🗨 Interrogātiōnēs

Magister   **Mente fingite finem sententiārum!**

Est liber quī ... ?

- *magnus est! - dē philosophiā*
est! - taediōsus est! ...

Est liber quem ... ?

Est liber cujus ... ?

Est liber dē quō ...?

Est liber cui ... ?

Est mulier quae ... ?

Est mulier quam ... ?

Est mulier cujus ... ?

Est mulier cum quā ... ?

Est mulier cui ... ?

Est templum quod ... ?

Est templum cujus ... ?

Est templum ā quō ... ?

Est templum cui ... ?

Sunt librī quī ... ?

Sunt librī quōs ... ?

Sunt librī quōrum ... ?

Sunt librī quibus ... ?

Sunt mulierēs quae ... ?

Sunt mulierēs quās ... ?

Sunt mulierēs quārum ... ?

Sunt mulierēs quibus ... ?

Sunt templa quae ... ?

Sunt templa quōrum ... ?

Sunt templa quibus ... ?

(**N.B. :** quibus, dē quibus, sine quibus, ā quibus, *etc.*)

🗨 Scriptum secundum

Quem virum?

Nīcolāus et Philippus in tabernā sedent.

NĪCOLĀUS :   Vidēsne illum virum, Philippe?

PHILIPPUS :   Quem virum?

NĪCOLĀUS :   Illum, quī rīdet.

PHILIPPUS :   Quemnam? Sunt enim trēs virī, quī rīdent.

NĪCOLĀUS :   Illum, cujus verba omnēs audīre volunt.

PHILIPPUS :   Sunt autem trēs, quōrum verba omnēs audīre volunt.

NĪCOLĀUS :   Illum, cui minister pōculum praebet. Num caecus es?

PHILIPPUS :   Ignosce, Nīcolāe. Equidem videō trēs virōs, quibus pōcula praebentur.

NĪCOLĀUS :   Ecce, Philippe, digitō monstrō eum virum, quem tē consīderāre oportet.

PHILIPPUS :   Quid dīcis? Virī sunt trēs, quōs digitō monstrās.

Nīcolāus suspīrat et per longum tempus tacet. Deinde aliquandō Philippus sē ad Nīcolāum vertit.

PHILIPPUS :   Nīcolāe, vidēsne illōs trēs virōs, dē quibus sermō fuit? Jānuam jam petunt.

NĪCOLĀUS :   Satis, Philippe. Vidēsne hanc lagoenam?

Tum Nīcolāus lagoenam in virī caput mittit.

NĪCOLĀUS :   Ecce ille vir, dē quō ante dīxī. Humī volvitur. Vidēsne?

🅖 Dē prōnōmine relātīvō

Prōnōmen relātīvum simile est adjectīvō interrogātīvō :

	Masculīnum singulāre	Fēminīnum singulāre	Neutrum singulāre	Masculīnum plūrāle	Fēminīnum plūrāle	Neutrum plūrāle
Nōminātīvus	QUĪ	QUAE	QUOD	QUĪ	QUAE	QUAE
Accūsātīvus	QUEM	QUAM	QUOD	QUŌS	QUĀS	QUAE
Genetīvus	CUJUS	CUJUS	CUJUS	QUŌRUM	QUĀRUM	QUŌRUM
Datīvus	CUI	CUI	CUI	QUIBUS	QUIBUS	QUIBUS
Ablātīvus	QUŌ	QUĀ	QUŌ	QUIBUS	QUIBUS	QUIBUS

Exempla:
- Puella quae venit.
- Puella quam vidēs.
- Id quod facis.
- Vōs quī adestis.
- Puerī quibus dōna dātis.
- Puerī quōrum nōmina ignōrās.

Exercitātiō quarta :
conjunge sententiās ope pronōminis

Exemplum :   Vir dormit. Nesciō nōmen virī.   Nesciō nōmen virī quī dormit.
> *Vel : Vir, cujus nōmen nesciō, dormit.*

1. Ancilla domum purgat.
   In domō meā vīvō.   > ....
2. Librum legō.
   Liber mē dēlectat.   > ....
3. Marcus modōs mūsicōs canit.
   Amō modōs mūsicōs.   > ....
4. Scrībō sententiās.
   Eās nōn intellegō.   > ....
5. Carēmus librīs philosophicīs.
   Librī adhuc in scholā sunt.   > ....
6. Studet historiae.
   Iste magister eam docet.   > ....
7. Dant flōrēs puerō.
   Puerī pater dīves est.   > ....
8. Crustula parō amīcīs meīs.
   Amīcī meī ex Americā veniunt.   > ....
9. Urbēs nostrae raedīs pullulant.
   Raedārum color ruber est.   > ....
10. Barbarōs pugnant mīlitēs.
    Barbarōrum rabiem nōn ignōrāmus.   > ....
11. Forum juxtā scholam est.
    In scholā studēmus.   > ....
12. Vestīmenta in mūseō vidēs.
    Vestīmenta sunt rēgis Tarquiniī.   > ....
13. Trāmen advenit.
    Prō trāmine tesseram habēs.   > ....
14. Mūsēum vīsitāmus.
    In mūseō est statua ephēbī Graecī.   > ....
15. Mihi flōrēs dat.
    Flōrēs ex hortō tuō veniunt.   > ....
16. Invideō vīcīnīs.
    Vīcīnōs invitat Paulus.   > ....

 Exercitātiō quinta :
quaere verba quae dēsunt

1. Statuae, ………… in mūseō vidēmus, sunt Graecae.

   -Ex …….. māteriā sunt ?

   - Marmoreae sunt.

2. Tabula picta, in …………. vidēmus aedificia urbis Lūtētiae, domōs quoque prīvātās
   ostendit, in …………….. hominēs habitant.

3. Hodiē apud nōs est pictor, ………….. mātris meae imāginem fingit.

4. Exīre volō. Ubi est exitus ?

   -Jānua post ātrium est, ………… illīc vidēs.

5. Discipulae, ……………. parentēs adsunt, prīmum hodiē ad hōram veniunt.

6. Puer, ………… aquam dātis, fīlius meus est. Nōmen …………. Emmanuēl est.

✐ Exercitātiō sexta :
sententiam ūnam finge ē duābus sententiīs

1. Quōmodo vocātur puella?
   Cui puellae epistulam mittis?   > *Quōmodo vocātur puella cui epistulam mittis*

2. Ubi habitat puella?   > *Ubi habitat puella cujus nōmen est Alexandra*
   Nōmen puellae Alexandra est.

3. Liber dē philosophiā est.   > *Liber quem legō dē philosophiā est.*
   Librum legis.

4. Forum maximē frequentātur.   > …………………………………………………………
   In forō multī mercātōrēs adsunt.

5. …………………………………   > …………………………………………………………
   …………………………………

6. …………………………………   > …………………………………………………………
   …………………………………

7. …………………………………   > …………………………………………………………
   …………………………………

⚅ Lūdus : sententiās relātīvās finge

Duās chartulas cape et sententiās finge.
Exemplum: *Puellam videō + Nōmen Lūcia est = Puellam, cujus nōmen Lūcia est, videō.*
Nōmen puellae, quam videō, Lūcia est.

Puellam videō	Nōmen Robertus est.
Tabellārius bibulus epistulam affert.	Canis comedit
Multa pōcula vīnī bibit.	Medicus medicāmentum dat.
Leō in viā ambulat.	Lupus terret.
Rex saevus loquitur.	Puer crassus lentē ambulat.
....	....

-> **Chartulās fingere potes.**

 Adagium

SĪ VĪS AMĀRĪ, AMĀ.

IS FĒCIT CUI PRŌDEST

Inscriptiō Rōmāna

Inventa est in forō urbis Colōniae Marciānae Trājānae Thamugadi, in Maurītāniā, haec inscriptiō :

LAVARI VENARI

LUDERE RIDERE

HOC EST VIVERE

QUID AGITUR?

⚃ Vōx passīva : sententiae

Singulāris

Vōx actīva		*Vox passīva*
1. Būcephalus in viā currit. Nīcolāus equum audit.	>	Equus audītur.
2. Philippus sērō advenit in scholās. Jānuam pulsat.	>	Jānua pulsātur.
Ergō Veronica jānuam aperit.	>	Jānua aperītur.
3. Victor Nīcolāum dērīdet. Nīcolāus igitur eum pulsat.	>	Victor pulsātur
4. Alexander sub mensā latet sed Rosa eum nōn videt.	>	Alexander nōn vidētur.
5. Tīmōn epistulam scrībere vult. Calamum capit,	>	Calamus ....
et epistulam scrībit.	>	Epistula ....
6. Nīcolāus sitit et ad caupōnam it, et lagoenam vīnī bibit.	>	Lagoena ....
Ēbrius igitur fit Nīcolāus, et lagoenam vacuam capit.	>	Lagoena ....
Deinde lagoenam jacit ad caupōnem.	>	Lagoena ....
Custōs Nīcolāum tenet,	>	Nīcolāus ....
et eum in carcerem jacit,	>	Nīcolāus ....
jānuam tandem claudit.	>	Jānua ....

Plūrālis

Vox actīva	*Vox passīva*

1. Philippus et Victor ad Nīcolāum abeunt,
et duās lagoenās accipiunt ab eō.   > Lagoenae accipiuntur.
Deinde eās auferunt et bibunt.   > Lagoenae bibuntur.

Post hebdomadam, Nīcolāus venit et lagoenās
poscit ab eīs.   > Lagoenae poscuntur.
Illī lagoenās nōn habent.
Ergō Nīcolāus īrāscitur, et eōs pulsat.   > Victor et Philippus pulsantur.

2. Alexander duās pilās jacit   > Pilae ....
et Veronica et Rosa eās accipiunt.   > Pilae ....
Iterum Alexander eās jacit,
sed discipulae eās nōn vident.   > Pilae nōn ....

3. Discipulī in viā ambulant.
Philippum vident,
et bulgas eī dant.
Philippus omnēs bulgās fert.   > Bulgae ....

Tunc Victor eum dērīdet
et Philippus īrāscitur,
et bulgās in viā spargit.   > Bulgae ....

👄 Mandāta

1. *Discipula clāmat.*
Magister   Quis **audītur** ? Tūne audīris ?
Discipula   Certē magister, ego **audior**.

2. *Discipulus discipulam ostendit.*
Magister   Quis **ostenditur** ?
            Tūne **ostenderis** ?
Discipula   Certē magister, **ostendor**.

3. *Discipulus alterum discipulum pulsat.*
Magister   Quis **pulsātur** ?
            Tūne **pulsāris** ?
Discipulus   Rectē dīcis, magister, ego
            pulsor !

4. *Discipulus sub mensā manet. Nēmō eum videt.*
Magister   Quis nōn **vidētur** ? Num tū
            vidēris ?
Discipulus   Rectē dīcis, ego nōn
            ....

5. *Discipulus fugit, et alter discipulus eum prehendit.*
Magister   Quis **prehenditur** ?
            Tūne **prehenderis** ?
Discipulus   Ita ego ....

6. *Discipula alteram discipulam dūcit.*

Magister	Quis **dūcītur** ?
	Tūne **dūceris** ?
Discipula	Certē, ego ....

7. *Discipula fugit, et altera discipula eam tenet.*

Magister	Quis **tenētur** ?
	Tūne **tenēris** ?
Discipula	Sānē! Ego ....

8. *In forō, servī venduntur. Emptōrēs servōs emunt. Emptor ad servum aliquem venit.*

Aliquis cūriōsus	Quis **venditur** ?
	Tūne **venderis** ?
Servus	Nōnne patet?
	Certē, ego ....

9. *Discipula discipulam trahit.*

Magister	Quis **trahitur** ?
	Tūne **traheris** ?
Discipula	Ita est, magister,
	ego ....

Ad duōs discipulōs / duās discipulās

10. *Clāmant discipulae duae.*

Magister	Quī **audiuntur** ?
	Vōsne **audīminī** ?
Discipulae	Rectē, nōs **audīmur.**

11. *Discipulus duās discipulās ostendit.*

Magister	Quī **ostenduntur** ?
	Vōsne **ostendiminī** ?
Discipulae	Rectē, nōs **ostendimur.**

12. *Discipulus discipulōs duōs pulsat.*

Magister	Quī **pulsantur** ?
	Vōsne **pulsāminī** ?
Discipulī	Rectē, nōs **pulsāmur.**

13. *Discipulī sub mensā manent. Nēmō eōs videt.*

Magister	Quī nōn **videntur** ?
	Num vōs **vidēminī** ?
Discipulī	Rectē, magister, nōs
	nōn ....

14. *Duo discipulī fugiunt et alius discipulus eōs prehendit.*

Magister	Quī **prehenduntur** ?
	Vōsne **prehendiminī** ?
Discipulī	Certē! Nōs ....

15. *Discipula duās discipulās dūcit.*

Magister	Quī **dūcuntur** ?
	Vōsne **dūciminī** ?
Discipulae	Certē, nōs ....

16. *Duae discipulae fugiunt et alia discipula eās tenet.*

Magister	Quī **tenentur** ?
	Vōsne **tenēminī** ?
Discipulae	Certē, nōs ....

17. *In forō, servī venduntur. Emptōrēs servōs emunt. Emptor ad duōs servōs venit.*

Aliquis cūriōsus	Quī **venduntur** ?
	Vōsne **vendiminī** ?
Servī	Nōnne patet?
	Certē, nōs ....

18. *Discipula discipulās aliās trahit.*

Magister	Quī **trahuntur** ?
	Vōsne **trahiminī** ?
Discipulae	Ita est, magister,
	nōs ....

⊚ Scriptum prīmum

Quid agitur?

Nīcolāus et Philippus in tabernā sedent.

CHRISTOPHORUS : Salvēte discipulī! Quid **agitur?**

VERONICA : Magister, jam nōn hoc ferō! Discipulī nūgās agunt. Rosa enim semper loquitur et Philippus dormit et Nīcolāus bibit et Alexander semper Rosam spectat et Victor omnēs dērīdet. Mihi autem opus est calamō novō. Haec **aguntur!** Pudet mē eōrum!

VICTOR : Hui! Īrascitur Veronica! Suscenset nōbīs perfectissima discipula! Vae nōbīs!

VERONICA : Tacē, Victor. Tē ōdī, impudens! Oportet tē ē scholā ēici!

ALEXANDER : Num tū es lūdī magistra? Nēminem ē scholā ēicere potes! Ego nec hodiē **ēicior** nec crās **ēiciar.**

ROSA : Rectē dīxit Alexander. Cēterum, cūr mē loquācem esse putās? Tū omnēs vituperās et offendis. Ego vehementer **offendor,** sī mē loquācem et stultam esse dīcis.

NĪCOLāUS: Nōs omnēs **offendimur!** Cūr tū, Veronica, ē scholā nōn **ēiceris?**

VERONICA: Magister, succurre mihi! Omnēs maledīcunt mihi! Ēheū, nulla sum!

CHRISTOPHORUS : Satis. Tandem tacēte, discipulī. Hodiē nec Veronica ē scholā **ēicitur** nec vōs **ēiciminī.** Nunc librōs aperīte et scrībite.

ALEXANDER: Heūs, Rosa, equum pulchrum habeō. Nōmen eī est Būcephalus. Vīsne eum inspicere, dulcis?

CHRISTOPHORUS : Tacēte! Iterum dīcō: Tacēte! – Veronica, calamum nōn habēs?

VERONICA: Nōn habeō, ut jam dīxī. Omnia enim habeō, sed propter Philippum mihi opus est calamō novō.

CHRISTOPHORUS : Itane vērō? – Quid ergō dīcis tū, Philippe?

PHILIPPUS: [*stertit*]

CHRISTOPHORUS : Philippe, num dormīs iterum in audītōriō?

PHILIPPUS: [*altius stertit*]

CHRISTOPHORUS : Heūs, Philippe? **Expergiscere!** PHI-LIP-PE!

PHILIPPUS: Ignosce, magister. Salvē, magister. Quid **agitur?**

CHRISTOPHORUS : Tua rēs **agitur.** Quot calamōs habēs, Philippe?
PHILIPPUS: Nullum. Semper calamō Veronicae scrībō.
CHRISTOPHORUS : Itane? Cujus ergō digitōs habēs, Philippe? Cujus oculōs?
Etiam Veronicae digitōs et oculōs habēs?
PHILIPPUS: Plūrēs quam trīgintā calamōs Veronica habet.
Ego ūnum tantum tollō calamum, magister.

⑨ Dē passīvō verbōrum tertiae Quartaeque conjugātiōnis

PERSŌNAE	LEGERE	CAPERE	AUDĪRE
EGO	LEGOR	CAPIOR	AUDIOR
TŪ	LEGERIS	CAPERIS	AUDĪRIS
LIBER	LEGITUR	CAPITUR	AUDĬTUR
NŌS	LEGIMUR	CAPIMUR	AUDĬMUR
VŌS	LEGIMINĪ	CAPIMINĪ	AUDĬMINĪ
LIBRĪ	LEGUNTUR	CAPINTUR	AUDIUNTUR
INFĪNĪTĪVUS	LEGĪ	CAPĪ	AUDĪRĪ

CAVĒ ! Passīvum verbī "faciō" est : Fīō, fīs, fierī.

✏ Exercitātiō prīma : mūtā sententiās

Exemplum : Philippus jānuam aperit. > *Jānua aperītur.*

1. Pilātus titulum scrībit > ....
2. Jōhanna jānuam claudit. > ....
3. Martha discipulōs agnoscit. > ....
4. Fēlīx discipulās audit. > ....
5. Discipulae ostia aperiunt. > ....
6. Jūnia arborem excidit. > ....
7. Simōn in solum folia jacit. > ....
8. Puer librōs et calamōs jacit. > ....
9. Ovēs vōcem pastōris audiunt. > ....
10. Custōdēs in carcerem Nīcolāum jaciunt. > ....

✎ Exercitātiō secunda : verba invenī

Exemplum:

Philippus et Nīcolāus sub mensā latent.

Philippus : Nōnne bene latēmus ? Tū ...., Nīcolāe, an ego .... ?

Nīcolāus : Tū ...., Philippe. [**viderī**]

> Philippus: Nōnne bene latēmus ? Tū vidēris, Nīcolāe, an ego videor ?
> Nīcolāus : Tū vidēris, Philippe.

1. *Alexander et Victor in scholīs sunt et loquuntur. Magister dīcit : "Tacēte!"*

Alexander : Num tranquillī sumus, Victor ? Tūne .... , an ego .... ?

Victor : Tū ...., Alexander [**audīrī**]

2. *In viā adulescentēs pilā lūdunt. Philippus et Nīcolāus veniunt et pilam capiunt ac fugiunt.*

Philippus : Num nōs effugimus, Nīcolāe ? Tūne .... , an ego .... ?

Nīcolāus : Tū .... [**prehendī**]

3. *Būcephalus et alter equus in pratīs sunt. Famulus ad eōs advenit.*

Alter equus : Quid accidit nunc? Tūne .... ad stabulum, an ego .... ?

Būcephalus : Tū ...., eque. Ego effugiō. [**dūcī**]

4. *In portū, multī adulescentēs Rosam et Veronicam salūtant. Iter enim faciunt ad Galliam. Omnēs plōrant.*

Rosa : Nōnne igitur flēmur ab omnibus, Veronica ? Tū ...., an ego .... ?

Veronica : Ego .... , Rosa. [**flērī**]

5. *In tabernā duo calamī vēneunt, alter ruber, alter caeruleus. Emptor tabernam intrat, quī calamum emere cupit.*

Calamus ruber : Quis ex nōbīs emitur nunc ? Tūne .... , caerulee, an ego ?

Calamus caeruleus : Tū ...., calame ruber. [**emī**]

▣ Notā bene : verba dēpōnentia

Sunt verba quae videntur esse passīva, sed quae sensum actīvum habent.
Nōminantur verba dēpōnentia. *Exemplī grātiā :*

CONJUGĀTIŌ PRĪMA

- Arbitror, arbitrāris, arbitrārī :   id est putāre, vel censēre.
                                      Quid arbitrāris dē eō ? Num tē dēlectat ?
- Comitor, comitāris, comitārī :   id est cum aliquō īre.
                                      Jōhannēs comitātur Paulum in Graeciā.
- Grātulor, grātulāris, grātulārī : id est gaudēre et congaudēre.
                                      Prīmum praemium accēpī !
                                      - Euge, grātulor tibi, amīce.
- Mīror, mīrāris, mīrārī :   id est spectāre et stupēre.
                                      Mīror hanc scholam. Quam magna est !
- Osculor, osculāris, osculārī: id est osculum dare. Amīcus amīcam osculātur.

CONJUGĀTIŌ SECUNDA

- Vereor, verēris, verērī :   id est timeō.
                                      Vereor bella, nam hominēs multī occīduntur.

CONJUGĀTIŌ TERTIA

- Expergiscor, expergisceris,   id est: ē somnō surgere.
  expergiscī: Philippe! Num dormīs?
                                      Expergiscere! Satis jam dormivisti !
- Īrascor, īrasceris, īrascī :   id est īrātus fierī.
                                      Magister īrascitur, quia discipulī nōn tacent.
- Loquor, loqueris, loquī :   id est verba facere. Latīnē nunc loquor.
- Proficiscor, eris, ī :   id est abeō. Proficiscitur ab urbe Lūnae diē.
- Queror, quereris, querī :   id est ferē plōrāre super vītam vel sortem suam.
- Sequor, sequeris, sequī :   id est post aliquem īre.
                                      Prīmus abit, secundus sequitur.
- Ūtor, ūteris, ūtī :   id est aliquid in ūsū habēre.
                                      Ūtor verbīs facilibus sī loquor cum discipulīs.
- Ēgredior, ēgrederis, ēgredī :   id est exīre.

CONJUGĀTIŌ QUARTA

- Mentior, mentīris, mentīrī: id est falsa dīcere, fallere.
                                      « Frons, oculī, vultus saepe mentītur. » (*Cicerō*)

PERSŌNAE	ARBITRĀRĪ	VERĒRĪ	ŪTĪ
EGO	ARBITROR	VEREOR	ŪTOR
TŪ	ARBITRĀRIS	VERĒRĬS	ŪTERIS
ILLE	ARBITRĀTUR	VERĒTUR	ŪTITUR
NŌS	ARBITRĀMUR	VERĒMUR	ŪTIMUR
VŌS	ARBITRĀMINĬ	VERĒMINĬ	ŪTIMINĬ
ILLĬ	ARBITRANTUR	VERENTUR	ŪTUNTUR

PERSŌNAE	ĒGREDĪ	MENTĪRĪ
EGO	ĒGREDIOR	MENTIOR
TŪ	ĒGREDERIS	MENTĬRIS
ILLE	ĒGREDITUR	MENTĬTUR
NŌS	ĒGREDIMUR	MENTĬMUR
VŌS	ĒGREDIMINĬ	MENTĬMINĬ
ILLĬ	ĒGREDIUNTUR	MENTIUNTUR

✏ Exercitātiō tertia :
quid agunt? Verbīs dēpōnentibus ūtere

Alexander puellās ....

Alexander Rosae ....

Christophorus ....

Veronica ....

Philippus et Alexander larvam
....

Veronica Rosam vānam esse ....

Nicolāus ....

✏ Exercitātiō quarta : mūtā sententiās

Exemplum : Latīnē loquor. > *Latīnē loquimur.*

1. Flōs a puellā capitur. > ....

2. Istī librī quotīdiē leguntur. > ....

3. Rūmor mīrus audītur. > ....

4. Loquerisne Graecē ? > ....

5. Sequor parentēs meōs. > ....

6. Bonum vīnum in hāc tabernā emitur. > ....

7. Quotā hōrā proficisceris ? > ....

8. Celeriter īrascor. > ....

9. Quō instrūmentō ūteris ? > ....

10. Queror malam fortūnam meam. > ....

11. Hic liber in bibliothēcīs pūblicīs invenītur. > ....

12. Grātulor tibi novam raedam. > ....

13. Sequiminī amīcōs ad urbem. > ....

14. Loquuntur nimis celeriter. > ....

15. Taediō afficimur. > ....

16. Ūtimur novā raedā nostrā. > ....

17. Trāmine Lūtētiam proficiscimur. > ....

18. Audiuntur vōcēs in theātrō. > ....

19. Periēgētae ad templum antīquum dūcuntur. > ....

20. Dīcuntur esse valdē doctī. > ....

21. Cūr statuam hanc mīrāminī ? > ....

22. Loquimur septem linguīs. > ....

23. Induiminī pulchrā stolā. > ....

24. Tōtō diē queriminī ! > ....

✎ Exercitātiō quinta : mūtā sententiās

Exemplum : Latīnē loquor.   >   *Volō Latīnē loquī.*

1. Versāris in optimō dēversōriō.   > ....

2. Sequiminī aliōs discipulōs.   > ....

3. Tibi grātulātur.   > ....

4. Loqueris dē templīs Graecīs.   > ....

5. Proficiscuntur Londinium.   > ....

6. Amantur ab omnibus.   > ....

7. A vīcīnīs timēmur.   > ....

8. Comitātur mē ad Germāniam.   > ....

9. Histriōnēs ā pūblicō spectantur.   > ....

10. Periēgētae ad mūseum dūcuntur.   > ....

11. Vidēris novus homō.   > ....

12. Clārus imperātor vocāris.   > ....

13. Bonīs instrūmentīs ūtiminī.   > ....

14. Induor pretiōsīs vestīmentīs.   > ....

15. Ad dēversōrium dūcor.   > ....

16. Helena diū exspectātur.   > ....

17. Dīves fīō.   > ....

🦀 Mandāta

1. **Magister**   Aurōra, Jōhannem pulsā! Ā quā pulsāris, Jōhannēs ?

   Jōhannēs   Ab Aurōrā pulsor, magister.

   Magister   Ā quā pulsātur, omnēs?

   Omnēs   Ab Aurōrā pulsātur!

2. **Magister**   Michaēl, Petrum dūc ad fenestram! Ā quō dūceris, Petre ?

   Petrus   Michaēle dūcor.

   Magister   Ā quō dūcitur?

   Omnēs   Ā Michaēle dūcitur!

3. **Magister**   Lūcia, Alexandram prehende! Ā quā prehenderis, Alexandra?

   Alexandra   Ā Lūciā prehendor, magister.

   Magister   Ā quā prehenditur?

   Omnēs   Ā Lūciā prehenditur.

4. **Magister**   Ingelranne, Fēlīcem in carcerem jace!

                 Ā quō jaceris in carcerem, Fēlīx?

   Fēlīx   Ab Ingelrannō jacior.

   Magister   Ā quō jacitur?

   Omnēs   Ab Ingelrannō jacitur.

5. **Magister**   Claudia et Alexandra, Jūliam pulsāte! Ā quibus pulsāris, Jūlia?

   Jūlia   Claudiā et Alexandrā, ō magister, pulsor!

   Magister   Ā quibus pulsātur, omnēs?

   Omnēs   Ā Claudiā et Alexandrā pulsātur.

6. **Magister**   Discipulae, Dēliam et Jōhannam dūcite ad ostium.

                 Dēlia, Jōhanna, ā quibus dūciminī?

   Dēlia et Jōhanna   Ā discipulīs dūcimur, ō magister.

   Magister   Ā quibus dūcuntur?

   Omnēs   Ā discipulīs dūcuntur.

7. *Etc. (salūtāre, tenēre, terrēre, pōnere, aperīre, claudere, audīre, ...)*

🔊 Scriptum secundum

Amōre vexor*

Alexander et Nīcolāus in aulā scholae ambulant et colloquuntur.

NĪCOLĀUS : Alexander, esne mihi amīcus?

ALEXANDER : Quid tibi cūrae est, Nīcolāe?

NĪCOLĀUS : In malīs sum, Alexander. Magnō dolōre afficior.

ALEXANDER : Nōlī labōrāre, Nīcolāe. Quō dolōre afficeris?

NĪCOLĀUS : Ēheū, **ā Veronicā** amor.

ALEXANDER : Quid dīxistī? Tē **ā Veronicā** amārī dīxistī?

NĪCOLĀUS : Ita, horribile dīctū. Continenter **ab eā** observor et ejus **amōre** vexor. Numquam enim mē relinquit.

ALEXANDER : Mīrābile audītū. Veronica nōs omnēs despicit. Tū autem sōlus omnī in scholā nōn despiceris **ab eā.** Unde scīs eam tē amāre?

NĪCOLĀUS : Imāginem meī in sacculō fert et cottīdiē osculātur imāginem.

Paulō post Alexander Nīcolāum relinquit abitque ad Philippum.

ALEXANDER : Nīcolāus amātur, Philippe.

PHILIPPUS: Hui, quam fēlīx est! Quem amat?

ALEXANDER : Nēminem amat. Amātur tantum.

PHILIPPUS: **Ā quā** igitur amātur?

ALEXANDER : Nōn crēdēs. **ā Veronicā foedissimā puellā hujus scholae** amātur!

PHILIPPUS : ...

ALEXANDER : Continenter **ab eā** observātur et ejus **amōre** vexātur. Numquam enim eum relinquit.

PHILIPPUS : ...

ALEXANDER : Dēnique imāginem ejus cottīdiē osculātur. Nōn enim Nīcolāī in sē odium sentit.

PHILIPPUS : ...

ALEXANDER : Perpallidus es, Philippe. Cūr tacēs? Quid accidit? Nōnne rīsum tuum movet? Nīcolāus **ā puellā foedā ac dēformī*** amātur!

PHILIPPUS : Sed nāre formōssissimā praedita est!

ALEXANDER : Jocārī nōlī, Philippe.

PHILIPPUS : Et ejus oculī splendent ut sōl!

ALEXANDER : Ē somnō expergiscere, Philippe. Medicum oculārium tē consulere* oportet.

VERBA NOVA

vexō, vexāre: malō afficere aliquem.

vexor, vexārī: malē sē habēre.

horribile dictū: hoc dīcere horribile est.

continenter: semper

mīrābile dictū: hoc dīcere mīrābile est.

***despiciō, ere:** contemnere, id est parvī habēre, floccī facere, etc.

***omnī in scholā:** in omnī scholā.

***consulere:** consilium capere apud aliquem.

***dēformis, -is, -e :** turpis.

🄶 Quis agit in sententiā passīvā ?

In sententiā passīvā, is quī agit « agens » nōminātur.

OVĒS	DĒVORANTUR	Ā LUPŌ
Subjectum, *cāsū nōminātīvō*	Verbum	Agens, *AB + ablātīvus*

CAVĒ : Agens nōn semper adest in sententiā :
• Hī librī bene servantur (ab hominibus, sed nesciō ā quibus).

In sententiā passīvā, agens indicātur praepositiōne AB et ABLĀTĪVŌ, sī est homō vel animal. Sīn aliter, ABLĀTĪVŌ cāsū sine praepositiōne indicātur.

Exemplī grātiā :

HOMINĒS, ANIMĀLIA	ALIA
• Ovēs *ā lupō* dēvorantur. • Librī *ā bibliopōlā* servantur.	• Pulchrīs librīs dēlector. • Pītuītā teneor.

✏ Exercitātiō sexta : mūtā sententiās

Exemplum : Multī hominēs flōrēs amant.   > *Flōrēs ā multīs hominibus amantur.*

1. Caesar urbem dēlet.   > ....

2. Dīvitēs pecūniam cautē servant.   > ....

3. Vīcīnī tē spectant.   > ....

4. Amīcī Helenae mē amant.   > ....

5. Discipulī vacātiōnēs exspectant.   > ....

6. Cupiditās vōs tenet.   > ....

7. Māter vestra vōs vocat.   > ....

8. Pater noster nōs vocat.   > ....

9. Servī domum purgant.   > ....

10. Pudor mē retinet.   > ....

11. Deus tē servat.   > ....

12. Mūsica nōs dēlectat.   > ....

13. Discipulus vōs timet.   > ....

14. Ursus magnus tē dēvorat.   > ....

15. Magister nōs saepe rogat.   > ....

16. Imperātor victōs līberat.   > ....

17. Omnēs eum spectant.   > ....

18. Villās illās habitant Americānī.   > ....

19. Dēsīderium patriae vōs tenet.   > ....

20. Parentēs eōs domī retinent.   > ....

Exercitātiō septima : mūtā sententiās

Exemplum : Flōrēs ab omnibus amantur.   >   *Omnēs flōrēs amant.*

1. Servī ā dominīs līberantur.   >   ....

2. Spectāris ā pūblicō.   >   ....

3. Amātur ā populō.   >   ....

4. Barbarī ā mīlitibus pugnantur.   >   ....

5. Scholae ab īrātīs parentibus dēlentur.   >   ....

6. Ursī saepe timentur.   >   ....

7. Pulchrī librī cautē servantur ā librāriīs.   >   ....

8. Amāris ā filiō tuō.   >   ....

9. Dēlector statuīs Graecīs.   >   ....

10. Līberāmur ab imperātōre.   >   ....

11. Spectāmur ā discipulīs nostrīs.   >   ....

12. Tenēminī dēsīderiō Rōmae.   >   ....

13. Retineor pudōre.   >   ....

14. Retinēris ā familiāribus tuīs.   >   ....

15. Dēlectāminī astronomiā.   >   ....

16. Cantiō ā Paulō bene cantātur.   >   ....

17. Nummī servantur in arcā tuā.   >   ....

18. Hortus ab ancillā irrigātur.   >   ....

19. Histriōnēs ā pūblicō vidērī nōn possunt.   >   ....

Exercitātiō octāva :
conjugā verba

In *āeroportū

Audī......... vox mollis.

VOX : Advēnistis in āeroportum Athēnārum.

Peregrīnātōrēs, quī iter pergunt usque ad Thessalonīcam,

exspecta.......... in portā quartā.

IŌHANNĒS : Ubi impedīmenta nostra recipere possumus ?

PAULUS : Nesciō, ego *sequ*.......... hunc hominem,

nam ex eōdem āeroplanō atque nōs venit.

IŌHANNĒS : Nisi *fall*.........., ēmissiō sarcinārum fit illīc, super illam māchinam.

PAULUS : Ita, taenia ista *addūc*.......... usque ad nōs.

IŌHANNĒS : Heūs, Paule, spectā ! Mulier tunicā *indū*..........

in quā *vidē*.......... imāgō Acropolis. Tuā sententiā, ubi eam ēmit ?

PAULUS : Istae tunicae in tabernīs Athēnārum sine dubiō vēneunt.

IŌHANNĒS : Suntne multī hominēs quī Latīnē *loqu*.......... Athēnīs ?

PAULUS : Amīcus meus Geōrgius optimē Latīnē *loqu*.......... .

Dē aliīs autem nesciō.

IŌHANNĒS : In quā regiōne urbis *vers*.......... ?

PAULUS : Haud longē ab acropolī habitat, in vīcō quī *dīc*.......... Plaka.

IŌHANNĒS : Vīdī hanc regiōnem urbis ante quinque annōs :

multae tabernae illīc sunt, ubi *inveni*.......... gemmae, vāsa, spongiae,

librī, et multa alia, quae solent ā periēgētīs *em*.......... .

PAULUS : Num tū Graecē *loqu*.......... ?

IŌHANNĒS : Minimē ! Hanc pulchram linguam nōn didicī. *Dīc*.......... tamen esse

subtīlis et praecīsa. Multa scripta Graeca antīqua adhuc *leg*......... :

carmina Homērī, dialogī Platōnis, opera Aristotelis,

epigrammata Callimachi, tragoediae Eurīpidis, vel cōmoediae Menandrī.

PAULUS : Heū, quā rē nōs nōn loqu.......... Graecē ?

Omnia haec nōbīs *perd*...........

IŌHANNĒS : Nimis celeriter *quer*.......... : nam sunt optimae translātiōnēs,

ab Erasmō factae, exemplī grātiā.

PAULUS : Rectē monēs. Ah, spectā : impedīmenta tandem nōbīs *addūc*.......... .

 Adagium

GRAECUM EST, NŌN LEGITUR

HĪC BENE VĪVITUR.

A word about the Polis Institute

This textbook is based on the experience acquired by the authors as teachers of ancient languages with the *Polis Institute* (**www.polisjerusalem.org**). The *Polis Institute* believes that the key to our heritage is considering and learning ancient languages as living ones, as the Humanists of the Renaissance did. *Polis* developed its own teaching method, which applies the most recent pedagogical techniques of language acquisition to so-called dead languages. Thus, from day one, only the target language is used in class.

Every year, hundreds of students around the world learn to speak ancient languages in courses organized by the Polis Institute in Jerusalem, the US, Italy, or Morocco.

Polis offers a Certificate in Language Fluency for ancient Greek. This one or two year program is tailored to the needs of those wishing to pursue a career in language instruction and/or research. Within this program, each year includes at least 375 hours of full immersion in ancient Greek.

Polis is also offering two Master's programs. A Master's Degree in Ancient Philology provides students with a solid knowledge of Biblical Hebrew and Koine Greek. It also equips them with analytical tools such as linguistics, philology, history, and paleography to interpret ancient texts. The Master's Degree in Near Eastern Languages combines the study of modern and ancient languages of the Middle East. It focuses mainly on Hebrew and Arabic, the study of which is complemented by courses on the literature, history, and philosophy of Near Eastern cultures. For each of these degrees, the Polis Institute also offers a One Year Program to students wishing to spend a shorter period of time in Jerusalem.

Polis organizes yearly international conferences on important topics in the field of Humanities. The scope of these conferences is interdisciplinary. Scholars from various disciplines are invited to share their expertise with colleagues from all around the world. The last conference (2016) was devoted to Ferdinand de Saussure's *Cours de Linguistique Générale* and in 2015, the Polis Institute held a symposium on the Library of Alexandria. The proceedings of these conferences are soon to be published, whereas those of the first symposium (2014) on the discovery of the Alphabet are already available through *Cambridge Scholars Publishing*.

Polis Institute Press has published a living Greek method: *Polis – Speaking Ancient Greek as a Living Language*. The method includes both a student and a teacher volume.